POLÍTICAS PROGRESSISTAS PARA O DESENVOLVIMENTO ECONÔMICO

diversificação econômica e inclusão social em tempos de mudança climática

CONTRA CORRENTE
10 ANOS

Alfredo Saad Filho

POLÍTICAS PROGRESSISTAS PARA O DESENVOLVIMENTO ECONÔMICO

diversificação econômica e inclusão social em tempos de mudança climática

AVARÉ
2025

CONTRA CORRENTE
10 ANOS

Travessa Vergílio de Araújo Valim, 167
Avaré - SP - Brasil | CEP 18707 815
www.editoracontracorrente.com.br
contato@editoracontracorrente.com.br

EDITORES

Camila Almeida Janela Valim
Gustavo Marinho de Carvalho
Rafael Valim
Walfrido Warde
Silvio Almeida

EQUIPE EDITORIAL

COORDENAÇÃO DE PROJETO: Erick Facioli
PREPARAÇÃO DE TEXTO: Amanda Dorth
REVISÃO: Douglas Magalhães
REVISÃO TÉCNICA: Beatriz Duarte Lopes
DIAGRAMAÇÃO: Pablo Madeira
CAPA: Maikon Nery

EQUIPE DE APOIO

Carla Vasconcelos
Regina Gomes
Nathalia Oliveira
Geovanna Sales

Dados Internacionais de Catalogação na Publicação (CIP)
(Câmara Brasileira do Livro, SP, Brasil)

Saad Filho, Alfredo
Políticas progressistas para o desenvolvimento econômico : diversificação econômica e inclusão social em tempos de mudança climática / Alfredo Saad Filho. -- 1. ed. -- São Paulo : Editora Contracorrente, 2025.

Bibliografia.
ISBN 978-65-5396-236-1

1. Capitalismo 2. Desenvolvimento econômico - Aspectos ambientais 3. Economia ambiental 4. Inclusão social 5. Mudanças climáticas globais 6. Neoliberalismo 7. Políticas públicas I. Título.

24-234167 CDD-338.927

Índices para catálogo sistemático:

1. Desenvolvimento econômico : Economia ambiental 338.927
Aline Graziele Benitez - Bibliotecária - CRB-1/3129

@editoracontracorrente
Editora Contracorrente
@ContraEditora
Editora Contracorrente

SUMÁRIO

AGRADECIMENTOS 7

INTRODUÇÃO 9

CAPÍTULO I - CAPITALISMO E O CLIMA 27

1.1 Acumulação de capital, extração e pobreza 27

1.2 Extração, exploração e exaustão 29

1.3 Escolhendo a inação 37

1.4 A financeirização e o clima 44

CAPÍTULO II - O IMPERATIVO DA MUDANÇA 49

2.1 Transições no Norte e no Sul 49

2.2 Caminhando 59

CAPÍTULO III - O DESAFIO DA DIVERSIFICAÇÃO 65

3.1 Concentração econômica 65

3.2 Diversificação nas tradições ortodoxa e heterodoxa 70

3.3 Debates sobre diversificação sob o neoliberalismo 81

3.4 Abordagens para a diversificação 86

CAPÍTULO IV – ESTRATÉGIAS PARA UMA TRANSIÇÃO DEMOCRÁTICA 93

4.1 Estratégias e políticas democráticas 94

4.2 Objetivos estratégicos e princípios políticos 99

4.3 Princípios, políticas e controvérsias 110

CAPÍTULO V – CRESCIMENTO E DISTRIBUIÇÃO 117

5.1 A visão convencional 118

5.2 A importância do crescimento 122

CAPÍTULO VI – POLÍTICAS DEMOCRÁTICAS PARA DIVERSIFICAÇÃO, DISTRIBUIÇÃO E DESENVOLVIMENTO 131

6.1 Políticas fiscal, monetária e financeira 131

6.2 Investimento 138

6.3 Balanço de pagamentos e política cambial 142

6.4 Políticas sociais 152

CAPÍTULO VII – FINANCIANDO A TRANSIÇÃO PARA UMA ECONOMIA INCLUSIVA, DIVERSIFICADA E SUSTENTÁVEL 165

7.1 Financiando consumo e investimento 165

7.2 Fontes externas de financiamento 172

7.3 Seguindo adiante 174

CONCLUSÃO 177

ABREVIATURAS 183

REFERÊNCIAS BIBLIOGRÁFICAS 185

AGRADECIMENTOS

Este livro baseia-se em um relatório encomendado pela Oxfam América, Mudanças climáticas e países dependentes do petróleo: uma agenda para a diversificação econômica e a inclusão social. Agradeço a James Morrissey pelo seu apoio durante a preparação desse relatório.

Agradeço a Linnit Pessoa pela tradução desse texto para o português.

INTRODUÇÃO

Este livro trata de alternativas de política econômica ao neoliberalismo, no contexto de um mundo passando por rápidas mudanças climáticas e por uma grave crise ambiental. Examinei o neoliberalismo em vários trabalhos já publicados e tenho defendido opções de políticas econômicas progressistas, democráticas e distributivas há muitos anos.[1] Esse compromisso de crítica radical ao capitalismo contemporâneo pode ser estendido à restrição ambiental e ao iminente desastre climático: para construir uma economia democrática e uma sociedade substantivamente (e não apenas formalmente) livre, devemos, antes de tudo, *estar vivos*. Não se trata, aqui, de resolver os problemas de um pequeno número de almas privilegiadas que

1 O conceito de neoliberalismo é examinado em uma vasta literatura. Meu ponto de vista (incluindo referências a interpretações alternativas) está delineado em FINE, Ben; SAAD-FILHO, Alfredo. "Thirteen Things You Need to Know About Neoliberalism". *Critical Sociology*, vol. 43, nº 4-5, 2017; SAAD-FILHO, Alfredo. "Neoliberalism". *In*: BRENNAN, David M.; KRISTJANSON-GURAL, David; MULDER, Catherine P.; OLSEN, Erik (Coord.). *The Routledge Handbook of Marxian Economics*. Londres: Routledge, 2017; SAAD-FILHO, Alfredo. *Value and Crisis*: Essays on Labour, Money and Contemporary Capitalism. Leiden: Brill, 2019; SAAD-FILHO, Alfredo. *Growth and Change in Neoliberal Capitalism*: Essays in the Political Economy of Late Development. Leiden: Brill, 2021; SAAD-FILHO, Alfredo; JOHNSTON, Deborah (Coord.). *Neoliberalism*: a Critical Reader. Londres: Pluto Press, 2005.

podem financiar abrigos bem protegidos para si e suas famílias; trata-se de evitar o desastre para bilhões de pessoas cujas casas serão inundadas, ou cujas terras ficarão ressequidas, ou cujas fontes de renda desaparecerão; trata-se de defender regiões inteiras, e até países, que podem desaparecer por causa de uma catástrofe que pode ser limitada, mas não pode mais ser evitada por completo.

Os seres humanos e nossas espécies irmãs têm enfrentado poucos desafios dessa magnitude em nosso tempo na Terra. Pode ser que os desastres mais graves tenham se tornado inevitáveis e que uma sucessão de calamidades ambientais venha a nos afligir, sem escapatória possível: incêndios florestais devastadores, furacões frequentes e com força sem precedentes, calor abrasador, aumento do nível do mar que engolirá casas, estradas, fazendas, vidas e meios de subsistência e assim por diante. Isso não se resume a uma questão meramente climática: *o capitalismo mata*. Há décadas sabemos que o desejo desenfreado de acumular transforma a maioria dos humanos em servos de mestres infinitamente gananciosos que vivem no luxo através da extração de valor produzido por seus semelhantes. Eles sempre querem mais. Também descobrimos que, ao procurar produzir quantidades infinitas de valor para enriquecer os que já são privilegiados, o capitalismo também esbanja quantidades espantosas de riqueza natural e humana. Esse modo de produção extrai recursos onde quer que eles possam ser encontrados e destrói o planeta na medida em que procura converter os materiais e os poderes da natureza em lucros.

A afirmação mais importante deste livro é que os limites impostos pelo capitalismo contra uma existência livre e digna e o desafio imposto à própria vida pelas mudanças climáticas devem ser enfrentados juntos.

Esses desafios não podem ser enfrentados separadamente, por exemplo, por "todos, ricos e pobres, em todos os países" se reunindo em torno de um programa de crescimento verde-capitalista para salvar o planeta e, quando isso tiver sido feito, então as pessoas podem pressionar o Estado "capitalista verde", dobrando gradualmente os limites do possível até que possam irromper pelas portas da Casa Branca, do Kremlin, do Eliseu, de Downing Street e assim por diante, para criar uma sociedade ecossocialista revolucionária. Isso é tristemente impraticável e completamente irrealista.

As mudanças políticas e a transformação de nossa matriz energética devem ser tratadas em conjunto e imediatamente. Já que o capitalismo neoliberal não adotará as políticas necessárias para reduzir rapidamente as emissões de carbono, ele deve ser superado. Ele também deve ser superado por outras razões: seus padrões de emprego abusivos; suas taxas de exploração obscenas; seus modos de distribuição perversos; sua obsessão com o consumo inútil; sua superprodução de ativos financeiros; sua tendência a acumular dívidas impagáveis; sua degradação da democracia; sua corrupção sem precedentes; o aumento de desequilíbrios e injustiças a cada momento, e muito mais. Em certo sentido, a crise ambiental apenas acrescenta outro item à lista de características inaceitáveis do capitalismo, porém esse item é, ao mesmo tempo, urgente e esmagador, pois diz respeito não apenas aos arranjos éticos, lógicos ou preferenciais para o bom funcionamento da sociedade, mas às condições de sua própria existência.

Este livro, portanto, é sobre desafios colocados ao neoliberalismo, entendido como a forma, fase ou modo de existência do capitalismo contemporâneo. Este livro não é principalmente sobre mudanças no clima, ou sobre mobilizações necessárias, passadas ou em andamento, para mudar o mundo. O livro toca nelas, mas foca a carga desproporcional das mudanças climáticas sobre as pessoas mais pobres e sobre os países mais pobres, bem como a necessidade de transferir o custo dos desastres que estão por vir para longe dos mais vulneráveis e em direção àqueles com ombros mais largos, os quais têm maiores recursos e um histórico de ganhos com as iniquidades impostas pelo capitalismo e reproduzidas pelo neoliberalismo. Ao fazer isso, a análise enfatiza as crises e dilemas políticos das economias em desenvolvimento (ED), que estão fadadas a enfrentar os desafios mais difíceis devido à sua relativa falta de recursos, tecnologias, instituições eficientes e coesão social, em comparação com as economias capitalistas avançadas (EAs).

Ao fazer isso, o livro descreve as implicações potenciais das mudanças climáticas para a economia, a política e a sociedade, e esboça um conjunto de alternativas de política econômica progressista para enfrentar os desafios gêmeos das mudanças climáticas (que se referem ao capitalismo enquanto modo de produção) e das desigualdades (que, em suas formas atuais, se referem ao neoliberalismo). O livro mostra que a maioria da população na maioria dos países pode se beneficiar de políticas integradas para promover mudanças econômicas estruturais para a sustentabilidade ambiental,[2] melhorar a distribuição de renda, riqueza e ativos e expandir a democracia política e econômica. É uma afirmação chave deste livro que essas lutas são essenciais, igualmente urgentes, e que elas se reforçam mutuamente.

Por que mudar qualquer coisa?

Há evidências conclusivas de que o clima da Terra está aquecendo e de que o aquecimento global tem se acelerado.[3] As emissões

2 Uma definição geral de sustentabilidade é: "um nível de reposição ecológica necessário não apenas para o futuro humano, mas para a existência contínua de outras espécies e seus ecossistemas" (LANGLEY, Paul; MELLOR, Mary. '"Economy', Sustainability and Sites of Transformative Space". *New Political Economy*, vol. 7, nº 1, 2002, p. 1). Ver também YÜLEK, Murat A. "Industrial Policy and Sustainable Development". *In*: ______. *Industrial Policy and Sustainable Growth*. Singapura: Springer, 2018).

3 IPCC WORKING GROUP I. "Global Warming of 1.5°C, 2018". *Intergovernmental Panel on Climate Change*, 2019. Disponível em: https://www.ipcc.ch/site/assets/uploads/sites/2/2019/06/SR15_Full_Report_High_Res.pdf. Acessado em: 15.10.2024; IPCC WORKING GROUP I. "Summary for Policymakers: The Science of Climate Change, 1995". *In*: McKIBBEN, Bill (Coord.). *The Global Warming Reader*: A Century of Writing about Climate Change. Londres: Penguin, 2011; UNFCCC. *UN Climate Change Annual*

humanas de gases CO2e ("equivalentes a CO2") já aumentaram as temperaturas em pelo menos um grau Celsius em relação ao nível pré-revolução industrial, e as tendências atuais sugerem que as temperaturas podem subir até 7 graus nos próximos 100 anos.[4] Qualquer coisa que se aproxime desse resultado será incompatível com a vida tal como a conhecemos. O aquecimento global já está tendo consequências graves:

> O Ártico perdeu vinte e cinco por cento de sua cobertura de gelo no verão, e o derretimento na Groenlândia está prosseguindo com velocidade inquietante (...). O ciclo hidrológico está fundamentalmente interrompido, com mais secas e chuvas muito mais extremas (...). Os oceanos se tornaram cada vez mais ácidos (...). Os incêndios florestais estão se intensificando com nova intensidade, e as florestas nas regiões boreais estão morrendo devido a ataques de insetos uma vez controlados pelas baixas temperaturas no inverno (...). As colheitas se tornaram irregulares, com sérios fracassos à medida que ondas de calor exterminam regiões inteiras em crescimento (...). As doenças transmitidas pelos mosquitos (...) se espalharam rapidamente (...). As tensões políticas começaram a se exacerbar com a escassez de água e os medos dos refugiados (...) [e] pequenas ilhas próximas ao nível do mar já foram evacuadas à medida que o aumento do nível da água inviabilizou a sua habitação.[5]

Report, 2018. Disponível em: https://unfccc.int/sites/default/files/resource/UN-Climate-Change-Annual-Report-2018.pdf. Acessado em: 10.10.2024.

4 BAER, Hans A. *Global Capitalism and Climate Change*: The Need for an Alternative World System. Lanham: AltaMira Press, 2012, cap. I; GRANADOS, José A. Tapia. "Inexorable March Toward Utter Climate Disaster?" *Capitalism Nature Socialism*, vol. 29, nº 4, 2018, p. 25; McKIBBEN, Bill (Coord.). *The Global Warming Reader*: a Century of Writing about Climate Change. Londres: Penguin, 2011.

5 McKIBBEN, Bill (Coord.). *The Global Warming Reader*: a Century of Writing about Climate Change. Londres: Penguin, 2011; ver também GRANADOS, José A. Tapia. "Inexorable March Toward Utter Climate Disaster?" *Capitalism Nature Socialism*, vol. 29, nº 4, 2018; SHEPHERD, Andrew *et al.* "The

Inquestionavelmente, o impacto mais severo das mudanças climáticas será sentido pelos países pobres e pela população pobre em toda parte, em virtude de sua vulnerabilidade a qualquer distúrbio econômico. Isto inclui, mas não está limitado a "325 milhões de pessoas extremamente pobres (...) vivendo nos 49 países mais propensos a desastres em 2030, a maioria no Sul da Ásia e na África Subsaariana".

Os atrasos na redução das emissões globais tornarão mais difícil enfrentar esses desafios. Especificamente, os custos de mitigação tendem a aumentar exponencialmente, já que os impactos pioram, e as opções mais baratas desaparecem à medida que as economias se comprometem gradualmente com infraestruturas, sistemas de produção e padrões de consumo com alto consumo de carbono. Isto implica que seria impossível "compensar" o progresso lento da mitigação hoje por meio de esforços mais intensos no futuro. Na realidade, atrasos nos cortes de emissões de CO2 imporão curvas de redução cada vez mais acentuadas, potencialmente ao ponto de metas razoáveis para o aquecimento global se tornarem inatingíveis por razões tecnológicas ou políticas. Pior ainda, a inércia do sistema climático implica que o excesso de emissões de gases de efeito estufa nas próximas décadas pode comprometer as temperaturas por milênios.[6]

Apesar da gravidade sem precedentes desses desafios, a maioria dos sistemas políticos atuais não lhes atribuem a prioridade necessária, a indústria petrolífera (provavelmente o *lobby* mais poderoso do mundo) previsivelmente resiste, e muitos países tomam apenas medidas cosméticas para reduzir as emissões e mitigar o aquecimento global. Essas políticas de inação, pelo

---

Geography of Poverty, Disasters and Climate Extremes in 2030". *ODI*, 2013. Disponível em: https://odi.org/en/publications/the-geography-of-poverty-disasters-and-climate-extremes-in-2030/. Acessado em: 15.10.2024.

6 *World Development Report*: Development and Climate Change. Washington: World Bank, 2010, pp. 3 e 37.

menos enquanto lucros podem ser auferidos através das matrizes energéticas e de produção dominantes, foram abençoadas pela economia convencional (ortodoxa, ou neoclássica). A modalidade dominante de economia concentra-se na maximização estática dos lucros e da "utilidade" do consumidor com recursos fixos, o que inclina a análise para o curto prazo e para evitar transformações econômicas estruturais, que são tão dispendiosas quanto incertas. Inevitavelmente, a economia convencional valida níveis insustentáveis de extração de combustíveis fósseis e outros recursos naturais,[7] modos de produção predatórios, desperdício no consumo e concentração de renda, riqueza e poder.[8]

Qualquer tentativa de enfrentar esses desafios de forma fragmentada está fadada ao fracasso. Por um lado, é impossível reduzir nossa dependência de combustíveis fósseis gradualmente, mantendo a estrutura produtiva e distributiva imposta pelo neoliberalismo global. Isto porque os interesses dominantes estão presos a uma lógica de superconsumo pela extração de lucros financeiros no curto prazo que é incompatível com os investimentos de alto custo e de longo prazo de maturação que são necessários para mudar o padrão de reprodução

---

7 Os "combustíveis fósseis", incluindo petróleo, gás e carvão, ou, em resumo, "petróleo", servem como uma síntese para todos os recursos primários que não podem ser produzidos, processados, extraídos ou comercializados à vontade ou até o esgotamento físico dos estoques, devido a imperativos globais; outros exemplos incluem o óleo de palma, por causa do desmatamento; a carne, por seu impacto no meio ambiente, e vários minerais (por exemplo, cobre, ferro, níquel, estanho, chumbo, lítio, cobalto, ouro, prata e terras raras), por razões ecológicas.

8 "O mundo e suas sociedades estão atualmente enfrentando uma crise tripla: ecológica, econômica e social. O objetivo da macroeconomia ecológica é informar como essas crises estão interligadas, que fenômenos da crise reduzem à mesma raiz do problema e como respostas sustentáveis e equitativas às crises poderiam ser formuladas. As crises, entretanto, estão associadas a estruturas e práticas socioeconômicas particulares e suas soluções implicam necessariamente julgamentos morais que estão além dos limites da macroeconomia convencional" (REZAI, Armon; STAGL, Sigrid. "Ecological Macroeconomics: Introduction and Review". *Ecological Economics*, vol. 121, 2016, p. 184).

econômica. O neoliberalismo e a financeirização atrasarão e minimizarão todas as tentativas de lidar com as mudanças climáticas até que seja tarde demais; ao fazê-lo, eles conduzirão o mundo para o abismo do colapso ambiental e das extinções em massa.[9] Por outro lado, as tentativas de reequilibrar a economia global e redistribuir a renda entre as nações, e dentro de cada país, ignorando o desafio ambiental, também conduzirão o mundo ao abismo. Uma mensagem deste livro é que é *impossível* produzir mais, consumir mais e igualar os padrões de vida pelo alto, usando as tecnologias existentes e aquelas que podem ser desenvolvidas no tempo disponível, sob o neoliberalismo. O ritmo das mudanças climáticas implica que os humanos não estarão no mundo por tempo suficiente para desfrutar de um futuro mais próspero e mais igualitário, *a menos que* ele seja construído junto com, e através de, um novo sistema de acumulação.

Este livro examina as opções progressistas de política econômica atualmente disponíveis, focando principalmente nas ED, uma vez que elas enfrentam de forma mais aguda os desafios gêmeos do aquecimento global e do neoliberalismo. As dificuldades enfrentadas por dois conjuntos de países em desenvolvimento são examinadas em maiores detalhes. Primeiro, as economias de baixa renda dependentes de combustíveis fósseis: como as emissões de CO2e devem diminuir rapidamente, os mercados globais de petróleo, gás e carvão se contrairão de forma ordeira através de cortes coordenados na oferta e na demanda, ou eles quebrarão quando as economias finalmente se afastarem dos combustíveis fósseis de maneira desorganizada, ou quando os desastres climáticos, por fim, superarem a resistência dos interesses comprometidos com os "negócios habituais".[10]

---

9 "Em nosso sistema político, (...) a rentabilidade extraordinária permite (...) às empresas de energia uma capacidade quase infinita de exercer influência, especialmente quando tudo o que elas devem fazer para vencer é retardar sua ação" (McKIBBEN, Bill (Coord.). *The Global Warming Reader*: a Century of Writing about Climate Change. Londres: Penguin, 2011, p. 11).

10 GAULIN, Nicolas; BILLON, Philippe Le. "Climate change and fossil fuel production cuts: assessing global supply-side constraints and policy

Segundo, grandes economias de renda média, que já alcançaram algum grau de diversificação e crescimento do setor manufatureiro e que têm um potencial bem maior do que os países mais pobres para implementar políticas econômicas progressistas.[11] Em ambos os casos, a melhor maneira de diversificar a economia, construir motores alternativos de crescimento e melhorar a distribuição de renda, riqueza e poder é através da combinação de políticas industriais "verdes" com políticas macroeconômicas e sociais de caráter democrático. Essa agenda progressista é urgentemente necessária, por quatro razões específicas.

Em primeiro lugar, *o orçamento global de carbono*. O orçamento de carbono vincula as emissões globais a um determinado limite de temperatura. O cálculo é sóbrio: as emissões potenciais dos campos de petróleo e gás e das minas de carvão já em operação aqueceriam o planeta além de 2 graus Celsius; só as emissões potenciais dos campos de petróleo e gás já existentes levariam o mundo além do 1,5 grau.[12] A fim de preservar formas de vida reconhecíveis na

---

implications". *Climate Policy*, 2020. Disponível em: https://www.tandfonline.com/doi/full/10.1080/14693062.2020.1725409. Acessado em: 09.08.2024.

11 Este livro trata os termos "países de baixa renda", "pobres" e "em desenvolvimento" como sinônimos. Esses países são desagregados, quando necessário, em países "muito pobres" e "de renda média". Da mesma forma, economias "ricas" e "avançadas" também são tratadas como sinônimos.

12 HANSEN, J. *et al.* "Target Atmospheric CO2: Where Should Humanity Aim?" *In*: McKIBBEN, Bill (Coord.). *The Global Warming Reader*: A Century of Writing about Climate Change. Londres: Penguin, 2011; McKINNON, Hannah; MUTTITT, Greg; TROUT, Kelli. *The Sky's Limit*: Why Norway Should Lead the Way in a Managed Decline of Oil and Gas Extraction. Washington: Oil Change International, 2017, pp. 1, 6 e 9. "Os ecossistemas terrestres contêm cerca de 2.300 Gt de carbono – aproximadamente 500 Gt em biomassa acima do solo e cerca de três vezes essa quantidade nos solos. (...) A atmosfera contém atualmente cerca de 824 gigatons (Gt) de carbono. As emissões de carbono causadas pelos humanos em 2007 totalizaram cerca de 9 Gt de carbono, dos quais cerca de 7,7 Gt foram provenientes da combustão de combustíveis fósseis e o restante foi proveniente de mudanças na cobertura terrestre. (...) A concentração atmosférica de CO2 está atualmente aumentando a uma taxa de cerca de 2 partes por milhão

Terra, os países *não devem* consumir todos os combustíveis fósseis que são tecnicamente recuperáveis; consequentemente, grande parte das reservas conhecidas de petróleo *nunca* poderão ser extraídas, e *nenhuma prospecção adicional* deve ocorrer (esses cálculos estão sujeitos a flutuações na distribuição de renda, uma vez que os ricos consomem muito mais carbono do que os pobres).[13]

Em segundo lugar, *o imperativo da diversificação*. Decorre do ponto anterior que as economias produtoras de petróleo devem se diversificar o mais rapidamente possível, afastando-se dos combustíveis fósseis.[14] Estudiosos e formuladores de políticas há muito reconhecem que a dependência excessiva da produção e exportação de *commodities* primárias (isto é, produtos minerais e agrícolas não processados) é potencialmente problemática, especialmente para as ED. As desvantagens incluem o risco de construir enclaves econômicos com vínculos limitados com a produção, o emprego, a tecnologia e outros setores econômicos; a tendência à concentração de renda, riqueza e poder; a vulnerabilidade à concorrência externa,

---

(ppm) por ano, o que equivale a um aumento na carga atmosférica de carbono em cerca de 4 Gt de carbono por ano. (...) O restante das emissões de CO2 está sendo absorvido por 'reservatórios de carbono' – os ecossistemas oceânicos e terrestres. Os oceanos absorvem cerca de 2 Gt de carbono por ano (...). Parece que os ecossistemas terrestres estão atualmente absorvendo o excesso" (*World Development Report*: Development and Climate Change. Washington: World Bank, 2010, p. 71; ver também BAER, Hans A. *Global Capitalism and Climate Change*: The Need for an Alternative World System. Lanham: AltaMira Press, 2012, cap. III).

13 SEI; IISD; ODI; E3G; UNEP. *The Production Gap Report*: 2020 Special Report, 2020. Disponível em: http://productiongap.org/2020report. Acessado em: 10.10.2024. Ver KARTHA, Silvan *et al.* "The Carbon Inequality Era". *Joint Research Report, SEI and Oxfam*, set. 2020. Disponível em: https://www.sei.org/publications/the-carbon-inequality-era/. Acessado em: 15.10.2024.

14 BENDELL, Jem. "Deep Adaptation: a Map for Navigating Climate Tragedy". *IFLAS Occasional Paper*, 2018. Disponível em: http://insight.cumbria.ac.uk/id/eprint/4166/. Acessado em: 08.10.2024; LAHN, Glada; BRADLEY, Sîan. "Left Stranded? Extractives-Led Growth in a Carbon-Constrained World". *Research Paper*, Chatham House, The Royal Institute of International Affairs, Londres, 2016.

ao declínio dos termos de troca e à possibilidade de mudanças tecnológicas, da demanda, dos preços internacionais e outras mudanças estruturais nos principais mercados e assim por diante.

Vários países do Sul Global precisarão enfrentar o desafio da diversificação. Alguns são grandes (Rússia, Arábia Saudita); outros são pequenos (Gabão, Sudão do Sul); alguns já conseguiram uma diversificação considerável (México, Qatar); enquanto outros permanecem fortemente concentrados (Nigéria, Venezuela). As políticas serão diferentes em cada caso e terão que ser aplicadas com sensibilidade para promover a coesão social em torno de ideais democráticos e distributivos, assegurar a estabilidade macroeconômica e maximizar a probabilidade de sucesso na transição. No entanto, será necessária uma ação firme em todos os casos. As EAs dependentes do petróleo (Noruega, Canadá) também enfrentarão desafios complexos, mas os riscos são menores porque essas economias são mais produtivas, diversificadas e resilientes e têm recursos incomparavelmente maiores para enfrentar as mudanças climáticas.

Em terceiro lugar, *as implicações distributivas adversas do neoliberalismo*. A transição global para o neoliberalismo desde meados dos anos 1970 levou a resultados regressivos em termos de distribuição de renda, riqueza e poder na maioria dos países;[15] a única exceção regional é a América Latina durante a "Onda Rosa", em meados dos anos 2000. O neoliberalismo também tem sido acompanhado pela financeirização da reprodução econômica e social e pelo declínio tendencial das taxas de crescimento do PIB

---

15 ALVAREDO, Facundo; CHANCEL, Lucas; PIKETTY, Thomas; SAEZ, Emmanuel; ZUCMAN, Gabriel. *World Inequality Report*, 2018. Disponível em: https://wir2018.wid.world/files/download/wir2018-summary-english.pdf. Acessado em: 08.10.2024; CORNIA, Giovanni; MARTORANO, Bruno. "Development Policies and Income Inequality in Selected Developing Regions, 1980-2010". *United Nations Conference on Trade and Development*, 2012. Disponível em: https://unctad.org/en/PublicationsLibrary/osgdp20124_en.pdf. Acessado em: 09.08.2024; UNCTAD. *Trade and Development Report*. Geneva: UNCTAD, 2012.

em quase todos os países. O neoliberalismo e a financeirização perderam legitimidade após a Crise Financeira Global (CFG) que começou em 2007 e colocou a necessidade urgente de alternativas políticas progressistas e democráticas. Essas pressões provavelmente se intensificarão à medida que a economia global se reorganize após as tensões devidas à pandemia da COVID-19, que começou em 2020.

Quarto, *o potencial para impulsionar as mudanças*. Os países mais pobres são muito vulneráveis a qualquer perturbação e precisam de mudanças com mais urgência, mas eles têm menor capacidade de custeá-las. Os países de renda média são os centros mais dinâmicos da economia mundial e, embora atualmente não emitam a maior quantidade de CO2e (essa distinção questionável pertence às EAs do Norte Global), suas emissões estão crescendo rapidamente. No entanto, os países de renda média têm recursos e capacidades para liderar pelo exemplo, transformar a economia global e pressionar o Norte a seguir essas mudanças. Finalmente, as EAs têm recursos e deveriam ter a motivação – mas essas economias também são menos vulneráveis às mudanças climáticas, e suas elites, corporações e governos são os que mais se beneficiam do *status quo*.

Como mudar... tudo?

O objetivo da descarbonização (ou seja, emissão humana zero ou negativa de carbono) revela três *concentrações excessivas* na economia mundial: a matriz energética global está excessivamente concentrada em torno dos combustíveis fósseis; a estrutura econômica em vários países está excessivamente concentrada em torno do consumo de derivados do petróleo, gás e carvão; e a renda, a riqueza e o poder se tornaram excessivamente concentrados sob o neoliberalismo. Os padrões de produção e consumo construídos ao redor dessas estruturas concentradas são distorcidos de maneira semelhante: por exemplo, os sistemas produtivos globais são muito intensivos em carbono e excessivamente voltados às pessoas ricas e aos países ricos, que tendem a consumir em excesso e a gerar muito desperdício. (Para um estudo detalhado, ver o trabalho de Kartha e outros; seu relatório mostra que os 10% mais ricos do mundo são responsáveis por 50% das emissões, enquanto os 50% mais pobres são responsáveis por apenas 7%; pior ainda, o crescimento das emissões é fortemente inclinado para o topo da distribuição mundial de renda).[16] A mudança é necessária em todos esses níveis. Em particular, a matriz energética global deve mudar rumo às energias renováveis; os combustíveis fósseis devem ser deixados no subsolo, e as economias dependentes da exportação de petróleo devem diversificar-se.[17]

Este livro argumenta que essas dificuldades não foram enfrentadas seriamente pelos economistas ortodoxos e pelos governos neoliberais, e é pouco provável que venham a fazê-lo no tempo que nos resta. Por razões de *praticidade*, *eficácia*, *legitimidade* e *sustentabilidade*, os objetivos necessários à sobrevivência de incontáveis espécies só podem ser alcançados por meio da inversão da lógica concentradora do neoliberalismo. Por sua vez, o progresso será limitado pela disponibilidade de financiamento e pela necessidade de estabilidade macroeconômica. Este livro argumenta que as soluções devem ser encontradas simultaneamente em nível global *e* em nível nacional. Será difícil cumprir essas metas; entretanto, a inação devido à hesitação, aos atrasos deliberados ou às tentativas de transferir a responsabilidade para outros enquanto se continua a colher lucros é inadmissível. *Cada país, organização, empresa e família deve enfrentar as mudanças climáticas como um desafio sem precedentes para sua própria existência.* Essa é uma tarefa essencial; não a cumprir

---

16 KARTHA, Silvan *et al.* “The Carbon Inequality Era”. *Joint Research Report, SEI and Oxfam*, set. 2020. Disponível em: https://www.sei.org/publications/the-carbon-inequality-era/. Acessado em: 15.10.2024.

17 MILLWARD-HOPKINS, Joel *et al.* “Providing Decent Living with Minimum Energy: A Global Scenario”. *Global Environmental Change*, vol. 65, 2020. Disponível em: https://doi.org/10.1016/j.gloenvcha.2020.102168. Acessado em: 15.10.2024.

implicará a extinção de inúmeras espécies, possivelmente incluindo a nossa própria. O desafio não poderia ser maior.[18]

Este livro esboça uma abordagem ousada para enfrentar esses desafios, concentrando-se em uma *estratégia econômica democrática* baseada na diversificação (mudar a matriz energética e construir resiliência) *e* na redistribuição (promover a igualdade e construir a democracia econômica). Neste livro, a "diversificação econômica" diz respeito à rápida expansão do setor não petrolífero a fim de alcançar uma base energética sustentável e uma distribuição mais equilibrada da atividade econômica em termos de produção, exportação, emprego e tributação. Uma abordagem "democrática" ou "progressista" (estes termos são tratados como sinônimos) se baseia na economia política heterodoxa e está comprometida com a democracia econômica e política, a integração social e a redução das desigualdades. Não se trata de mudanças políticas pontuais ou marginais; trata-se da transformação dos modos dominantes de produção, troca, consumo e integração internacional, e do surgimento de novas relações sociais e de um novo tipo de metabolismo humano com a natureza.

Fechar o ciclo de *feedback* entre mitigação, diversificação, igualdade e governança democrática pode tanto impulsionar como legitimar estratégias econômicas para proteger o meio ambiente e aumentar a resiliência e a sustentabilidade, beneficiando a maioria das pessoas na maioria dos países. Este é o núcleo das estratégias econômicas democráticas (EEDs) e das políticas econômicas democráticas (PEDs) descritas neste livro. EEDs e PEDs respondem aos imperativos de equidade, inclusão, democracia, diversificação, sustentabilidade e justiça social. Elas incluem

---

18 A necessidade de tratar do aquecimento global como uma guerra está sendo cada vez mais reconhecida, mesmo nos círculos dominantes; veja, por exemplo: McKIBBEN, Bill. "A World at War". *The New Republic*, 15 ago. 2016. Disponível em: https://newrepublic.com/article/135684/declare-war-climate-change-mobilize-wwii. Acessado em: 23.10.2024.

políticas para impulsionar o crescimento sustentável, promover o setor manufatureiro, criar empregos, fomentar a inclusão social e a satisfação das necessidades básicas e melhorar a distribuição de renda, riqueza e poder. Esses motores de mudança se reforçam mutuamente e podem apoiar a ambição de construir uma sociedade inspirada por valores progressistas, em vez de tolerar a ganância destrutiva do meio ambiente.

A escala e a complexidade dessas tarefas levantam a questão dos custos de transição. O princípio básico é que o ônus deve ser suportado principalmente pelos ricos e pelas EAs, uma vez que eles têm maiores capacidades, beneficiaram-se mais da destruição da natureza, e seus padrões de produção e consumo são desproporcionalmente mais intensivos em carbono do que os dos países pobres e das pessoas mais pobres. Será necessária uma ação decisiva tanto através de iniciativas em nível nacional quanto através da cooperação multilateral embutida em tratados com muito mais alcance e ambição do que aqueles firmados até agora.

A economia convencional não está preparada para enfrentar esses desafios. Essa abordagem ignora quase completamente a necessidade de reduzir de forma drástica e urgente as emissões de gases de efeito estufa. Faltam-lhe as ferramentas para compreender o desafio e faltam-lhe ferramentas para elaborar as políticas de enfrentamento desses desafios. Em vez disso, a economia convencional repete alegações baseadas na fé de que os preços "corretos" emergentes de mercados "perfeitos" (inexistentes) alocariam as perdas de forma suave e justa, criariam os incentivos "corretos", e que melhorias tecnológicas estarão disponíveis antes que as mudanças climáticas destruam os atuais modos de vida. Isto é tanto mal concebido quanto insuficiente, dada a magnitude da tarefa que temos por diante.

O livro

Este livro inclui esta introdução, sete capítulos e a conclusão. O primeiro capítulo oferece uma revisão, a partir da economia política, dos motores, do impacto e da gravidade das mudanças climáticas, das razões pelas quais estas não podem ser abordadas de forma eficaz sob o neoliberalismo e do papel da financeirização.

O segundo aborda a urgência de enfrentar as mudanças climáticas e os princípios para fazê-la, tanto no Norte Global quanto no Sul Global. Isto inclui a necessidade de deixar de extrair combustíveis fósseis e como distribuir os custos da transição através do princípio de responsabilidades comuns, porém diferenciadas (RCPD).

O terceiro capítulo analisa os debates mais influentes a respeito da concentração e da diversificação econômica. Esse capítulo enfoca o contraste entre as abordagens neoclássicas, que enfatizam os ganhos com a especialização, e as visões heterodoxas, que argumentam que a diversificação econômica em geral e a expansão do setor manufatureiro especificamente são essenciais para um crescimento econômico rápido, sustentado e estável. Esses debates foram complicados nas últimas décadas pela identificação pela corrente dominante de uma "maldição dos recursos naturais" e de uma suposta "doença holandesa", que poderiam dar apoio a políticas de diversificação a partir de um ponto de vista neoclássico. Por sua vez, as administrações heterodoxas, e por vezes radicais, associadas à "Onda Rosa" latino-americana criaram confusão entre seus apoiadores ao permanecerem apegadas à produção primária e à extração de recursos naturais, em vez de pressionarem pela diversificação econômica e pela expansão do setor manufatureiro.

O quarto capítulo delineia os princípios de uma estratégia progressista de desenvolvimento, incluindo a necessidade de superar o neoliberalismo e a financeirização de modo a construir uma economia e uma sociedade democráticas. As estratégias econômicas democráticas estão relacionadas a cinco áreas-chave de debate no campo do desenvolvimento internacional: (a) pobreza, (b) distribuição, (c) meio ambiente, (d) instrumentos e metas de política (incluindo políticas fiscais, monetárias e financeiras, o papel do investimento público, a restrição da balança de pagamentos, as políticas sociais e a equidade) e (e) democracia e proteção das identidades.

O quinto capítulo examina os argumentos a favor e contra o crescimento econômico e o papel do crescimento em uma estratégia econômica democrática.

O sexto analisa em detalhe as opções políticas para tratar de crescimento, diversificação, distribuição e mitigação das mudanças climáticas, recorrendo a literaturas heterodoxas sobre política industrial e crescimento econômico a favor dos pobres.

Por fim, o sétimo enfoca os mecanismos de financiamento que podem sustentar essa estratégia econômica democrática.

Este livro é limitado de várias maneiras; a mais significativa é a impossibilidade de fazer mais do que esboçar as questões em jogo e delinear possíveis soluções, que devem ser refinadas em estudos futuros. O livro também não considera em detalhe os casos de países individuais e não diferencia o impacto das mudanças climáticas conforme localização geográfica, etnia ou gênero. Apesar desses limites, este livro alcançará seus objetivos se as políticas democráticas aqui delineadas puderem apoiar debates sobre o melhor caminho para a maioria dos países e para os povos mais pobres da Terra.

CAPÍTULO I

CAPITALISMO E O CLIMA

O neoliberalismo, como forma, fase, ou estágio atual da produção capitalista, é necessariamente explorador das pessoas e da natureza, e também é incompatível com a estabilidade climática. Sua lógica de acumulação ampliada impulsionada pelo lucro individual levou ao aumento das emissões de CO2e, destruiu o meio ambiente, eliminou inúmeras espécies e desestabilizou os ritmos da natureza. Este capítulo revisa as raízes sistêmicas das mudanças no clima da Terra e os motores dos danos ambientais causados pelo capitalismo global. Ele também examina as implicações políticas através, por exemplo, da chocante inação até mesmo dos governos democráticos mais "sensatos", dada a magnitude do desastre em curso. Por fim, o capítulo apresenta argumentos para reduzir rapidamente a extração de combustíveis fósseis.

1.1 Acumulação de capital, extração e pobreza

A produção capitalista e a acumulação de capital dependem do emprego de mão de obra e do consumo produtivo de insumos processados e de recursos naturais: minerais, produtos agrícolas e, especialmente, energia. Não é preciso ressaltar que o consumo de combustíveis fósseis libera CO2 e outros gases em volumes tais que estão influenciando o clima da Terra e provocando o aquecimento global. Isto é sabido há décadas, e estes processos têm sido examinados de várias maneiras; por exemplo, através das implicações ecológicas do crescimento econômico, das consequências das mudanças climáticas para os seres humanos e outros animais, dos processos químicos, físicos e geológicos que estão envolvidos, dos custos e benefícios éticos e intergeracionais dos combustíveis fósseis e assim por diante.[19] Esses debates invariavelmente apontam para cenários cada vez mais alarmantes. Por exemplo:

> A eventual consequência de dobrar o CO2 na atmosfera em relação ao nível pré-industrial provavelmente seria um planeta quase sem gelo, precedido por um período de mudanças caóticas com linhas costeiras em constante mudança (...). A tarefa da humanidade de moderar as mudanças climáticas causadas pelos seres humanos é urgente. A inércia dos oceanos e dos lençóis de gelo fornecem um amortecedor que atrasa a resposta total por séculos, mas existe o perigo de que as forças feitas pelo homem possam conduzir o sistema climático para além dos pontos de ruptura, de modo que as mudanças saiam de nosso controle.[20]

---

19 Para uma visão geral, ver IPCC Working Group I. "Global Warming of 1.5°C, 2018". *Intergovernmental Panel on Climate Change*, 2019. Disponível em: https://www.ipcc.ch/site/assets/uploads/sites/2/2019/06/SR15_Full_Report_High_Res.pdf. Acessado em: 15.10.2024; McKIBBEN, Bill. *The Global Warming Reader*: A Century of Writing about Climate Change. Londres: Penguin, 2011; *World Development Report*: Development and Climate Change. Washington: World Bank, 2010. Para as implicações ambientais e sanitárias da queima de carvão, ver: UNION OF CONCERNED SCIENTISTS. *Coal and Air Pollution*, 2008. Disponível em: https://www.ucsusa.org/resources/coal-and-air-pollution#.V74QyqI2Ymg. Acessado em: 15.10.2024.

20 HANSEN, J. *et al.* "Target Atmospheric CO2: Where Should Humanity Aim?" *In*: McKIBBEN, Bill (Coord.). *The Global Warming Reader*: A Century of Writing about Climate Change. Londres: Penguin, 2011, p. 164.

Entretanto, um grande número de pessoas já sofre com a pobreza e a privação, que se tornarão mais difíceis de enfrentar com as mudanças climáticas:

> As mudanças climáticas ameaçam todos os países, sendo os países em desenvolvimento os mais vulneráveis. Estima-se que eles suportariam cerca de 75 a 80 por cento dos custos dos danos causados pelas mudanças climáticas. Mesmo um aquecimento de 2°C acima das temperaturas pré-industriais – o mínimo que o mundo provavelmente experimentaria – poderia resultar em reduções permanentes do PIB de 4 a 5% para a África e o Sul da Ásia. A maioria dos países em desenvolvimento não tem capacidade financeira e técnica suficiente para gerenciar o risco climático crescente. Eles também dependem mais diretamente dos recursos naturais sensíveis ao clima para a sua renda e bem-estar. E a maioria está em regiões tropicais e subtropicais já sujeitas a um clima altamente variável. (...) *É improvável que o crescimento econômico por si só seja rápido ou equitativo o suficiente para enfrentar as ameaças das mudanças climáticas, particularmente se continuar a ser intensivo em carbono e acelerar o aquecimento global.*[21]

1.2 Extração, exploração e exaustão

As emissões de gases de efeito estufa mudam o clima de forma difusa, gradual, cumulativa e global.[22] Essas relações restringem severamente as opções disponíveis para limitar as mudanças climáticas e mitigar seu impacto:

21 *World Development Report*: Development and Climate Change. Washington: World Bank, 2010, p. xx.

22 GRANADOS, José A. Tapia. "Inexorable March Toward Utter Climate Disaster?" *Capitalism Nature Socialism*, vol. 29, nº 4, 2018, p. 24.

> O sistema climático exibe uma inércia substancial (...). O CO2 permanece na atmosfera entre décadas e séculos; portanto, um declínio nas emissões leva tempo para afetar as concentrações. As temperaturas mudam com defasagem frente às concentrações, e as temperaturas continuarão aumentando por alguns séculos após as concentrações se estabilizarem. E há defasagem entre as reduções de temperatura e o nível do mar: a expansão térmica do oceano a partir de um aumento da temperatura durará 1.000 anos ou mais, enquanto o aumento do nível do mar devido ao derretimento do gelo pode durar vários milênios.[23]

As consequências são assustadoras:

> A dinâmica do sistema climático (...) limita o quanto a mitigação futura pode ser substituída pelos esforços de hoje. Por exemplo, estabilizar o clima próximo a 2°C (cerca de 450 ppm de CO2e) exigiria que as emissões globais começassem a diminuir imediatamente em cerca de 1,5 por cento ao ano. Um atraso de cinco anos teria que ser compensado por declínios de emissão mais rápidos. (...) [Um] atraso de dez anos na mitigação muito provavelmente tornaria impossível evitar que o aquecimento ultrapassasse 2°C. (...) A inércia também é um fator na pesquisa e desenvolvimento (P&D) e na implantação de novas tecnologias. Historicamente, as novas fontes de energia levaram cerca de 50 anos para atingir a metade de seu potencial. Investimentos substanciais em P&D são necessários agora para garantir que novas tecnologias estejam disponíveis e penetrem rapidamente o mercado num futuro próximo. As inovações também são necessárias em transporte, construção, gerenciamento de água, projetos urbanos e muitos outros setores que afetam

---

23 *World Development Report*: Development and Climate Change. Washington: World Bank, 2010, pp. 10/11.

> as mudanças climáticas e que, por sua vez, são afetados pelas mudanças climáticas.[24]

Em outras palavras, *o tempo não está do nosso lado*. Os desafios ambientais atuais estão intimamente relacionados com quatro fontes de estresse na economia global.

Primeiro, e no nível mais geral, existe uma contradição irresolúvel entre a busca sem limites de lucros individuais sob o capitalismo neoliberal – através de extração, produção, troca, especulação e pilhagem – e as consequências sociais das atividades que geram esses lucros, especialmente aquelas que derivam da limitada capacidade da Terra de sustentar um clima estável. Isto não é simplesmente uma questão "técnica" de capacidade de absorção, ou de orçamentos de carbono. O problema subjacente é que a rentabilidade requer o consumo de recursos naturais, mas a natureza não pode ser totalmente mercantilizada: a atmosfera, os rios, os oceanos, as estações do ano e os processos metabólicos que produzem o que, para os seres humanos, aparecem como as "condições naturais de produção", ou (ainda) não foram apropriadas pelo capital, ou não podem ser reivindicadas como propriedade em nenhum sentido. A consequência é que tais recursos naturais não podem ser comercializados com fins lucrativos em mercados estáveis e *sempre* tenderão a ser superexplorados. Da mesma forma, a fronteira entre a exploração "sustentável" e "insustentável" *sempre* permanecerá confusa, e a natureza *sempre* tenderá a ser usada para absorver carbono e outros resíduos gerados pela produção de mercadorias para venda por lucro, sem gerar custos para quem os produz.

Mesmo quando os governos atribuem direitos de propriedade sobre a natureza, ou estabelecem preços arbitrários a processos

---

24 *World Development Report*: Development and Climate Change. Washington: World Bank, 2010, pp. 10/11; ver também BAER, Hans A. *Global Capitalism and Climate Change*: The Need for an Alternative World System. Lanham: AltaMira Press, 2012, cap. I.

naturais ("*preços-sombra*" ou quaisquer outros preços), ou impõem encargos, subsídios e impostos específicos, ou criam mercados onde os títulos de propriedade sobre os recursos naturais e o meio ambiente podem ser negociados, essas instituições só afetarão os resultados econômicos de forma imperfeita e insuficiente, considerando os esforços que são necessários para enfrentar as mudanças climáticas.[25] A dificuldade não decorre de os governos nacionais não serem "suficientemente fortes" para impor os preços, impostos, encargos e subsídios "corretos" para se reduzir a extração ou se deslocar a demanda o suficiente para evitar o colapso ambiental; não é sequer o laxismo (intimamente relacionado) dos tratados internacionais existentes. O problema é que os resultados necessários *não podem* ser alcançados por processos de mercado. As consequências inevitáveis permanecem; por exemplo, "as usinas elétricas a carvão projetadas em todo o mundo nos próximos 25 anos são tão numerosas que suas emissões de CO2 durante toda a vida útil seriam iguais às de todas as atividades de queima de carvão desde o início da era industrial".[26]

Em segundo lugar, há uma disjunção entre a consciência dos limites ambientais ao crescimento e a evidente incapacidade dos governos e das organizações intergovernamentais de fazerem o suficiente para enfrentar as mudanças climáticas. Mais de um quarto de século desde que a Convenção-Quadro das Nações Unidas sobre Mudanças Climáticas (CQNUMC) entrou em vigor, pouco se tentou fazer para minimizar os efeitos da crise climática, e menos

25 HEYNEN, Nik *et al.* (Coord.). *Neoliberal Environments*: False Promises and Unnatural Consequences. Abingdon: Routledge, 2007; SIEBERT, Johanna. "The Greening of Uneven and Combined Development: IR, Capitalism and The Global Ecological Crisis". *Cambridge Review of International Affairs*, 2020.

26 *World Development Report*: Development and Climate Change. Washington: World Bank, 2010, p. 11.

ainda se conseguiu;[27] todos os sinais apontam para resultados catastróficos dentro de uma ou duas gerações, com consequências que provavelmente durarão milênios. Um exemplo das limitações das abordagens atuais é o caso da Noruega, um dos países mais ricos do mundo, e altamente dependente da exportação de petróleo:

> A trajetória de emissões da Noruega com novos campos de petróleo e gás previstos e em potencial não está de acordo com a taxa de redução global de emissões necessária para atingir as metas de Paris. (...) [S]e a Noruega continuar a permitir a exploração e o desenvolvimento de novos campos, empurrará o mundo para níveis perigosos de mudança climática e arriscará bilhões de dólares de investimento e milhares de empregos, forçando sobre si mesma (e sobre os outros) uma rápida transição a um enorme custo econômico e social. Uma vez que os orçamentos de carbono são finitos, a Noruega deverá assumir uma parte indevida dos limitados orçamentos globais de carbono, privando assim os países pobres de uma oportunidade para se desenvolverem.[28]

Por razões similares, as emissões de CO2 provenientes do petróleo, gás e carvão aumentaram quase ininterruptamente, de 20.516 megatons em 1990 para 33.513 em 2018, e cerca de 37.000 megatons em 2022, diminuindo apenas temporariamente após a CFG e, mais tarde, a pandemia COVID-19.[29] Perversamente, a

---

27 KHOR, Martin *et al.* "Promoting Sustainable Development by Addressing the Impacts of Climate Change Response Measures on Developing Countries". *South Center Research Papers 81*, 2017 revisam o mandato e as realizações da CQNUMC.

28 McKINNON, Hannah; MUTTITT, Greg; TROUT, Kelli. *The Sky's Limit*: Why Norway Should Lead the Way in a Managed Decline of Oil and Gas Extraction. Washington: Oil Change International, 2017, p. 2.

29 "[O] crescimento absoluto do PIB é o melhor preditor da mudança nas emissões. Os únicos períodos em que as emissões do efeito estufa que estão destruindo a estabilidade do clima da Terra diminuíram foram os anos em que a economia mundial deixou de crescer e se contraiu, ou seja, durante

participação do combustível mais sujo, o carvão, aumentou de forma contínua entre 1999 e 2014.[30]

As emissões de um pequeno número de economias avançadas diminuíram nos últimos anos,[31] mas esses resultados, especialmente nos EUA e no Reino Unido, devem-se, em grande medida, à desindustrialização e ao deslocamento da "sua" produção (e emissões) para o Sul Global. Seria enganoso para as economias avançadas reivindicarem créditos por essas reduções de CO2, porque são, por definição, transferências que não refletem melhorias nas tecnologias, não modificam os padrões de vida atuais, e em nada contribuem para enfrentar o desastre climático. É alarmante que, mesmo que as reduções de CO2 nos países com melhor desempenho (Cuba, Dinamarca, Espanha e Suécia) fossem replicadas em todos os lugares, o mundo *ainda* não atingiria as metas estabelecidas no acordo de Paris.[32] Tomemos o exemplo da Dinamarca:

---

as crises econômicas. Do ponto de vista das mudanças climáticas, as crises econômicas são uma bênção, enquanto a prosperidade econômica é um flagelo. Essa realidade paradoxal é ignorada ou ativamente negada pela maioria dos economistas, políticos e intelectuais de diferentes campos e disciplinas" (GRANADOS, José A. Tapia. "Inexorable March Toward Utter Climate Disaster?" *Capitalism Nature Socialism*, vol. 29, nº 4, 2018, p. 23). Ver também LE QUÉRÉ, Corinne *et al.* "Temporary Reduction in Daily Global CO2 Emissions during the COVID-19 Forced Confinement". *Nature Climate Change*, 2020; REZAI, Armon; STAGL, Sigrid. "Ecological Macroeconomics: Introduction and Review". *Ecological Economics*, vol. 121, 2016, p. 181.

30 Ver https://www.iea.org/data-and-statistics; http://www.globalcarbonatlas.org/en/CO2-emissions; e JORGENSON, Andrew K. "Economic Development and the Carbon Intensity of Human Well-Being". *Nature Climate Change*, nº 4, 2014.

31 CANADELL, Pep *et al.* "Eighteen Countries Showing The Way to Carbon Zero". *The Conversation*, 25 fev. 2019. Disponível: https://theconversation.com/eighteen-countries-showing-the-way-to-carbon-zero-112295. Acessado em: 15.10.2024.

32 ANDERSON, Kevin; BRODERICK, John F.; STODDART, Isak. "A Factor of Two: How The Mitigation Plans of 'Climate Progressive' Nations Fall Far Short of Paris-Compliant Pathways". *Climate Policy*, vol. 20, nº 10, 2020.

> A Dinamarca é líder em inovação tecnológica e energia eólica. Uma grande fração da energia total consumida no país é agora produzida por fontes renováveis com emissões zero. No entanto, (...) as emissões de CO2 implícitas pelo que é consumido na Dinamarca não diminuíram. O consumo total de energia na Dinamarca em quilowatts-hora (kWh) diminuiu ligeiramente de 228 bilhões de kWh em 1990 para 210 bilhões de kWh em 2014, enquanto a produção total de energia renovável quadruplicou de 13,3 para 54,5 bilhões de kWh. Mas as emissões de CO2 implícitas no consumo total na Dinamarca foram de 58 megatons em 1990, 55 megatons em 2014 e 54 megatons em 2015.[33]

Boyce[34] comenta sobre a falta de progresso suficiente na redução das emissões de carbono, afirmando que:

> O Protocolo de Kyoto de 1997 procurou limitar as emissões de dióxido de carbono de 31 países industrializados em cerca de 94% de seus níveis de 1990 – uma meta modesta. (...) Em março de 2001, a administração do Presidente George W. Bush rejeitou este acordo (...) porque ele imporia custos à economia estadunidense, sem estabelecer limites máximos de emissões para os países em desenvolvimento.

Disponível em: https://doi.org/10.1080/14693062.2020.1728209. Acessado em: 08.10.2024; GRANADOS, José A. Tapia. "Inexorable March Toward Utter Climate Disaster?" *Capitalism Nature Socialism*, vol. 29, nº 4, 2018, pp. 21-25; MUTTITT, Georg. *Off Track*: How the International Energy Agency Guides Energy Decisions Towards Fossil Fuel Dependence and Climate Change. Washington: Oil Change International, 2018. Disponível em: http://priceofoil.org/content/uploads/2018/04/OFF-TRACK-the-IEA-Climate-Change.pdf. Acessado em: 15.10.2024.

33 GRANADOS, José A. Tapia. "Inexorable March Toward Utter Climate Disaster?" *Capitalism Nature Socialism*, vol. 29, nº 4, 2018, p. 25.

34 BOYCE, James K. "Green and Brown? Globalization and the Environment". *PERI Working Paper 78*, 2004, p. 17.

Anos mais tarde, o Presidente Donald Trump tiraria os EUA do acordo de Paris, afirmando que:

> O acordo de Paris teria prejudicado os produtores estadunidenses com restrições regulamentares excessivas que vocês não acreditariam, enquanto permitia aos produtores estrangeiros poluir impunemente. (...) O que não faremos é punir o povo americano enquanto os poluidores estrangeiros enriquecem. (...) Tenho orgulho em dizer isto – chama-se América em Primeiro Lugar.[35]

Essas citações sintetizam claramente a difícil situação da política climática desde o início dos anos 1990: consenso crescente nos círculos científicos, reconhecimento a contragosto no discurso político, políticas públicas relutantes e recuos recorrentes por parte da maioria dos líderes políticos.

Terceiro, a contradição entre as emissões acumuladas pelas principais EAs ocidentais, em cuja base essas economias cresceram no passado, e o rápido aumento das emissões nas ED. É compreensível que as ED reivindiquem hoje o direito ao desenvolvimento (DD), isto é, que possam se desenvolver utilizando as tecnologias existentes, argumentando que o orçamento de carbono restante deve ser disponibilizado principalmente para as ED e não para as EAs. Isto porque existe uma forte relação entre o crescimento das emissões e a redução da pobreza (ver capítulo II):

> As regiões que têm visto reduções extremas na pobreza, especificamente o Leste Asiático e o Pacífico e Sul da Ásia, têm aumentado suas emissões de carbono em quase 200%. A única região que diminuiu suas emissões de carbono durante

---

35 HARRABIN, Roger. "Paris Agreement: Trump Confirms US Will Leave Climate Accord". *BBC*, 24 out. 2019. Disponível em: https://www.bbc.co.uk/news/world-us-canada-50165596. Acessado em: 24.10.2024.

esse período de tempo, a África Subsaariana, viu o número de pessoas vivendo em extrema pobreza quase dobrar.[36]

Em quarto lugar, a estrutura incongruente da economia global. Nessa estrutura, vários países estão fortemente envolvidos na produção e na exportação de combustíveis fósseis, ainda que tal extração e processamento sejam insustentáveis por entrar em conflito com a estabilidade do clima da Terra. Essa dificuldade é agravada pelo fato de que algumas economias dependentes do petróleo têm poucas alternativas de produtos exportáveis. Paralelamente, grandes indústrias foram construídas em torno dos combustíveis fósseis e não estão dispostas a aceitar as perdas ou os impostos e outros encargos que seriam necessários para financiar a transição a uma nova matriz energética.

1.3 Escolhendo a inação

Em vez de apoiar reduções imediatas na produção e consumo de combustíveis fósseis, a maioria das empresas, governos, políticos, jornalistas e economistas preferem negar as mudanças climáticas, ou exagerar o potencial e subestimar os custos das iniciativas de geoengenharia e sequestro de carbono.[37] O desejo de adiar ações

---

36 GOLDSTEIN, Adam. "What is the Link Between Carbon Emissions and Poverty?" *WEF*, 15 dez. 2015. Disponível em: https://www.weforum.org/agenda/2015/12/what-is-the-link-between-carbon-emissions-and-poverty/. Acessado em: 10.10.2024; ver também *World Development Report*: Development and Climate Change. Washington: World Bank, 2010, p. 3.

37 Existem "imensos obstáculos à construção de usinas de captura e sequestro de carbono (CCS) (...). Como o analista de energia Vaclav Smil apontou: 'para capturar apenas um quinto das emissões atuais de CO2, teríamos que criar uma indústria mundial inteiramente nova de absorção-coleta-compressão-transporte-armazenamento, cuja produção anual teria que ser cerca de 70% maior do que o volume anual agora tratado pela indústria global de petróleo bruto, cuja imensa infraestrutura de poços, tubulações, estações de compressão e armazenamento levou gerações para ser construída'. A tecnologia CCS requer quantidades inimagináveis de água (...). E os problemas só começam aí,

significativas até que elas se tornem potencialmente lucrativas para as empresas mudarem espontaneamente suas tecnologias e seu mix de produção tem sido acompanhado pela contínua rejeição da regulamentação e dos impostos para financiar a prevenção e a mitigação das mudanças climáticas.[38] Enquanto isso, a letargia

---

já que os obstáculos tecnológicos, econômicos e ecológicos a tais tentativas de implementar tecnologias de emissões negativas são gigantescos (...) [P]roblemas similares de escala surgem com relação à abordagem de remoção de dióxido de carbono mais favorecida entre os cientistas, que é teoricamente capaz de gerar emissões negativas, a saber, a Bioenergia com Captura e Sequestro de Carbono (BECCS). A implementação de tais esquemas em escala global exigiria (...) uma parcela muito grande da área de terra e da água atualmente utilizadas pela agricultura mundial, impondo custos ambientais e sociais intoleráveis. Esquemas mais racionais propõem uma melhor agricultura e silvicultura, enraizada na agroecologia, para a qual Cuba é atualmente o modelo mais desenvolvido" (FOSTER, John Bellamy; CLARK, Brett. *The Robbery of Nature*: Capitalism and the Ecological Rift. Nova York: Monthly Review Press, 2020, p. 280). Ver também: SAPINSKI, J. P.; BUCK, Holly Jean; MALM, Andreas (Coord.). *Has it Come to This?* The Promises and Perils of Geoengineering on the Brink. New Brunswick: Rutgers University Press, 2020.

38 Granados se aproxima de um exemplo grosseiro de banalidade na ciência econômica: "décadas atrás, economistas estúpidos desenvolveram a teoria da chamada curva ambiental de Kuznets, que afirmava que com o crescimento econômico e o aumento da riqueza os problemas ambientais tendem a piorar no início, mas depois melhoram. Aplicada à mudança climática, a curva ambiental de Kuznets para os gases de efeito estufa (...) afirma que o crescimento econômico acabará reduzindo as emissões de CO2 de modo que, eventualmente, com a economia de mercado deixada livre, as mudanças climáticas não serão um problema. A realidade, porém, foi que as emissões mundiais continuaram a crescer, e quanto mais rápido a economia mundial se expandia, mais rápido elas cresciam" (GRANADOS, José A. Tapia. "Inexorable March Toward Utter Climate Disaster?" *Capitalism Nature Socialism*, vol. 29, nº 4, 2018, p. 26). Ver também: ACKERMAN, Frank; KOZUL-WRIGHT, Richard; VOS, Rob. *Climate Protection and Development*. Nova York: Bloomsbury Academic, 2012, p. 14; BOYCE, James K. "Green and Brown? Globalization and the Environment". *PERI Working Paper 78*, 2004, p. 13; HICKEL, Jason. "A Response To McAfee: No, The 'Environmental Kuznets Curve' Won't Save Us". *Jason Hickel Blog*, 2020. Disponível em: https://www.jasonhickel.org/blog/2020/10/9/response-to-mcafee. Acessado em: 15.10.2024; NUROGLU, Elif; KUNST, Robert M. "Kuznets and Environmental Kuznets Curves for Developing Countries". *In*: YÜLEK, Murat A. (Coord.). *Industrial Policy and Sustainable Growth*. Singapura: Springer, 2018.

continua sendo a marca registrada das negociações internacionais. Ali, as delegações lentamente brigam em torno de políticas, tratados e leis cujos efeitos serão pequenos e tardios. Ao escolher essa linha de ação, o capital global e os governos das EAs contornam, deliberadamente, o fato de que as tecnologias necessárias não estarão disponíveis por vários anos e que seria irresponsável manipular a atmosfera através da geoengenharia, enquanto se continua a bombear quantidades crescentes de CO2e para o ar.

A abordagem dominante da política climática tenta preservar os atuais estilos de vida e deixar intocadas as indústrias mais influentes – especialmente a do petróleo –, ao mesmo tempo que se busca abordar a mudança ambiental através da criação de *outras* indústrias lucrativas:[39]

> Todos os modelos de energia analisados para este relatório concluem que é impossível chegar à trajetória de 2°C apenas com a eficiência energética e a difusão das tecnologias existentes. Estratégias tecnológicas novas ou emergentes, tais como captura e armazenamento de carbono, biocombustíveis de segunda geração e energia solar fotovoltaica, também são críticas. Poucas das novas tecnologias necessárias estão

39 "Ao contrário das banalidades da maioria dos economistas e de quase todos os políticos que ou negam o problema (como Trump), ou nos dizem que não é difícil resolvê-lo com algumas inovações técnicas e políticas (como Obama, Gore e as cabeças por trás do Sistema Europeu de Comércio de Emissões), somente as políticas que afetem a maneira como as coisas são produzidas e consumidas em geral, em toda a economia mundial, seriam capazes de reduzir as emissões de gases de efeito estufa a um grau que poderia ser eficaz para evitar mudanças climáticas catastróficas. Mas se essas políticas fossem implementadas, elas afetariam em muito o consumo das pessoas. É inconcebível evitar mudanças climáticas catastróficas se aviões, automóveis, comércio internacional, produção de carne e desmatamento continuarem lançando centenas de milhões de toneladas de CO2 e CH4 (metano), os dois gases de efeito estufa mais importantes, para a atmosfera" (GRANADOS, José A. Tapia. "Inexorable March Toward Utter Climate Disaster?" *Capitalism Nature Socialism*, vol. 29, nº 4, 2018, p. 25).

> prontamente disponíveis. Os projetos de demonstração de captura e armazenamento de carbono em andamento armazenam atualmente apenas cerca de 4 milhões de toneladas de CO2 anualmente. A comprovação completa da viabilidade desta tecnologia em diferentes regiões e ambientes exigirá cerca de 30 usinas de tamanho completo a um custo total de US$ 75 bilhões a US$ 100 bilhões. A capacidade de armazenamento de 1 bilhão de toneladas de CO2 por ano é necessária até 2020 para se manter dentro dos 2°C de aquecimento.[40]

É desnecessário dizer que essas metas de capacidade de armazenamento não foram atingidas.[41] A abordagem convencional da geoengenharia e do armazenamento de carbono se assemelha à ideia (que seria tipicamente neoliberal) de que a melhor maneira de lidar com a epidemia de obesidade é oferecendo cirurgia bariátrica subsidiada em hospitais privados e, ao mesmo tempo, deixar intocados os sistemas de fornecimento de alimentos e as causas do consumo excessivo de comida. Ou, alternativamente, a noção de que a melhor maneira de lidar com o estresse da vida contemporânea é facilitando a prescrição de antidepressivos, em vez de reconhecer que o neoliberalismo é incompatível com a saúde e a felicidade humana. É também por isso que o chamado "debate" sobre os efeitos nocivos do tabaco foi mantido vivo por décadas – apenas para permitir que os fabricantes de cigarros lucrassem por mais tempo com o fato de conduzirem seus melhores clientes (literalmente) à morte (o que não era um inconveniente significativo, desde que novos clientes pudessem ser encontrados, normalmente em países mais pobres, para substituir os defuntos). Enquanto isso, o mundo arde. Em resumo, hoje, os debates em torno da geoengenharia são, na prática, apenas uma desculpa para bloquear a redução imediata das emissões de CO2e.

---

40 *World Development Report*: Development and Climate Change. Washington: World Bank, 2010, p. 16.

41 CONSOLI, Christopher P.; WILDGUST, Neil. "Current Status of Global Storage Resources". *Energy Procedia*, vol. 114, 2017.

Por fim, é importante rejeitar a noção de que as mudanças climáticas beneficiam uma faixa etária ("os velhos") em detrimento de outra ("os jovens"). Essa fantasia visa colocar no centro do debate um suposto conflito entre faixas etárias, mas isso é uma tergiversação, por três razões. Em primeiro lugar, "velhos" e "jovens" são categorias nebulosas, que incluem aqueles que consumiram muito CO2e ao longo de suas vidas (geralmente os ricos e os do Norte Global) e aqueles que nunca consumiram o suficiente (os pobres e a maioria das pessoas do Sul Global). Em outras palavras, algumas pessoas desfrutaram de vidas fartas e cômodas, enquanto outras foram privadas de quase tudo que torna a existência humana materialmente fácil. Além disso, enquanto alguns indivíduos optaram por ignorar seu impacto sobre o meio ambiente, outros estão empenhados em salvar a vida na Terra e assim por diante. Em segundo lugar, todos que têm a sorte de viver uma vida plena passam, inevitavelmente, por uma sequência de idades. Colocar os jovens contra os velhos não faz sentido, já que os jovens de hoje inevitavelmente "mudarão de lado" em algum momento, quaisquer que sejam suas opiniões e atitudes, minando a frágil oposição sobre o qual esse argumento é construído. Terceiro, os idosos sofrem desproporcionalmente de doenças respiratórias e outras consequências da poluição; eles são altamente vulneráveis a doenças induzidas pelo clima e à morte prematura, altamente dependentes de serviços de saúde precários e assim por diante, o que desestabiliza a noção de que os idosos, sistematicamente, "exploram" ou vivem "às custas" dos jovens, ou que o comportamento irresponsável dos velhos de hoje, há décadas atrás, é a causa dos incêndios florestais deste ano ou dos furacões que virão.

A inação da maioria dos governos e líderes políticos tem sido motivada por razões piores do que as do proverbial avestruz, que estupidamente enterra a cabeça para não ver o que lhe desagrada. As empresas globais estão ganhando dinheiro com a depredação das condições da Terra para sustentar a vida, enquanto exigem lucros *ainda maiores* para reduzir os danos que infligem ao planeta.

A palavra "chantagem" vem à mente, exceto que, na economia convencional, isso se chama "maximização dos lucros". A rica Noruega, uma grande produtora de petróleo, oferece um exemplo flagrante de inação no interesse próprio:

> [Uma] linha consistente da política climática da Noruega (...) é a noção de que as mudanças climáticas devem ser tratadas apenas no ponto de emissões, enquanto o fornecimento de combustíveis fósseis deve ser deixado para o mercado. Essa visão agora não é mais sustentável (...). Há dois elementos nesse argumento: primeiro, que a redução da produção norueguesa não afetará as emissões globais porque outros países substituirão a produção; e, segundo, que a produção na Noruega tem emissões mais baixas. O primeiro é, na melhor das hipóteses, enganoso, e o segundo perde o ponto principal (...). A alegação de que outros substituirão qualquer produção norueguesa reduzida refere-se a um problema conhecido como vazamento: a redução da oferta em um lugar aumenta o preço do petróleo, tornando a produção de óleo mais caro viável em outro lugar (...). O mesmo é verdade quando se trata de combater as fontes de emissão (...) reduzir a demanda de petróleo (por exemplo, tornando os veículos mais eficientes) diminui o preço, incentivando os consumidores em outras partes do mundo a aumentar seu consumo. A questão-chave é: de qual lado a ação climática vaza mais? (...) Statistics Norway examinou essa pergunta (...) [e] (...) recomendou que, para atingir o máximo benefício climático ao menor custo (...), a maior parte da mitigação climática deveria ocorrer do lado da oferta.[42]

As implicações distributivas das mudanças climáticas são severas, tanto dentro dos países como entre eles. Por exemplo,

---

42 McKINNON, Hannah; MUTTITT, Greg; TROUT, Kelli. *The Sky's Limit*: Why Norway Should Lead the Way in a Managed Decline of Oil and Gas Extraction. Washington: Oil Change International, 2017, pp. 15 e 19.

> Quando as falhas de mercado assumem a forma de externalidades ambientais, por que as instituições de governança não conseguem solucioná-las? Há três razões possíveis: primeiro, os perdedores podem pertencer a gerações futuras que não estão aqui para se defenderem. Nesse caso, o único remédio para o fracasso da governança é um compromisso social com uma ética de responsabilidade intergeracional. Em segundo lugar, os perdedores podem carecer de informações adequadas sobre a extensão ou fontes dos encargos ambientais. (...) Nesse caso, a educação ambiental e a legislação em torno do direito às informações são elementos cruciais para uma solução. Terceiro, os perdedores podem não ter poder suficiente para alterar o comportamento dos vencedores. Nesses casos, uma mudança no equilíbrio de poder entre vencedores e perdedores é uma condição necessária para uma maior proteção ambiental.[43]

Depois de ter ocultado os custos e as implicações distributivas adversas das mudanças climáticas, o *mainstream* joga sua última cartada: afirma que as mudanças climáticas carregam incertezas significativas, que complicariam as tarefas de mitigação e adaptação; além disso, a economia tende a crescer, e as tecnologias tendem a melhorar o tempo todo. Portanto, é melhor não fazer nada hoje, esperar que as mudanças climáticas sigam seu curso, para depois tentar mitigar os resultados. Esse argumento é enganoso, porque esses cálculos relativamente benévolos podem ser desestabilizados

---

43 BOYCE, James K. "Green and Brown? Globalization and the Environment". *PERI Working Paper 78*, 2004, p. 11. "Com custos de mitigação estimados em US$ 4 trilhões a US$ 25 trilhões ao longo do próximo século, as perdas decorrentes de tais atrasos são tão grandes que há claros benefícios econômicos para os países de alta renda empenhados em limitar a perigosas mudanças climáticas para financiar ações precoces nos países em desenvolvimento. De modo mais geral, o custo total da mitigação poderia ser muito reduzido através de mecanismos de financiamento de carbono com bom desempenho, transferências financeiras e sinais de preços" (*World Development Report*: Development and Climate Change. Washington: World Bank, 2010, p. 12).

inteiramente pelas incógnitas, limiares e pontos de ruptura climáticos, que podem ter implicações catastróficas.

1.4 A financeirização e o clima

As tensões, deslocamentos, pressões ambientais e resultados distributivos regressivos delineados acima foram intensificados pela financeirização da produção global, das trocas comerciais, e da reprodução social nas últimas décadas.[44]

A financeirização não é apenas um entre os vários fatores que explicam a ascensão da economia global(izada) atual. Ao contrário, ela é o principal motor e a característica que distingue o sistema de acumulação neoliberal. A financeirização é definida pela crescente importância das finanças, instituições financeiras e mercados financeiros (o que Marx chamou de capital portador

---

44 Para uma visão histórica, ver GOWAN, Peter. *The Global Gamble*: America's Faustian Bid for World Dominance. Londres: Verso, 1999; PANITCH, Leo; GINDIN, Sam. *The Making of Global Capitalism*: The Political Economy of American Empire. Londres: Verso, 2012; SAAD-FILHO, Alfredo. "Neoliberalism". *In*: BRENNAN, David M.; KRISTJANSON-GURAL, David; MULDER, Catherine P.; OLSEN, Erik (Coord.). *The Routledge Handbook of Marxian Economics*. Londres: Routledge, 2017. As teorias da financeirização são examinadas por ARRIGHI, Giovanni. *The Long Twentieth Century*. Londres: Verso, 1994; ASHMAN, Samantha; FINE, Ben. "Neo-liberalism, varieties of capitalism, and the shifting contours of South Africa's financial system". *Transformation Critical Perspectives on Southern Africa*, vol. 81, nº 1, 2013; CHRISTOPHERS, Brett; FINE, Ben. "The Value of Financialisation and the Financialisation of Value". *In*: MADER, Philip; MERTENS, Daniel; ZWAN, Natascha van der (Coord.). *International Handbook of Financialisation*. Londres: Routledge, 2019; FINE, Ben. "Financialisation From a Marxist Perspective". *International Journal of Political Economy*, vol. 42, nº 4, 2013-2014; FINE, Ben; SAAD-FILHO, Alfredo. "Thirteen Things You Need to Know About Neoliberalism". *Critical Sociology*, vol. 43, nº 4-5, 2017; SAAD-FILHO, Alfredo. "Monetary Policy and Neoliberalism". *In*: CAHILL, Damien; COOPER, Melinda; KONINGS, Martijn (Coord.). *SAGE Handbook of Neoliberalism*. Londres: Sage, 2018. Para dados e análises regularmente atualizadas, ver: UNCTAD. *Trade and Development Report*. Genebra: UNCTAD, 2012.

de juros, CPJ) na reprodução social e econômica. Sua influência se dá através do controle pelo CPJ das principais fontes de capital e divisas estrangeiras, finanças estatais, dos processos de alocação de recursos, e das principais alavancas da política econômica nas economias contemporâneas. Ao mesmo tempo, as ideologias associadas às finanças se tornaram hegemônicas na mídia, nas instituições de pesquisa, nas universidades e no próprio Estado, a ponto de se converterem no "senso comum" de nossa época. Em termos políticos, a hegemonia das finanças geralmente aparece sob o disfarce de "estabilização macroeconômica", "controle da inflação" e "promoção da competitividade", que se tornaram os princípios de política econômica mais proeminentes sob o neoliberalismo. Por fim, os comportamentos individuais também se financeirizaram através do recuo do Estado de Bem-Estar Social acompanhado pelo aumento endividamento pessoal e pelo cálculo generalizado de "lucros" e "perdas" na escolha de profissão, casa, escola, universidade, carro, eletrodomésticos e assim por diante.

A financeirização levou a resultados disfuncionais, incluindo estratégias de acumulação "curtoprazistas" e especulativas; volatilidade macroeconômica; baixas taxas de investimento, crescimento da produtividade, poupança, crescimento do PIB e criação de empregos; vulnerabilidade a crises; e crescentes desigualdades de renda, riqueza, poder e provisão social.[45] Sob a financeirização, os interesses econômicos dominantes operam em mercados fragmentados e competitivos vinculados a uma lógica de investimento procíclico e visando à rápida extração de lucros que tende a reforçar as estruturas econômicas existentes, manter a dependência do petróleo, aumentar as emissões e bloquear a mitigação e adaptação. Isso torna a financeirização incompatível com políticas industriais coordenadas, de alto custo ou

---

45 LAVOIE, Marc. "Financialization, Neo-liberalism, and Securitization". *Journal of Post Keynesian Economics*, vol. 35, nº 2, 2014 ; SERFATI, Claude. "La dominación del capital financiero: ¿qué consecuencias?" *In*: CHESNAIS, François; PLIHON, Dominique (Coord.). *Las trampas de las finanzas mundiale*. Madrid: Akal, 2003.

de longo prazo, que são essenciais para as transformações estruturais na atividade econômica, a diversificação e o surgimento de novos motores de acumulação, a adaptação e a mitigação das mudanças climáticas e a redistribuição de renda, facilitando a sua captura por aqueles que já controlam a maioria dos recursos.[46]

As distorções impostas pela financeirização explicam porque o sistema financeiro continua a financiar iniciativas prejudiciais ao meio ambiente e que conflitam com as metas de emissões acordadas internacionalmente. Essas distorções irão expandir o conjunto de ativos que precisam ser retidos (abandonados, ou mantidos no solo) quando o mundo finalmente se afastar dos combustíveis fósseis:[47]

> A meta do Acordo Climático de Paris (...) exigirá uma rápida descarbonização do sistema energético global. De forma preocupante, os níveis de financiamento de combustíveis

---

46 CHESNAIS, François. *Finance Capital Today*. Leiden: Brill, 2016; HEYNEN, Nik *et al.* (Coord.). *Neoliberal Environments*: False Promises and Unnatural Consequences. Abingdon: Routledge, 2007; HUDSON, Michael. "From Marx to Goldman Sachs: The Fictions of Fictitious Capital, and the Financialization of Industry". *Critique*, vol. 38, nº 3, 2010.

47 Ver: capítulo II; ANSARI, Dawud; HOLZ, Franziska. "Between stranded assets and green transformation". *World Development*, vol. 130, 2020. Disponível em: https://doi.org/10.1016/j.worlddev.2020.104947. Acessado em: 08.10.2024, BOS, Kyra; GUPTA, Joyeeta. "Stranded assets and stranded resources: implications for climate change mitigation and global sustainable development". *Energy Research and Social Science*, vol. 56, 2019. Disponível em: https://www.sciencedirect.com/science/article/pii/S2214629618305383?via%3Dihub. Acessado em: 08.10.2024; JAKOB, Michael; HILAIRE, Jérôme. "Unburnable Fossil-Fuel Reserves". *Nature*, nº 517, 2015; McGLADE, Christophe; EKINS, Paul. "The Geographical Distribution of Fossil Fuels Unused When Limiting Global Warming to 2°C". *Nature*, nº 517, 2015, RAVAL, Anjli; SHEPPARD, David; KHALAF, Roula. "BP Warns of Oil Demand Peak by Early 2020s". *Financial Times*, 14 set. 2020. Disponível em: https://www.ft.com/content/7a6d5cb2-0e7e-4ea-5-8662-5ac75c4c0694. Acessado em: 10.10.2024; VERCELLI, Alessandro. *Crisis and Sustainability*: The Delusion of Free Markets. Londres: Palgrave, 2017.

> fósseis (...) [pelos] bancos entre 2013 e 2015 são incompatíveis com estas (...) metas:
>
> » **Mineração de carvão** – (...) [O]s principais bancos financiaram US$ 42,39 bilhões para empresas ativas na mineração de carvão, lideradas pelo **Deutsche Bank** com US$ 6,73 bilhões.
>
> » **Energia a carvão** – Apesar de um estudo recente ter concluído que a atual fila de usinas elétricas a carvão planejadas colocaria a meta climática de 2°C fora do alcance, (...) esses bancos financiaram US$154 bilhões para os principais operadores de usinas elétricas a carvão, liderados pelo **Citigroup** com US$24,06 bilhões.
>
> » **Petróleo extremo (Ártico, areias betuminosas e *offshore* ultraprofundas)** – O desenvolvimento futuro da maioria dessas reservas de petróleo de alto custo e alto risco é incompatível até mesmo com a meta de 2°C, mas os bancos financiaram US$ 307 bilhões para os principais proprietários das reservas mundiais de "petróleo extremo" não exploradas, lideradas pelo **JPMorgan Chase** com US$ 37,77 bilhões.
>
> » **Exportação de Gás Natural Liquefeito (GNL)** – Os bancos financiaram US$ 283 bilhões, liderados pelo **JPMorgan Chase** com US$ 30,58 bilhões, para empresas envolvidas com terminais de exportação de GNL na América do Norte, que têm enormes pegadas de carbono e são ativos encalhados na fabricação com base em um cenário climático de 2°C.[48]

Pior ainda: entre 2016 e 2019, os 35 maiores bancos privados adiantaram *US$ 2,7 trilhões* em créditos para a indústria de combustíveis fósseis.[49] Essas iniciativas são irracionais mesmo do ponto de vista dos interesses de longo prazo do capital:

---

48 FOSSIL FUEL REPORT CARD. *Shorting the Climate*, 2016, p. 3. Disponível em: http://priceofoil.org/2016/06/15/shorting-the-climate/. Acessado em: 09.08.2024.

49 RAINFOREST ACTION NETWORK *et al. Banking on Climate Change*: Fossil Fuel Finance Report, 2020. Disponível em: https://www.ran.org/bankingonclimatechange2020/. Acessado em: 09.08.2024.

> [A]s formas mais caras e ambientalmente destrutivas de petróleo – areias betuminosas, perfuração no Ártico e perfuração em águas ultraprofundas – (...) [oferecem] as piores perspectivas. O custo muito alto dos projetos nestes subsetores faz com que seja provável que eles acabem como ativos irrecuperáveis à medida que as regulamentações de carbono entrarem em vigor nos próximos anos. Efetivamente, qualquer grande projeto de petróleo extremo é uma grande aposta de que o mundo não enfrentará as mudanças climáticas.[50]

Isso é inaceitável do ponto de vista da preservação da vida na Terra e ilustra o argumento de que a financeirização é incompatível com os valores democráticos e a igualdade humana.[51] Isso deveria ser razão suficiente para reverter a financeirização; mas, quando esses imperativos éticos se associam ao fato de o neoliberalismo e a financeirização intensificarem os desafios à própria vida, torna-se claro que há uma necessidade urgente de transformar as estruturas de reprodução econômica, reverter a financeirização e o neoliberalismo, diversificar as economias, promover a adaptação e mitigação ambiental e alcançar maior igualdade dentro e entre os países.

---

50 FOSSIL FUEL REPORT CARD. *Shorting the Climate*, 2016, p. 27. Disponível em: http://priceofoil.org/2016/06/15/shorting-the-climate/. Acessado em: 09.08.2024. Ver também edições desse relatório e GRANT, Andrew. "Handbtrake Turn: The cost of failing to anticipate an Inevitable Policy Response to climate change". *Carbon Tracker*, 2020. Disponível em: https://carbontracker.org/reports/handbrake-turn/. Acessado em: 09.08.2024.

51 Para a ascensão dos super-ricos e o seu acesso a produtos financeiros, ver: BEAVERSTOCK, Jonathan; HALL, Sarah; WAINWRIGHT, Thomas. "Servicing the Super-Rich: New Financial Elites and the Rise of the Private Wealth Management Retail Ecology". *Regional Studies*, vol. 47, nº 6, 2013; GODA, Thomas; LYSANDROU, Photis. "The Contribution of Wealth Concentration to the Subprime Crisis: a Quantitative Estimation". *Cambridge Journal of Economics*, vol. 38, nº 2, 2013; LYSANDROU, Photis. "The Causal Primacy of Global Inequality in the Financial Crisis". *Theory and Struggle*, vol. 119, 2018. Disponível em: https://online.liverpooluniversitypress.co.uk/doi/pdf/10.3828/ts.2018.4. Acessado em: 10.10.2024. Uma resposta não negacionista da corrente dominante é pleitear um tratamento especial (novamente) – dessa vez, através da nacionalização da indústria petrolífera.

CAPÍTULO II

O IMPERATIVO DA MUDANÇA

Este capítulo examina o imperativo de adaptar e modificar os sistemas de produção econômica e de reprodução social a fim de proteger a possibilidade da vida tal como a conhecemos. Ao encarar o que talvez seja o desafio mais importante que nossa espécie já enfrentou, é essencial identificar as características do problema no Sul Global e no Norte Global. É também imperativo abordar a questão da transição energética e o tamanho formato futuro da indústria petrolífera. Qualquer que seja a solução eventualmente encontrada, ela inevitavelmente exigirá o abandono de uma grande parte das reservas conhecidas de combustíveis fósseis, com custos significativos a serem alocados no futuro.

2.1 Transições no Norte e no Sul

O Norte Global, com um sexto da população mundial, é a fonte de quase dois terços dos gases de efeito estufa na atmosfera.[52] É óbvio que uma ação eficaz para enfrentar as mudanças climáticas

52 ACKERMAN, Frank; KOZUL-WRIGHT, Richard; VOS, Rob. *Climate Protection and Development*. Nova York: Bloomsbury Academic, 2012, cap.

deve depender, principalmente, do Norte. Lá, as políticas podem se concentrar em três áreas principais: reduções no consumo através de cortes na renda disponível dos mais ricos e reduções coordenadas na produção; mudanças na produção, nas finanças e no consumo a fim de diminuir os danos ambientais por dólar de renda; e mudança da matriz energética de combustíveis fósseis para renováveis, incluindo deixar os combustíveis fósseis no solo.[53] Não há dúvida de que a descarbonização será difícil de ser alcançada mesmo nas economias mais ricas, por exemplo:

> [I]r além do petróleo será um desafio para a Noruega, que atualmente representa 12 por cento do PIB do país e 13 por cento da receita do governo (...). Em comparação, em Angola (...), o petróleo representa 40 por cento do PIB e 70 por cento das receitas do governo. A Noruega não só é menos dependente do que muitos outros grandes produtores, mas também tem muito mais recursos (renda e riqueza) para facilitar a transição. (...) Dados os orçamentos globais finitos de carbono, cada barril de petróleo extraído na Noruega é um barril que não pode ser extraído em outro lugar. O resultado provável é privar os países pobres de oportunidades

---

I; *World Development Report*: Development and Climate Change. Washington: World Bank, 2010, p. 2.

53 BOYCE, James K. "Green and Brown? Globalization and the Environment". *PERI Working Paper 78*, 2004, pp. 7/8; GENÇSÜ, Ipek; WHITLEY, Shelagh; TRILLING, Markus; BURG, Laurie van der; MCLYNN, Maeve; WORRALL, Leah. "Phasing out public financial flows to fossil fuel production in Europe". *Climate Policy*, 2020; HAHNEL, Robin. "Left Clouds Over Climate Change Policy". *Review of Radical Political Economics*, vol. 44, nº 2, 2012. Para o caso contra manter os combustíveis fósseis no chão, ver IER. "Exploring the Dangers of the Keep It In the Ground Campaign, Institute for Energy Research". *IER Press Releases*, abr. 2016. Disponível em: https://www.instituteforenergyresearch.org/fossil-fuels/coal/dangers-keep-ground-campaign/. Acessado em: 15.10.2024; e KINDER MORGAN. *The Need for Fossil Fuels*, 2020. Disponível em: http://www2.kindermorgan.com/getAttachment/4c844b12-9ecd-4948-a44f-ee3ebef02173/White_Fossil_Fuels.pdf. Acessado em: 15.10.2024.

> de desenvolvimento: essencialmente de renda que poderia ser usada para construir hospitais ou escolas. (...) Quando o Ministro do Petróleo Terje Soviknes diz que "não será possível substituir o fluxo de renda [norueguês] do petróleo e do gás por várias gerações futuras", isso é uma afirmação de que o resto do mundo deve sofrer as mudanças climáticas, ou de que os países mais pobres devem suportar mais o fardo da transição do que a rica Noruega.[54]

A diversificação, a mudança estrutural e a mitigação são mais gerenciáveis no Norte Global do que no Sul, porque as EAs têm maior produtividade na maioria dos setores, e suas economias tendem a ser mais diversificadas e resilientes. As EAs podem mais facilmente financiar investimentos em fontes e serviços de energia sustentável, construir cadeias de provisão alternativas e assim por diante. Entretanto, a fim de assegurar apoio social e político para a transição, será necessário encontrar oportunidades alternativas de emprego com renda comparável para os trabalhadores deslocados no processo.[55] Em resumo, as EAs devem implementar uma estratégia agressiva de desinvestimento dos combustíveis fósseis, diversificação econômica e proteção social e devem apoiar transições paralelas no Sul.[56]

---

54 McKINNON, Hannah; MUTTITT, Greg; TROUT, Kelli. *The Sky's Limit*: Why Norway Should Lead the Way in a Managed Decline of Oil and Gas Extraction. Washington: Oil Change International, 2017, pp. 4 e 17.

55 "A proteção da subsistência desses trabalhadores e de suas famílias deve ser uma prioridade na transição para sair da economia petrolífera. Entretanto, isso não diminui a necessidade de fazer a transição. Como diz a Confederação Sindical Internacional, 'não há empregos em um planeta morto'" (McKINNON, Hannah; MUTTITT, Greg; TROUT, Kelli. *The Sky's Limit*: Why Norway Should Lead the Way in a Managed Decline of Oil and Gas Extraction. Washington: Oil Change International, 2017, p. 20).

56 McKINNON, Hannah; MUTTITT, Greg; TROUT, Kelli. *The Sky's Limit*: Why Norway Should Lead the Way in a Managed Decline of Oil and Gas Extraction. Washington: Oil Change International, 2017, p. 21; WORLD BANK. *The Growing Role of Minerals and Metals for a Low Carbon Future*. Washington: World Bank, 2017.

Os desafios colocados pelas mudanças climáticas pesarão mais – tanto *per capita* quanto em proporção à renda nacional – sobre economias mais pobres e menos diversificadas. Em particular, as economias pobres dependentes da exportação de petróleo não poderão contar com suas vantagens competitivas já estabelecidas para alcançar os equilíbrios macroeconômicos, externos, fiscais, distributivos e outros, bem como para a geração de emprego, renda, consumo, crescimento da produtividade e bem-estar social.[57] Para muitas economias, esses recursos são significativos. Por exemplo, as rendas totais capturadas pelos países em desenvolvimento exportadores de combustíveis fósseis em 2012 foram cinco vezes maiores do que os fluxos de ajuda internacional para o Sul.[58]

---

57 UNFCCC. *The concept of economic diversification in the context of response measures*. 2005, pp. 33/34. Disponível em: https://unfccc.int/sites/default/files/resource/Technical%20paper_Economic%20diversification.pdf. Acessado em: 30.10.2024.

58 MORRISSEY, James. "Who Should Sell the Last of the Fossil Fuels: Stranded Assets, Equity and Climate Change". *Oxfam*, 2016. Disponível em: https://politicsofpoverty.oxfamamerica.org/2016/05/who-should-sell-the-last-of-the-fossil-fuels-stranded-assets-equity-and-climate-change/. Acessado em: 15.10.2024. As rendas são geralmente definidas como a diferença entre os preços mundiais e os custos locais de produção; para o exemplo mais simples possível, se o preço internacional do petróleo for US$ 75 por barril e o petróleo puder ser extraído na Arábia Saudita por US$ 10 por barril, as rendas sauditas serão de US$ 65 por barril. Aqui, as rendas são recursos doados pelo mundo aos produtores de baixo custo em virtude de sua dotação natural favorável ou devido a seu controle sobre a oferta ou a demanda no mercado. Esses recursos podem ser utilizados para qualquer finalidade, por exemplo, maior consumo ou investimento. Por outro ângulo, na teoria econômica dominante, a renda é o rendimento devido a um fator de produção acima do necessário para que esse fator seja utilizado; alternativamente, as rendas são os rendimentos que excedem aqueles provenientes da melhor alternativa de uso do fator de produção (por exemplo, a produção de uma cultura alternativa na mesma terra, ou o investimento na agricultura em oposição à mineração). Por fim, as rendas também podem ser vistas como retornos que excedem o custo competitivo de produção (no exemplo acima, a venda de petróleo acima do custo local de extração). Desse ponto de vista, as rendas são sempre devidas a distorções do mercado em relação ao ideal perfeitamente competitivo.

Os países pobres terão dificuldade para absorver esses custos e perdas e para financiar os investimentos necessários, especialmente em vista da urgência e das grandes externalidades envolvidas.[59] Isso porque as ED sofrem de múltiplas desvantagens, incluindo baixos estoques de capital, tecnologias ultrapassadas e educação e treinamento menos eficientes, levando a uma menor produtividade e renda per capita mais baixa. Seus mercados também são menores e mais vulneráveis a choques adversos; mais ainda, várias ED dependem de um pequeno número de produtos exportáveis, muitas vezes intensivos em carbono. Por fim, os países mais pobres dependentes da exportação de petróleo terão que renunciar, muito em breve, a grande parte de sua riqueza potencial como parte da transição energética global (ver capítulo III). Eles precisarão de apoio para transformar suas economias e enfrentar as consequências das mudanças climáticas no pouco tempo disponível. Formas de apoio possíveis podem incluir ajuda internacional, empréstimos subsidiados, transferências de tecnologia e – o que é importante – regulamentações globais favoráveis.[60]

---

59 ETC. "Mission Possible: Reaching Net-Zero Carbon Emissions from Harder-to-Abate Sectors". *Mid-Century*, 2018. Disponível em: https://www.energy-transitions.org/publications/mission-possible/. Acessado em: 09.08.2024; MANLEY, David; CUST, James; CECCHINATO, Giorgia. "Stranded Nations? The Climate Policy Implications for Fossil Fuel-Rich Developing Countries". *SSRN Electronic Journal*, 2017. Disponível em: https://www.economics.ox.ac.uk/images/Documents/OxCarre_Policy_Papers/OxCarrePP201634.pdf. Acessado em: 15.10.2024.

60 "A rápida introdução de novos setores e produtos que expandem o uso de energia limpa e melhorem a eficiência são de interesse nacional e global. Mas sua rápida propagação poderia ser dificultada por respostas que obstruem o desenvolvimento dos mesmos setores por outros países. Por exemplo, quando fortes proteções sobre a propriedade intelectual impedem atividades adaptativas e a reengenharia, ou quando os preços dos bens para a nova tecnologia são subsidiados da mesma forma que os produtos agrícolas dos países desenvolvidos são hoje" (KHOR, Martin *et al.* "Promoting Sustainable Development by Addressing the Impacts of Climate Change Response Measures on Developing Countries". *South Center Research Papers 81*, 2017, p. 4; ver também pp. 2/3).

Dados os pesados custos de adaptação, mitigação e transição – tanto agora quanto no futuro –, as ED têm enfatizado a necessidade de proteger seu direito ao desenvolvimento, que já foi consagrado em uma miríade de resoluções da ONU e pela CQNUMD.[61] O DD sustenta a noção de RCPD, pela qual:

> alguns países são mais responsáveis pelas mudanças climáticas e também têm maior capacidade de reduzir suas emissões. (...) Essa ideia é capturada na noção de "responsabilidades comuns, porém diferenciadas", pela qual todos os países têm a responsabilidade de reduzir suas emissões, mas essas responsabilidades são diferenciadas para que a maior parte do fardo recaia sobre as economias industriais avançadas.[62]

As RCPD implicam que as EAs devem suportar a maior parte do ônus da mitigação, tanto devido à sua responsabilidade histórica pelas emissões como porque atualmente elas controlam a maior parte dos recursos financeiros e tecnológicos. As EAs rebatem tais exigências, alegando que já estão reduzindo as emissões enquanto as ED ainda estão expandindo as suas, portanto, o fardo deve ser compartilhado de forma mais uniforme.[63] As ED rejeitam esse argumento, afirmando que seria inadmissível limitar seu crescimento quando as economias avançadas desfrutaram da possibilidade de emitir CO2e à vontade no passado; além disso, grande parte dos cortes de emissões no Norte foi resultado da realocação da "sua" produção intensiva em carbono e altamente poluente para o Sul

---

61 KHOR, Martin *et al.* "Promoting Sustainable Development by Addressing the Impacts of Climate Change Response Measures on Developing Countries". *South Center Research Papers 81*, 2017, p. 10.

62 MORRISSEY, James. "Who Should Sell the Last of the Fossil Fuels: Stranded Assets, Equity and Climate Change". *Oxfam*, 2016. Disponível em: https://politicsofpoverty.oxfamamerica.org/2016/05/who-should-sell-the-last-of--the-fossil-fuels-stranded-assets-equity-and-climate-change/. Acessado em: 15.10.2024.

63 Para comparações, ver: http://www.globalcarbonatlas.org/en/CO2-emissions.

Global (ver capítulo I). Devido a tensões e disputas como essas, poucos países têm se mostrado dispostos a liderar os cortes de emissões; além disso, as economias com melhor desempenho não estão entre os maiores emissores de CO2.

Os países do Sul têm expressado preocupação com os direitos de propriedade e os preços das emissões de carbono em acordos internacionais. Por exemplo:

> O princípio de alocação vinculado aos níveis históricos de emissão, que foi aplicado aos países industrializados no acordo de Kyoto, efetivamente captura esses direitos com base na apropriação passada. Essa fórmula é naturalmente inaceitável para os países em desenvolvimento, cujas emissões per capita permanecem uma ordem de magnitude abaixo das dos países industrializados. Um princípio alternativo seria alocar as emissões com base em direitos iguais *per capita* (...). [Uma] resolução igualitária faria da governança ambiental global uma ferramenta para reduzir as disparidades Norte-Sul.[64]

Por fim, há a controversa questão da distribuição das receitas de um imposto global sobre o carbono (a ser instituído) que, se mal concebido, "poderia tornar proibitivo o custo de acesso a fontes modernas de energia [no Sul Global], aumentar a incidência da pobreza e o uso de recursos não precificados pelos pobres".[65]

Em todas essas áreas de disputa, não há dúvida de que o Sul deve procurar autofinanciar o tanto quanto possível as suas estratégias de mitigação, adaptação e transição, ao invés de depender de transferências do Norte, por mais importantes que elas possam ser

---

64 BOYCE, James K. "Green and Brown? Globalization and the Environment". *PERI Working Paper 78*, 2004, p. 18.

65 KHOR, Martin *et al.* "Promoting Sustainable Development by Addressing the Impacts of Climate Change Response Measures on Developing Countries". *South Center Research Papers 81*, 2017, p. 5.

(ver capítulo VII). Essa autonomia poderia ser facilitada – um tanto paradoxalmente – pela continuidade da extração de petróleo, com o argumento de que a maioria dos países do Sul são pequenos, sua produção é minúscula em relação à demanda global, e muitos deles não têm fontes alternativas de divisas, o que significa que qualquer falta de moeda forte devido a cortes rápidos nas exportações de petróleo criaria privações, a menos que esses países fossem compensados por ajuda adicional vinda do Norte (ver capítulo VII). Nessas circunstâncias, pode ser aceitável que os pequenos países financiem sua transição para um futuro mais diversificado e livre de petróleo através da reivindicação de prioridade sobre as quotas globais de extração (a serem introduzidas):

> Poderíamos queimar praticamente todas as reservas de combustíveis fósseis no mundo em desenvolvimento [excluindo a China], e ainda teríamos 50% de chances de manter a temperatura global abaixo de 1,5°C. (...) O valor total dessas reservas é (...) estimado (...) em torno de 21 trilhões de dólares. (...) Esses recursos (...) representam uma oportunidade significativa para melhorar a vida de algumas das pessoas mais pobres do mundo e podem ser explorados sem necessariamente induzir níveis perigosos de mudança climática.[66]

Essas dificuldades aumentariam ainda mais se o princípio da RCPD fosse aplicado ao abandono de parte das reservas conhecidas de combustíveis fósseis, o que criaria perdas contábeis de centenas de bilhões de dólares para países e corporações. Isto também implicaria o sucateamento de dezenas de bilhões de dólares de capital produtivo nas indústrias extrativas e de processamento, na

66 MORRISSEY, James. "Who Should Sell the Last of the Fossil Fuels: Stranded Assets, Equity and Climate Change". *Oxfam*, 2016. Disponível em: https://politicsofpoverty.oxfamamerica.org/2016/05/who-should-sell-the-last-of-the-fossil-fuels-stranded-assets-equity-and-climate-change/. Acessado em: 15.10.2024.

eliminação de milhões de empregos e no fechamento (não apenas temporário) de minas, plataformas petrolíferas, refinarias, portos e assim por diante. A essas perdas devem ser acrescentados os investimentos necessários para mudar a matriz energética mundial em detrimento dos combustíveis fósseis e, ao mesmo tempo, adaptar nosso modo de vida para torná-lo compatível com emissões negativas de CO2e. Ademais, existem os custos de mitigação das mudanças climáticas, uma vez que esta não pode mais ser evitada por completo. Esses custos exigirão financiamento compensatório, bem como mudanças mundiais na legislação e nas regras contábeis.[67] Entretanto, é preciso agir rápido, pois o choque será ainda pior se, em vez de um declínio planejado do consumo de combustíveis fósseis, o colapso repentino na demanda por petróleo desencadear perdas incontroláveis em muitas empresas e países e, quase inevitavelmente, uma crise econômica global.

Isto não será simples. No passado recente, a Bolívia e o Equador fizeram tentativas pioneiras de abandonar algumas de suas reservas de combustíveis fósseis na expectativa de financiamento externo, mas falharam quase inteiramente em levantar os recursos necessários.[68] Isto não indica nada de bom para as futuras tentativas de redistribuir os custos de abandonar os ativos relacionados ao petróleo em vários países simultaneamente.[69]

---

67 KHOR, Martin *et al.* "Promoting Sustainable Development by Addressing the Impacts of Climate Change Response Measures on Developing Countries". *South Center Research Papers 81*, 2017, p. 4; MORRISSEY, James. "Who Should Sell the Last of the Fossil Fuels: Stranded Assets, Equity and Climate Change". *Oxfam*, 2016.

68 ARSEL, Murat; HOGENBOOM, Barbara; PELLEGRINI, Lorenzo. "The Extractive Imperative in Latin America". *The Extractive Industries and Society*, vol. 3, nº 4, 2016, p. 883.

69 Ver, por exemplo, CORBERA, Esteve; COSTEDOAT, Sébastien; EZZINE-DE-BLAS, Driss; HECKEN, Gert Van. "Troubled Encounters: Payments for Ecosystem Services in Chiapas, Mexico". *Development and Change*, vol. 51, nº 1, 2019; DETCHON, Reid; LEEUWEN, Richenda Van. "Bring sustainable energy to the developing world". *Nature*, nº 508, 2014;

Além dos desafios de distribuição entre os países, que foram delineados acima, os ricos devem pagar sua dívida ecológica com os pobres em cada país. Essa dívida existe porque, em cada sociedade, os ricos têm consumido historicamente volumes desproporcionalmente maiores de recursos *per capita*, desestabilizando o ecossistema e impondo uma grande pegada de carbono à sociedade como um todo. A implicação é que eles devem uma compensação à sociedade, que pode ser liquidada através de altos impostos sobre bens de luxo, corporações poluidoras, atividades consumidoras de combustíveis fósseis e assim por diante.

GREENLEAF, Maron. "Rubber and Carbon: Opportunity Costs, Incentives and Ecosystem Services in Acre, Brazil". *Development and Change*, vol. 51, nº 1, 2019; JOSLIN, Audrey. "Translating Water Fund Payments for Ecosystem Services in the Ecuadorian Andes". *Development and Change*, vol. 51, nº 1, 2019; HALL, Anthony. "Extractive Reserves: Building Natural Assets in the Brazilian Amazon". *Working Papers 74*, Political Economy Research Institute, University of Massachusetts at Amherst, 2004. Disponível em: https://www.researchgate.net/publication/23693767_Extractive_Reserves_Building_Natural_Assets_in_the_Brazilian_Amazon. Acessado em: 15.10.2024; HE, Jun. "Situated Payments for Ecosystem Services: Local Agencies in the Implementation of the Sloping Land Conversion Programme in Southwest China". *Development and Change*, vol. 51, nº 1, 2019; McELWEE, Pamela; HUBER, Bernhard; NGUYỄN, Thi H. V. "Hybrid Outcomes of Payments for Ecosystem Services Policies in Vietnam: Between Theory and Practice". *Development and Change*, vol. 51, nº 1, 2019; MURADIAN, Roldan *et al.* "Payments for Ecosystem Services and the Fatal Attraction of Win-Win Solutions". *Conservation Letters*, vol. 6, nº 4, 2013; NELSON, Sara H. *et al.* "The Political Life of Natural Infrastructure: Water Funds and Alternative Histories of Payments for Ecosystem Services in Valle del Cauca, Colombia". *Development and Change*, vol. 51, nº 1, 2019; OUEDRAOGO, Nadia. "Transition Pathways for North Africa to Meets Its (Intended) Nationally Determined Contributions under the Paris Agreement". *Climate Policy*, vol. 20, nº 1, 2020; SANDER, Klas; CRANFORD, Matthew. *Financing environmental services in developing countries*. Washington: World Bank Group, 2010. Disponível em: http://documents.worldbank.org/curated/en/100131468330884916/Financing-environmental-services-in-developing-countries. Acessado em: 10.10.2024; SHAPIRO-GARZA, Elizabeth. "An Alternative Theorization of Payments for Ecosystem Services from Mexico". *Development and Change*, vol. 51, nº 1, 2019.

2.2 Caminhando

Tratar das mudanças climáticas exigirá tanto acordos internacionais quanto mudanças de política interna. As alternativas políticas são examinadas nos capítulos IV-VII. Serão necessários acordos internacionais em diversas áreas, incluindo: (a) transferências financeiras para o Sul, em consonância com o DD e o RCPD, para cobrir os custos de abandono dos combustíveis fósseis, mitigação e transição; (b) a transferência de tecnologias verdes para o Sul, incluindo pools globais para bens e tecnologias ambientais; (c) precificação e impostos de carbono, e regras e canais apropriados para a coleta e distribuição das receitas;[70] e (d) novas instituições de governança ambiental global, que poderiam seguir três caminhos.[71] Primeiro, e idealmente, uma nova Organização Mundial do Meio Ambiente (OMMA, ou WEO, na sigla em inglês – *World Environmental Organization*) encarregada da proteção do meio ambiente, das políticas de mitigação e das transferências para o Sul. Esse é o caminho mais desejável, mas há muitas restrições a ele no Norte. Isto pode ser evidenciado pelo destino do Programa das Nações Unidas para o Meio Ambiente, cujo mandato tem sido limitado à informação e assistência, não se estendendo à formulação de políticas. Em segundo lugar, na ausência da OMMA, pode haver acordos específicos sobre questões no âmbito da CQNUMC, ou mesmo da OMC, para regular as ameaças ambientais, espelhando os acordos em torno da proliferação nuclear e da proteção

---

70 KHOR, Martin *et al.* "Promoting Sustainable Development by Addressing the Impacts of Climate Change Response Measures on Developing Countries". *South Center Research Papers 81*, 2017, pp. 43/44; SEKAR, Sri; LUNDIN, Kyle; TUCKER, Christopher; FIGUEIREDO, Joe; TORDO, Silvana; AGUILAR, Javier. *Policy Approaches to Climate Change in Mineral Rich Countries, Background Paper for Building Resilience*: A Green Growth Framework for Mobilizing Mining Investment. Washington: World Bank, 2019, pp. 9 e 37.

71 BOYCE, James K. "Green and Brown? Globalization and the Environment". *PERI Working Paper 78*, 2004, p. 19.

das baleias (com sorte, evitando as suas respectivas brechas). Em terceiro lugar, temos a tentativa de tornar "verdes" as instituições e acordos internacionais existentes, ou seja, trazer considerações ambientais para seus processos de tomada de decisão, para além de avaliações puramente técnicas de impacto ambiental.[72]

Duas áreas são cruciais. A primeira é a precificação do carbono, a fim de incentivar os cortes de emissões:

> Em quase todos os cenários que prevêem o cumprimento das metas de emissões globais de gases de efeito estufa da CQNUMC, uma das opções políticas mais aceitas e frequentemente consideradas para atingir esse objetivo é colocar um preço no carbono. (...) [A]lgumas jurisdições avançaram e estabeleceram estruturas de comércio de carbono ou tributação de carbono, incluindo Canadá, Costa Rica, Noruega e Austrália. A África do Sul, por exemplo, está implementando

---

72 Acordos podem ser alcançados para "garantir que os direitos de propriedade intelectual (...) não sejam interpretados ou implementados de maneira que limite ou impeça qualquer [país] de tomar medidas para enfrentar problemas ambientais; (...) estabelecer fundos globais para bens e tecnologias ambientais para promover ação ambiental global eficaz; (...) [criar] incentivos apropriados, fiscais ou outros, para estimular a transferência de tecnologias adequadas (...) aos países em desenvolvimento; (...) [a]dotar e fazer cumprir medidas para garantir royalties diferenciados entre empresas de países desenvolvidos e em desenvolvimento com relação a bens e serviços ambientais protegidos por DPI (...); [r]evisar e emendar todos os regulamentos nacionais existentes relevantes de propriedade intelectual para remover as barreiras e restrições que afetam a transferência, absorção e inovação de tecnologia relacionada a bens ambientais e à prestação de serviços ambientais em países em desenvolvimento; [p]romover (...) acordos inovadores de compartilhamento de direitos de propriedade intelectual para o desenvolvimento conjunto de bens e serviços ambientais entre empresas de países desenvolvidos e em desenvolvimento; [l]imitar ou reduzir o período mínimo de proteção por patente de bens ambientais, incluindo por meio de emenda apropriada do Artigo 33 do TRIPS; [e] [p]roibir a 'renovação excessiva' de patentes em relação a bens ambientais" (KHOR, Martin *et al.* "Promoting Sustainable Development by Addressing the Impacts of Climate Change Response Measures on Developing Countries". *South Center Research Papers 81*, 2017, pp. 43/44).

> sua segunda versão do imposto de carbono que (...) cobriria todas as emissões de GEE relacionadas à produção de energia e processos industriais não energéticos à taxa de 120 rands por tonelada métrica (ou aproximadamente 8 USD) (...). Não há uma abordagem única para o preço do carbono que funcione para cada jurisdição e, da mesma forma, nem todas as jurisdições administram as receitas dos impostos de carbono igualmente. Algumas abordagens se concentram no reinvestimento em tecnologias e práticas de baixo carbono, enquanto outras se concentram no uso desses fundos para apoiar empresas e indústrias vulneráveis.[73]

No entanto, como isso elevaria os preços de produção, também colocaria os países cumpridores em desvantagem competitiva, a menos que sejam introduzidos mecanismos compensatórios a nível global. A segunda área, então, é a coordenação internacional, tanto para evitar o *free riding* quanto por causa das externalidades devidas à natureza global do clima da Terra. A contrapartida da coordenação internacional é a necessidade de incentivos para que as empresas adotem tecnologias "verdes" – essenciais de um ponto de vista global, mas inevitavelmente onerosas para as empresas individuais. Em ambos os níveis, tratados, regulamentações locais e incentivos estatais são imperativos.[74] Em resumo, há enormes ganhos potenciais com a coordenação de políticas, mas eles exigem acordos internacionais; em contraste, a confiança exclusiva no mecanismo de preços pode não levar a um progresso significativo no tempo disponível. Ao invés

---

73 SEKAR, Sri; LUNDIN, Kyle; TUCKER, Christopher; FIGUEIREDO, Joe; TORDO, Silvana; AGUILAR, Javier. *Policy Approaches to Climate Change in Mineral Rich Countries, Background Paper for Building Resilience*: A Green Growth Framework for Mobilizing Mining Investment. Washington: World Bank, 2019, p. 9.

74 SEKAR, Sri; LUNDIN, Kyle; TUCKER, Christopher; FIGUEIREDO, Joe; TORDO, Silvana; AGUILAR, Javier. *Policy Approaches to Climate Change in Mineral Rich Countries, Background Paper for Building Resilience*: A Green Growth Framework for Mobilizing Mining Investment. Washington: World Bank, 2019, p. 37.

disso, será essencial mobilizar a ação coletiva dentro e fora do Estado, a fim de neutralizar a influência corrosiva de interesses contando com generoso apoio financeiro e seus *lobbies* profissionais. Esses objetivos não serão fáceis de serem alcançados, e a implementação de políticas será difícil. Para enfrentar esses desafios, serão necessários vontade política e grande determinação.[75] A lógica egoísta e curtoprazista do neoliberalismo e da financeirização é incompatível com esses objetivos coletivos, evidenciando, mais uma vez, que o sistema de acumulação atual deve ser superado (ver capítulo IV).

A transição energética e a (inevitável) desvalorização dos recursos ligados às indústrias extrativas de combustíveis fósseis terão um impacto diferenciado sobre o crescimento econômico global. O abandono de ativos, tecnologias, empregos e padrões de consumo passados tenderão a retardar o crescimento, enquanto os investimentos "verdes" em energia e infraestrutura podem criar empregos, promover o crescimento rápido e sustentável e gerar recursos para redistribuição.[76] Dados os custos e externalidades envolvidos e as disparidades de renda, de capacidades e de tecnologia entre Norte e Sul e entre ricos e pobres, e a responsabilidade histórica do Norte Global e dos ricos em cada país pelas emissões, conclui-se que os custos para lidar com as mudanças climáticas, mitigação e investimento na diversificação devem ser distribuídos de forma justa. Por exemplo, bizarramente, "[t]rocar os carros utilitários esportivos (SUVs) por carros de passeio eficientes no consumo de combustível somente nos EUA quase compensaria as emissões geradas no

75 "[A] economia obtida ao ajudar a financiar a mitigação antecipada nos países em desenvolvimento – por exemplo, por meio de infraestrutura e construção de moradias nas próximas décadas – é tão grande que produz benefícios econômicos claros para todos. Mas projetar, sobretudo implementar, um acordo internacional que envolva transferências de recursos substanciais, estáveis e previsíveis não é uma questão trivial" (*World Development Report*: Development and Climate Change. Washington: World Bank, 2010, p. 2).

76 NEWELL, Peter; SIMMS, Andrew. "Towards a Fossil Fuel Non-Proliferation Treaty". *Climate Policy*, vol. 20, 2019. Disponível em: https://www.tandfonline.com/doi/full/10.1080/14693062.2019.1636759. Acessado em: 15.10.2024.

fornecimento de eletricidade a mais 1,6 bilhão de pessoas".[77] Isto parece ser fácil de se atingir, até se perceber que nunca foi sequer tentado, por razões políticas. Isto não indica nada de bom para os esforços muito mais duros que devem ser feitos em outros níveis a fim de reduzir as emissões de CO2e. Entretanto, a maioria da população mundial continua a sofrer com a pobreza, com privações múltiplas, doenças evitáveis e outros males. As melhorias nos padrões de vida e a redistribuição de renda, riqueza e poder são moralmente e politicamente imperativas, mas elas têm sido persistentemente bloqueadas por limites sociais, econômicos e políticos.

Os custos precisos da transição são incertos, mas não precisam ser esmagadores. Por exemplo, Ritchie[78] relata custos globais totais de mitigação do clima de 200-350 bilhões de euros por ano até 2030, o que é menos de 1% do PIB global previsto, mais investimentos iniciais de 530 bilhões de euros em 2020 (agora obviamente irrealistas), ou 810 bilhões de euros se a ação for adiada para 2030 (alternativamente, Ackerman, Kozul-Wright e Vos relatam que são necessários investimentos de 1 trilhão de dólares por ano para a sustentabilidade).[79] Embora esses números sejam substanciais em termos absolutos, o custo da inação provavelmente será muito maior, com um aumento esperado de 40% nos custos de mitigação para cada década de atraso.[80] O rápido crescimento econômico pode contribuir para esses esforços, embora o sucesso não esteja garantido (ver capítulo V).

---

77 *World Development Report*: Development and Climate Change. Washington: World Bank, 2010, p. 3.

78 RITCHIE, Hannah *et al.* "How Much Will it Cost to Mitigate Climate Change?" *Our World in Data*, 2017. Disponível em: https://ourworldindata.org/how-much-will-it-cost-to-mitigate-climate-change. Acessado em: 10.10.2024.

79 ACKERMAN, Frank; KOZUL-WRIGHT, Richard; VOS, Rob. *Climate Protection and Development*. Nova York: Bloomsbury Academic, 2012, p. 52.

80 FURMAN, Jason; PODESTA, John. "New Report: The Cost of Delaying Action to Stem Climate Change". *The White House*, 2014. Disponível em: https://obamawhitehouse.archives.gov/blog/2014/07/29/new-report-cost-delaying-action-stem-climate-change. Acessado em: 09.08.2024.

CAPÍTULO III

O DESAFIO DA DIVERSIFICAÇÃO

Este capítulo analisa as consequências da concentração econômica e os argumentos a favor da diversificação, enfocando os países dependentes da exportação de petróleo. Esse argumento é examinado de diferentes perspectivas, incluindo as distorções econômicas e as vulnerabilidades decorrentes da concentração excessiva, os riscos associados à chamada "maldição dos recursos naturais" e à "doença holandesa" e as perspectivas contrastantes de diferentes escolas de pensamento econômico. Por fim, são examinados os caminhos para a diversificação, focando os países em desenvolvimento.

3.1 Concentração econômica

As *commodities*, enquanto produtos primários, podem ser agrupadas em três famílias principais, dependendo de suas características físicas e seus vínculos econômicos com o setor industrial. As *soft commodities* são utilizadas principalmente no setor alimentício. Eles incluem cereais (como trigo e arroz), soja, bebidas (como chá e café), culturas (como algodão e madeira), pecuária (como carne bovina, suína e ovina) e pesca. As *hard commodities* incluem os metais preciosos (como ouro e prata), metais ferrosos (como minério de ferro), metais não ferrosos (como cobre) e minerais raros (como o coltan). Essas *commodities* são geralmente utilizadas como insumos pelos setores industrial e de construção, enquanto os minerais preciosos servem principalmente como joias e reservas de valor. As *commodities energéticas* incluem predominantemente os combustíveis fósseis (especialmente petróleo, gás e carvão). Elas são utilizadas em toda a cadeia produtiva, tanto como bens de consumo intermediário como bens finais.[81]

A concentração econômica no setor de *commodities* raramente é definida com precisão,[82] mas ela se refere à participação das *commodities* de qualquer natureza no emprego, PIB, orçamento fiscal ou exportações do país.[83] Independentemente das nuances de definição, várias ED estão obviamente concentradas nos combustíveis fósseis. Por exemplo, em 2017, o petróleo representava

---

81 UNIDO. *Promoting Industrial Diversification in Resource Intensive Economies*, [s.d.], p. 10. Disponível em: https://downloads.unido.org/ot/48/11/4811549/STATISTICS_Promoting%20Industrial%20Diversification%20Report.pdf. Acessado em: 10.10.2024.

82 "A diversificação econômica e o crescimento de setores não extrativistas (...) são importantes objetivos de desenvolvimento dos países ricos em recursos (...). No entanto, não há uma definição comum de diversificação nem métricas para medi-la (...). A maioria das teorias usadas para medir o nível de diversificação econômica vincula-o aos níveis de emprego, exportação ou renda. A diversificação econômica pode ser medida como a participação dos setores no PIB, a participação dos setores nas exportações (concentração das exportações), a dependência de um país da exportação de um bem ou mercadoria e a participação dos setores no emprego" (UNFCCC. *The Concept of Economic Diversification in the Context of Response Measures*, [s.d.], p. 19. Disponível em: https://unfccc.int/files/cooperation_support/response_measures/application/pdf/technical_paper_economic_diversification.pdf. Acessado em: 10.10.2024).

83 DHIR, Swati; DHIR, Sanjay. "Diversification: Literature Review and Issues". *Strategic Change*, vol. 24, 2015; UNCTAD. *State of Commodity Dependence*. Genebra: UNCTAD, 2019; UNFCCC. The concept of economic diversification in the context of response measures. 2005, p. 19. Disponível em: https://unfccc.int/sites/default/files/resource/Technical%20paper_Economic%20diversification.pdf. Acessado em: 30.10.2024.

99% das exportações do Sudão do Sul, 95% das exportações do Iraque e 84% das de Angola, e o petróleo e o gás representavam 80% das exportações da Nigéria, enquanto as rendas do petróleo atingiam 37% do PIB no Iraque, Kuwait e Líbia.[84] Enquanto algumas dessas economias utilizaram suas exportações de combustíveis fósseis para apoiar estilos de vida confortáveis, bem como alguma diversificação (especialmente no Golfo), outras parecem incapazes de atingir um padrão de vida decente, desenvolver novas indústrias ou se livrar de mercados petrolíferos que estão fadados ao colapso (Nigéria, Venezuela). Outras ainda carecem de alternativas plausíveis e teriam dificuldade para se diversificar (Sudão do Sul).

O exame dos fluxos comerciais em *commodities* deve partir da distinção entre *abundância de recursos* e *dependência dos recursos*. Abundância refere-se à dotação de recursos ou ao volume bruto de produção; eles podem ser apenas uma vantagem para o país, já que a disponibilidade não implica que esses recursos devam ou venham a ser extraídos; em contraste, a exploração produz receitas econômicas. Por fim, a dependência refere-se à importância do setor de recursos naturais e *commodities* para a geração de receitas fiscais, divisas, crescimento e emprego, que podem ou não ser vantajosas para a economia.

Vários métodos têm sido usados para medir a dependência de recursos naturais e *commodities*. Para Davis,[85] Lederman e Maloney[86] e Sachs e Warner,[87] a dependência refere-se à participação das

---

84 Ver: PESZKO, Grzegorz *et al. Diversification and Cooperation in a Decarbonizing World*. Washington: The World Bank, 2020; http://atlas.cid.harvard.edu/ e https://databank.worldbank.org/source/world-development-indicators#.

85 DAVIS, Graham A. "Learning to Love The Dutch Disease: Evidence From The Mineral Economies". *World Development*, vol. 23, nº 10, 1995.

86 LEDERMAN, Daniel; MALONEY, William F. *Does What You Export Matter?* Washington: World Bank, 2012.

87 SACHS, Jeffrey D.; WARNER, Andrew M. "Natural Resource Abundance and Economic Growth". *NBER Working Paper 5.398*, 1995.

commodities primárias nas exportações ou no PIB, ou às exportações de recursos naturais por trabalhador. Ding e Field[88] medem a dependência de recursos naturaiscomo a participação do capital de recursos naturais no capital total. Baunsgaard[89] define países dependentes de recursos como aqueles com receitas de petróleo, gás e minerais, ou exportações representando pelo menos 20% do total das receitas fiscais ou das exportações totais. Haglund[90] usa um limite ligeiramente mais alto de 25% das exportações.[91] Um país pode ser abundante em recursos, mas não dependente de recursos (por exemplo, os EUA, que é o maior produtor de petróleo e gás do mundo), ou vice-versa (caso da Tanzânia). Por exemplo:

> Tanto a Ásia Central quanto a ASS [África Subsaariana] apresentam altos graus de dependência de *commodities*. (...) A partir da contribuição das *commodities* para o PIB, a parcela de *soft commodities* (...) na produção está acima da média global (4%) tanto para a Ásia Central (9%) quanto para a ASS (18%). (...) Em ambas as regiões, a contribuição da mineração (...) está acima da média global de 6%. Na Ásia Central, a participação do setor aumentou de 11% em 1992 para 15% em 2010, enquanto cresceu de 13% para 19% durante o mesmo período para a ASS. Em contraste,

---

88 DING, Ning; FIELD, Barry C. "Natural Resource Abundance and Economic Growth". *Land Economics*, vol. 81, nº 4, 2005.

89 BAUNSGAARD, Thomas; VILLAFUERTE, Maurício; POPLAWSKI-RIBEIRO, Marcos; RICHMOND, Christine. *Fiscal Frameworks for Resource Rich Developing Countries*. Washington: International Monetary Fund, 2012. Disponível em: https://www.imf.org/external/pubs/ft/sdn/2012/sdn1204.pdf. Acessado em: 08.10.2024.

90 HAGLUND, Dan. "Blessing Or Curse?: The Rise of Mineral Dependence Among Low-and Middle-Income Countries". *Oxford Policy Management*, 2011. Disponível em: https://eiti.org/document/opm-study-blessing-curse--rise-of-mineral-dependence-among-low-middleincome-countries. Acessado em: 09.08.2024.

91 HAILU, Degol; KIPGEN, Chinpihoi. "The Extractives Dependence Index (EDI)". *Resources Policy*, vol. 51, 2017, p. 251.

> a participação da manufatura no PIB está abaixo da média global em ambas as regiões e caiu ao longo do tempo. (...) A intensidade de recursos das economias da Ásia Central e da ASS é ainda mais acentuada na composição de suas exportações. (...) A nível global, os produtos manufaturados são dominantes (58%) nas exportações mundiais. Em contraste, (...) a participação das manufaturas [nas exportações] aumentou de 19% para 23% [na Ásia Central], enquanto na ASS ela diminuiu de 24% para 21% entre 2000 e 2011. Em ambas as regiões, as *hard commodities* e as energéticas representam uma parcela desproporcionalmente grande – e crescente – das exportações. Na Ásia Central, a participação dos combustíveis aumentou de 39% para 57% (...) [enquanto na] ASS (...) [ela] aumentou de 42% para 45%. (...) Associada à (...) dependência de recursos (...) está a (...) pequena e decrescente contribuição das manufaturas no PIB em ambas as economias regionais, e os níveis relativamente baixos de tecnologia em seus setores industriais.[92]

A fim de medir a dependência da extração de recursos naturais dos países, Hailu e Kipgen[93] desenvolveram o Índice de Dependência Extrativa (IDE), incluindo três indicadores: (a) a participação das receitas de exportação dos extrativos no total das receitas de exportação; (b) a participação das receitas dos extrativos no total das receitas fiscais; e (c) o valor agregado da indústria extrativa no PIB. Isto tem o objetivo de capturar três aspectos da dependência de recursos, através de sua contribuição para as receitas de exportação, receitas fiscais e PIB, levando também em conta o grau de especialização da estrutura produtiva que é resultante da dependência de recursos. Sem trazer surpresas, os cálculos de

---

92 UNIDO. *Promoting Industrial Diversification in Resource Intensive Economies*, [s.d.], pp. 23-25. Disponível em: https://downloads.unido.org/ot/48/11/4811549/STATISTICS_Promoting%20Industrial%20Diversification%20Report.pdf. Acessado em: 10.10.2024.

93 HAILU, Degol; KIPGEN, Chinpihoi. "The Extractives Dependence Index (EDI)". *Resources Policy*, vol. 51, 2017.

Hailu e Kipgen[94] do IDE para 81 países mostram valores extremamente altos para países como Iraque, Líbia, Angola e República Democrática do Congo, e valores baixos para as Filipinas, Reino Unido, Tunísia e Vietnã.

3.2 Diversificação nas tradições ortodoxa e heterodoxa

Debates sobre as vantagens e as desvantagens da especialização na produção e exportação de *commodities* primárias tornaram-se parte das disputas entre as abordagens neoclássicas e heterodoxas do comércio internacional. Em resumo, a teoria neoclássica das trocas internacionais baseia-se em uma abordagem de equilíbrio estático a partir da noção de vantagens comparativas de David Ricardo,[95] interpretada através do chamado modelo de Heckscher-Ohlin. Esse modelo sugere que os ganhos do comércio são potencialmente onipresentes e justificam uma especialização econômica completa. Usando o exemplo tradicional de dois países (A e B), dois bens (X e Y) e um fator de produção (mão de obra), se assumirmos que o país A é relativamente mais eficiente do que o país B na produção do bem X, e (implicitamente) que o país B é relativamente mais eficiente do que A na produção de Y, então, os fatores de produção de cada país (nesse caso, mão de obra, mas, por extensão, capital, terra, tecnologia e qualquer outro fator) devem ser inteiramente dedicados à produção do bem no qual aquele país goza de uma vantagem comparativa (em nosso exemplo, o país A deve produzir apenas X, e o país B deve produzir apenas Y). A concentração na produção deve ser complementada pelo comércio,

---

94 HAILU, Degol; KIPGEN, Chinpihoi. "The Extractives Dependence Index (EDI)". *Resources Policy*, vol. 51, 2017, pp. 257/258.

95 RICARDO, David. *On the Principles of Political Economy and Taxation*. [S.l.]: Createspace Independent Publishing Platform,[1821] 2014.

pelo qual a produção potencial máxima de cada país de *um* bem leva ao consumo máximo possível de *todos* os bens.[96]

Várias escolas de pensamento heterodoxas há muito desafiam o apego da corrente dominante à especialização e (consequentemente) à captura das rendas. Para a heterodoxia, mesmo que a concentração econômica possa ser vantajosa no curto prazo, a especialização na produção de produtos primários tende a fomentar "estados rentistas" dependentes de preços externos voláteis, e pode deixar os países dependentes de recursos mais vulneráveis a mudanças nas tecnologias de produção e nos padrões de consumo do que países com uma estrutura de produção diversificada.[97] Além disso, os recursos minerais são, por definição, finitos, enquanto os produtos agrícolas dependem da vitalidade do solo, o que pode limitar a produção. A falta de diversificação econômica também facilita o vazamento das rendas rumo ao exterior, através de importações e fuga de capitais, e ela está associada a políticas fiscais procíclicas, volatilidade macroeconômica, ciclos de expansão e quebra, deteriora dos termos de troca a longo

96 Como alternativa e apelando para a troca e o senso comum: se você e eu moramos juntos, e eu sou melhor do que você na cozinha e você é melhor do que eu em trabalhos manuais, com tudo mais constante, nosso bem-estar conjunto será maximizado se você fizer todos os trabalhos manuais e eu cozinhar. A mesma lógica estática e não monetária da especialização total se aplica ao famoso exemplo de Ricardo (1821) com dois países ("Inglaterra" e "Portugal") e dois produtos ("tecido" e "vinho"). A maioria dos livros didáticos tradicionais demonstra essa noção usando álgebra simples. Para uma crítica, ver SHAIKH, Anwar. "Foreign Trade and the Law of Value: Part I". *Science & Society*, vol. 43, nº 3, 1979; SHAIKH, Anwar. "Foreign Trade and the Law of Value: Part II". *Science & Society*, vol. 44, nº 1, 1980.

97 HAILU, Degol; KIPGEN, Chinpihoi. "The Extractives Dependence Index (EDI)". *Resources Policy*, vol. 51, 2017, p. 254; HAUSMANN, Ricardo; HIDALGO, Cesar A. "The Network Structure of Economic Output". *Journal of Economic Growth*, vol. 16, nº 4, 2011; HAUSMANN, Ricardo; KLINGER, Bailey. "The Structure of the Product Space and the Evolution of Comparative Advantage". *Working Papers 146*, Center for International Development, Harvard University, 2007.

prazo e outros males.[98] Esses padrões de produção, emprego e consumo provavelmente dificultam o crescimento econômico a longo prazo.[99] Segue-se que os países em desenvolvimento devem seguir políticas apoiando a diversificação econômica, por razões de estabilidade macroeconômica e da balança de pagamentos, a resiliência contra choques, o crescimento sustentado, para evitar os riscos da "maldição dos recursos naturais" (*resource curse*) e da doença holandesa (ver abaixo) e para promover o crescimento da produtividade, o bem-estar social e a redistribuição de renda e riqueza.[100] As mudanças climáticas acrescentariam outro conjunto

---

98 "[M]uitos países dependentes de recursos naturais têm uma base tributária altamente desequilibrada, especialmente os dependentes de petróleo (...). Em 2010, as receitas tributárias nos países da África Subsaariana dependentes de petróleo representaram 30% do PIB, comparável à média da OCDE de 33% do PIB. Entretanto, os impostos relacionados a recursos naturais representaram uma média de 73% do total de impostos arrecadados, variando de 94% na Guiné Equatorial a 55% no Gabão. Em média, os impostos corporativos não relacionados à extração representaram apenas 6% da receita tributária total" (HAILU, Degol; KIPGEN, Chinpihoi. "The Extractives Dependence Index (EDI)". *Resources Policy*, vol. 51, 2017, p. 255).

99 ECLAC. "Economic Diversification". *Focus*, nº 2, abr./jun. 2017. Disponível em: https://repositorio.cepal.org/bitstream/handle/11362/42399/FOCUSIssue2Apr-Jun2017.pdf. Acessado em: 09.08.2024; HAILU, Degol; KIPGEN, Chinpihoi. "The Extractives Dependence Index (EDI)". *Resources Policy*, vol. 51, 2017. "As abordagens econômicas tradicionais da industrialização (...) estão centradas nas vantagens comparativas estáticas e na tarefa dos governos de impor reformas institucionais do lado da oferta e melhorar a governança para permitir que os mercados funcionem de forma mais eficiente. Essa leitura é (...) incorreta: afinal de contas, nenhum país conseguiu se industrializar apenas 'acertando os preços e as instituições' (...). Todos os países de industrialização tardia bem-sucedidos tiveram Estados 'ativistas' ou 'desenvolvimentistas' que – ao contrariar a lógica capitalista e as vantagens comparativas estáticas – mobilizaram abertamente recursos e ajudaram a orientar a alocação de recursos para moldar as futuras vantagens comparativas de seu país" (STORM, Servaas. "The Political Economy of Industrialization". *Development and Change*, 2017. Disponível em: https://onlinelibrary.wiley.com/doi/full/10.1111/dech.12281. Acessado em: 10.10.2024, pp. 1 e 7).

100 HESSE, Heiko. "Export Diversification and Economic Growth". *Commission on Growth and Development Working Paper 21*, World Bank, 2008.

de razões para a diversificação, especialmente para os países dependentes de combustíveis fósseis.[101]

A heterodoxia se baseia em várias tradições acadêmicas, especialmente a economia política do desenvolvimento associada a Friedrich List, o desenvolvimentismo tardio de Alexander Gerschenkron, o estruturalismo de Raúl Prebisch e Hans Singer, a economia política evolucionária de Alice Amsden e Ha-Joon Chang e

---

Disponível em: https://openknowledge.worldbank.org/handle/10986/28040. Acessado em: 15.10.2024; JOYA, Omar. "Growth and Volatility in Resource-Rich Countries: Does Diversification Help?" *Structural Change and Economic Dynamics*, vol. 35, 2015. "Os países mais pobres do mundo, muitos dos quais geralmente são pequenos ou geograficamente remotos, sem litoral e/ou muito dependentes da agricultura primária ou dos minerais, tendem a ter as estruturas econômicas mais concentradas. Isso cria desafios em termos de exposição a choques específicos no setor, como eventos relacionados ao clima na agricultura ou choques repentinos de preço nos minerais (...). O crescimento (...) tende a ser desequilibrado no caso de países dependentes de minerais, ou lento e difícil de sustentar nos países agrários. O crescimento voltado para o comércio e para a redução da pobreza tem sido particularmente difícil de ser alcançado em países cujas economias dependem muito de *commodities* primárias. Os países cuja geografia implica uma falta severa de conectividade com os mercados regionais ou mundiais também estão em clara desvantagem na tentativa de diversificar seu mix de produtos e exportações" (BRENTON, Paul; GILLSON, Ian; SAUVÉ, Pierre. "Economic Diversification: Lessons from Practice". *In*: OECD; WTO. *Aid for Trade at a Glance 2019*: Economic Diversification and Empowerment. Paris: OECD, 2019, pp. 136/137). Consulte também UNFCCC. *The concept of economic diversification in the context of response measures*. 2005, pp. 34/35. Disponível em: https://unfccc.int/sites/default/files/resource/Technical%20paper_Economic%20diversification.pdf. Acessado em: 30.10.2024 e WIIG, Arne; KOLSTAD, Ivar. "If Diversification is Good, Why Don't Countries Diversify More? The Political Economy of Diversification in Resource-Rich Countries". *Energy Policy*, vol. 40, 2012, p. 196.

101 Paradoxalmente, em vista da literatura existente, Caselli e outros afirmam que a exposição ao comércio internacional pode reduzir (em vez de aumentar, como normalmente seria esperado) a volatilidade macroeconômica (CASELLI, Francesco; KOREN, Miklós; LISICKY, Milan; TENREYRO, Silvana. "Diversification through Trade". *National Bureau of Economic Research*, 2015. Disponível em: https://www.nber.org/papers/w21498. Acessado em: 09.08.2024).

abordagens semelhantes.[102] Albert Hirschman[103] argumentou que, nas ED, o setor primário é dinâmico e goza de alta produtividade no curto prazo, mas oferece perspectivas pobres de desenvolvimento a longo prazo; em contraste, o resto da economia é inicialmente fraco, mas oferece melhores oportunidades de diversificação e crescimento sustentável. Hirschman destacou três relações (*linkages*) principais entre os setores econômicos: os *linkages* "fiscais", de "consumo" e de "produção". Os *linkages* fiscais dizem respeito à captura compulsória de recursos gerados no setor de *commodities* através de impostos sobre os lucros ou a renda, e *royalties* sobre a produção ou as exportações de recursos primários, que podem ser transferidos para apoiar o desenvolvimento de outros setores. Os *linkages* de consumo referem-se à demanda pela produção de outros setores decorrentes da renda obtida no setor produtor de *commodities*, o que pode fomentar o investimento na economia nacional tanto direta quanto indiretamente. Por fim, os *linkages* de produção se referem às cadeias de atividades que conectam diferentes empresas e setores da economia. Esses *linkages* podem ser "para trás" (*backward*, através da produção de insumos) ou

102 LIST, Friedrich. *The National System of Political Economy*. Londres: Longmans, Green and Co., [1841] 1885; o desenvolvimentismo tardio de Alexander Gerschenkron (GERSCHENKRON, Alexander. *Economic Backwardness in Historical Perspective*. Cambridge: Harvard University Press, 1962); o estruturalismo de Hans Singer (SINGER, Hans. "The Distribution of Gains between Investing and Borrowing Countries". *American Economic Review*, vol. 40, nº 2, 1950) e de Raúl Prebisch (PREBISCH, Raúl. *The Economic Development of Latin America and Its Principal Problems*. Nova York: ECLA, 1950. Disponível em: http://archivo.cepal.org/pdfs/cdPrebisch/002.pdf. Acessado em: 15.10.2024); a economia política evolucionária de Alice Amsden (AMSDEN, Alice. "Bringing production back in". *World Development*, vol. 25, nº 4, 1997; AMSDEN, Alice. *The Rise of the Rest*: Challenges to the West from Late Industrializing Economies. Oxford: Oxford University Press, 2001) e de Ha-Joon Chang (CHANG, Ha-Joon. *The political economy of industrial policy*. Londres: Macmillan, 1994).

103 HIRSCHMAN, Albert. *The Strategy of Economic Development*. New Haven: Yale University Press, 1958.

"para frente" (*forward*, através do processamento posterior).[104] Hirschman alegou que, nas economias com abundância de recursos, o setor de alta produtividade (primário) tende a ter poucos *linkages* de produção para trás ou para a frente com o resto da economia (tendo a mineração como exemplo principal), bem como, muitas vezes, capacidade limitada para criar empregos, impulsionar o crescimento da produtividade ou induzir o crescimento da renda (por exemplo, o petróleo e o agronegócio). Pior ainda, a combinação de grandes receitas externas e baixo emprego no setor competitivo tenderia a concentrar a renda e a impulsionar o rápido aumento das importações de insumos e bens de consumo de luxo, especialmente em períodos de prosperidade.

Hirschman era cético com respeito à capacidade dos governos dos países pobres de impulsionar o desenvolvimento industrial através de *linkages* fiscais porque, para ele, a mera existência de *linkages* não indicaria quais setores deveriam receber transferências de recursos para impulsionar o crescimento econômico. Ele era menos cético sobre os *linkages* de consumo, mas como a maioria das economias em desenvolvimento ricas em recursos tinha setores manufatureiros fracos, Hirschman assumiu que a maior parte do crescimento da renda vazaria para o exterior através de importações (isto é especialmente verdadeiro em economias liberalizadas com poucas barreiras ao comércio). Para Hirschman, o caminho mais viável para a diversificação econômica impulsionada pelas exportações de *commodities* era através dos *linkages* de produção, especialmente os *backward linkages*. Ele sugeriu que esses *linkages* proporcionariam tanto a direção para o uso produtivo dos

104 HAILU, Degol; KIPGEN, Chinpihoi. "The Extractives Dependence Index (EDI)". *Resources Policy*, vol. 51, 2017, p. 252; UNIDO. *Promoting Industrial Diversification in Resource Intensive Economies*, [s.d.], pp. 19-21. Disponível em: https://downloads.unido.org/ot/48/11/4811549/STATISTICS_Promoting%20Industrial%20Diversification%20Report.pdf. Acessado em: 10.10.2024.

recursos quanto a demanda para estes, abrindo o caminho para o crescimento das manufaturas e para a diversificação econômica.

Em resumo, apesar de suas diferenças de foco e metodologia, as abordagens heterodoxas mencionadas acima têm quatro características em comum. Primeiro, elas não se baseiam em raciocínios abstrato-dedutivos, como é o caso do *mainstream*, que se baseia em supostos simplistas sobre mercados perfeitos, lógica formal e modelagem algébrica para passar prescrições muito específicas de políticas econômicas. Em contraste, as visões heterodoxas são construídas a partir de uma leitura indutiva e historicamente fundamentada das ED, com base em estudos de caso e no reconhecimento de falhas específicas do mercado.

Em segundo lugar, com base em estudos históricos, os economistas heterodoxos invariavelmente afirmam que a diversificação, a industrialização e o crescimento econômico de longo prazo são custosos e devem se apoiar sobre os *linkages* e as complementaridades já existentes. A diversificação econômica pode ocorrer espontaneamente. Por exemplo, a prosperidade da mineração de carvão cria demanda por portos, estradas, combustível, estações de serviço para caminhões e máquinas, fornecimento de alimentos, serviços de entretenimento, e por serviços públicos, habitação e assim por diante. Outros *linkages*, potencialmente envolvendo grandes investimentos de capital e mudanças estruturais mais profundas e rápidas, podem ser promovidos pelo Estado através das políticas industriais.[105] Quase inevitavelmente, essas iniciativas devem ser financiadas pela transferência de receitas do setor mais bem-sucedido (ou seja, o setor exportador) para financiar as novas indústrias,[106] e pelo uso criterioso de recursos externos, especialmente empréstimos

---

105 SZIRMAI, Adam. "Industrialisation as an engine of growth in developing countries, 1950-2005". *Structural Change and Economic Dynamics*, vol. 23, 2012.

106 UNIDO. *Promoting Industrial Diversification in Resource Intensive Economies*, [s.d.], p. 61. Disponível em: https://downloads.unido.

e investimentos estrangeiros.[107] Essas metas de política econômica exigem intervenções em setores específicos, ao invés de uma gestão de políticas macroeconômicas meramente "horizontais", ou seja, que não diferenciam entre os setores econômicos.

Em terceiro lugar, as vantagens potenciais da diversificação podem ser ampliadas por uma maior igualdade de renda, devido ao impacto positivo da redistribuição sobre a coesão social (em contraste com os conflitos distributivos que podem bloquear a implementação de políticas econômicas), sobre o crescimento da demanda (já que os pobres tendem a ter uma propensão ao consumo mais elevada do que os ricos), e porque salários mais altos criam incentivos para o progresso tecnológico e o maior uso de máquinas na produção.[108]

Em quarto lugar, a industrialização pode apoiar múltiplas metas de desenvolvimento: maior independência econômica, que reforçaria a independência política (um objetivo crucial para os estados pós-coloniais no Sul Global); a criação de empregos (essencial, dada a rápida expansão da força de trabalho e a necessidade de absorver o excesso de mão de obra da agricultura); o crescimento da produtividade (impulsionado pela maior produtividade das manufaturas em relação à agricultura tradicional, que está

---

org/ot/48/11/4811549/STATISTICS_Promoting%20Industrial%20Diversification%20Report.pdf. Acessado em: 10.10.2024.

107 BRENTON, Paul; GILLSON, Ian; SAUVÉ, Pierre. "Economic Diversification: Lessons from Practice". *In*: OECD; WTO. *Aid for Trade at a Glance 2019*: Economic Diversification and Empowerment. Paris: OECD, 2019, p. 135.

108 "[R]edistribuir a renda do grupo de alta renda (digamos, os 10% mais ricos) para os grupos de renda mais baixa (digamos, os 40% mais pobres) não apenas aumentará a demanda doméstica (porque as pessoas de baixa renda gastam mais e poupam menos por unidade de renda do que as pessoas de alta renda); isso também estimulará o crescimento da produtividade por meio de mais investimento, progresso técnico incorporado mais rápido e aprofundamento da divisão do trabalho (ou seja, maior diversificação industrial)" (STORM, Servaas. "The Political Economy of Industrialization". *Development and Change*, 2017, p. 5. Disponível em: https://onlinelibrary.wiley.com/doi/full/10.1111/dech.12281. Acessado em: 10.10.2024).

relacionada à Lei de Verdoorn); a melhor distribuição da renda; e a maior estabilidade da balança de pagamentos, incluindo maior capacidade de financiamento das importações e pagamento de dívidas, redução da dependência de ajuda internacional e, para os estruturalistas, possibilidade de evitar a deterioração dos termos de troca (esses argumentos estão relacionados à hipótese, associada a Anthony Thirlwall, de que a balança de pagamentos representa a restrição mais importante para o crescimento econômico na periferia).[109]

Apesar dessas vantagens, a experiência mostra que é difícil diversificar a economia:

> Davis (1995) concluiu que, de 23 países ricos em minerais, somente a Tunísia foi capaz de diversificar sua economia no período 1970-1991. (...) [A] diversificação parece exigir um longo período de mudanças estruturais. Além disso, mesmo que os países devam se diversificar, esta não é uma tarefa fácil, uma vez que existem restrições políticas para fazê-lo. Os interesses políticos e o tipo de Estado (...) podem afetar as possibilidades de conseguir a diversificação.[110]

---

109 Ver, por exemplo, THIRLWALL, Anthony. *Trade, the Balance of Payments and Exchange Rate Policy in Developing Countries*. Cheltenham: Edward Elgar, 2003. Para um exemplo contemporâneo do argumento estruturalista: "historicamente, os preços das commodities comercializadas globalmente não tiveram um desempenho tão bom quanto os preços dos produtos manufaturados comercializados globalmente, ou seja, os termos de troca se voltaram sistematicamente contra as economias exportadoras de commodities" (UNIDO. *Promoting Industrial Diversification in Resource Intensive Economies*, [s.d.], p. 10. Disponível em: https://downloads.unido.org/ot/48/11/4811549/STATISTICS_Promoting%20Industrial%20Diversification%20Report.pdf. Acessado em: 10.10.2024).

110 WIIG, Arne; KOLSTAD, Ivar. "If Diversification is Good, Why Don't Countries Diversify More? The Political Economy of Diversification in Resource-Rich Countries". *Energy Policy*, vol. 40, 2012, p. 197. Para exemplos de diversificação, ver BRENTON, Paul; GILLSON, Ian; SAUVÉ, Pierre. "Economic Diversification: Lessons from Practice". *In*: OECD; WTO. *Aid for Trade at a Glance 2019*: Economic Diversification and Empowerment. Paris: OECD, 2019, p. 143; OECD. *Economic Diversification in Africa.*

Historicamente, poucas economias têm conseguido se diversificar seguindo as chamadas políticas de "livre mercado". Ao contrário, as experiências de sucesso se concentram entre os países de renda média e naqueles que seguiram políticas industriais agressivas.[111] A maioria dos países pobres com grandes reservas de combustíveis fósseis tem demonstrado capacidade muito limitada de diversificação.[112] Nesses casos, os resultados tendem a ser ainda piores do que os das economias dependentes de *hard commodities*.[113]

Paris: OECD, 2011; WOERTZ, Eckart. "Mining Strategies in The Middle East and North Africa". *Third World Quarterly*, vol. 35, nº 6, 2014.

111 MAHROUM, Sami; AL-SALEH, Yasser. *Economic Diversification in Natural Resource Rich Economies*. Nova York: Routledge, 2016.

112 ALSHARIF, Nouf. "Three Essays on Growth and Economic Diversification in Resource-Rich Countries". Falmer: University of Sussex, 2017. (Tese de Doutorado); ALSHARIF, Nouf; BHATTACHARYYA, Sambit; INTARTAGLIA, Maurizio. "Economic Diversification in Resource Rich Countries". *Resources Policy*, vol. 52, 2017; AHMADOV, Anar. *Political Determinants of Economic Diversification in Natural Resource-Rich Developing Countries*, 2012. Disponível em: https://www.academia.edu/12449300/Political_Determinants_of_Economic_Diversification_in_Natural_Resource-Rich_Developing_Countries. Acessado em: 09.10.2024; AIT-LAOUSSINE, Nordine; GAULT, John. "Nationalization, Privatization and Diversification". *Journal of World Energy Law and Business*, vol. 10, 2017; CALLEN, Tim *et al.* "Economic Diversification in the GCC: Past, Present, and Future". *International Monetary Fund*, 2014. Disponível em: https://www.imf.org/external/pubs/ft/sdn/2014/sdn1412.pdf. Acessado em: 10.08.2024; DIOP, Ndiame; MAROTTA, Daniela; MELO, Jaime de. *Natural Resource Abundance, Growth & Diversification in MENA*. Washington: World Bank Group, 2012. Disponível em: http://documents.worldbank.org/curated/en/362691468278937113/Natural-resource-abundance-growth-and-diversification-in-the-Middle-East-and-North-Africa-the-effects-of-natural-resources-and-the-role-of-policies. Acessado em: 09.08.2024; GOLUB, Stephen; PRASAD, Varun. "Promoting Economic Diversification and International Competitiveness in Angola". *Swarthmore College*, 2016. Disponível em: https://www.swarthmore.edu/sites/default/files/assets/documents/user_profiles/sgolub1/AngolaStudyTrade2016.rev2_.pdf. Acessado em: 09.08.2024; SEN, Anupama; FATTOUH, Bassam; MOERENHOUT, Tom; LUCIANI, Giacomo. "Introduction". *Forum*, vol. 118, 2019 e sua edição especial do *Fórum*.

113 GELB, Alan. "Economic Diversification in Resource Rich Countries". *International Monetary Fund*, 2010. Disponível em: https://www.imf.org/external/np/seminars/eng/2010/afrfin/pdf/Gelb2.pdf. Acessado em:

A literatura sugere que as áreas-chave para uma diversificação bem-sucedida são a regulação e as políticas de investimento, de comércio exterior e de concorrência, e os fluxos financeiros (incluindo as finanças nacionais e as internacionais).[114] A atual divisão internacional do trabalho aponta a importância da competitividade das exportações para a diversificação econômica e para a transformação estrutural. Entretanto, a diversificação é difícil na prática, pois as forças de mercado tendem a transferir recursos para os setores que já são relativamente mais produtivos, geralmente fortalecendo ainda mais a extração de recursos e a produção de *commodities*. Também é perceptível que os países que diversificaram com sucesso geralmente não enfrentaram as suas desigualdades arraigadas de renda e riqueza – por exemplo, a Indonésia, o Chile e a Malásia.[115]

09.08.2024; ROSS, Michael L. "What Do We Know About Economic Diversification in Oil-Producing Countries". *UCLA and Oxford University*, 2017. Disponível em: https://www.sscnet.ucla.edu/polisci/faculty/ross/papers/working/What%20do%20we%20know%20about%20exdiv.pdf. Acessado em: 10.10.2024.

114 Para obter uma visão geral, ver BRENTON, Paul; GILLSON, Ian; SAUVÉ, Pierre. "Economic Diversification: Lessons from Practice". *In*: OECD; WTO. *Aid for Trade at a Glance 2019*: Economic Diversification and Empowerment. Paris: OECD, 2019; HAILU, Degol; KIPGEN, Chinpihoi. "The Extractives Dependence Index (EDI)". *Resources Policy*, vol. 51, 2017; MAHROUM, Sami; AL-SALEH, Yasser. *Economic Diversification in Natural Resource Rich Economies*. Nova York: Routledge, 2016; UNFCCC. *The Concept of Economic Diversification in the Context of Response Measures*, [s.d.]. Disponível em: https://unfccc.int/files/cooperation_support/response_measures/application/pdf/technical_paper_economic_diversification.pdf. Acessado em: 10.10.2024; UNIDO. *Promoting Industrial Diversification in Resource Intensive Economies*, [s.d.]. Disponível em: https://downloads.unido.org/ot/48/11/4811549/STATISTICS_Promoting%20Industrial%20Diversification%20Report.pdf. Acessado em: 10.10.2024.

115 ESANOV, Akram. "Diversification in Resource-Dependent Countries: Its Dynamics and Policy Issues". *Revenue Watch Institute*, 2012. Disponível em: https://resourcegovernance.org/analysis-tools/publications/diversification-resource-dependent-countries. Acessado em: 09.08.2024; ZEN, Fauziah. "Economic Diversification: The Case of Indonesia". *Revenue Watch Institute*,

Esses debates teóricos e políticos entre economistas *mainstream* e heterodoxos são altamente relevantes para as ED, que tradicionalmente se especializaram na produção e exportação de *commodities* (por exemplo, o cobre no Chile e na Zâmbia, o petróleo no Iraque e na Nigéria, o café em El Salvador e em Uganda, o açúcar em Cuba, o algodão no Uzbequistão, o gás na Bolívia e assim por diante). Eles têm relevância mais limitada para as EAs, que tradicionalmente têm desfrutado de uma base produtiva mais diversificada, maior produtividade e maior competitividade na manufatura, na agricultura e nos serviços.

3.3 Debates sobre diversificação sob o neoliberalismo

As visões heterodoxas ganharam apoio na literatura entre os anos 1950 e o início dos anos 1980 e novamente a partir de meados da década de 1990. Isto se deveu, em parte, ao fato de terem identificado com mais precisão do que o *mainstream* os motores do crescimento nos países em desenvolvimento, tanto aqueles que seguem estratégias de industrialização baseadas na substituição de importações (principalmente na América Latina e na África Subsaariana, assim como na Índia) quanto aqueles que seguiram a industrialização voltada às exportações (tipicamente as Novas Economias Industrializadas do Leste Asiático, NEIs). A crescente influência da visão heterodoxa – embora interrompida pela disseminação do neoliberalismo entre o início dos anos 1980 e meados dos anos 1990 – foi sustentada pelo reconhecimento de que as abordagens convencionais inspiradas pelo Consenso de Washington (CW) não conseguiram lidar com o impacto da crise internacional da dívida externa, iniciada em 1982, e foram incapazes de impulsionar a retomada do crescimento nas ED

2011. Disponível em: https://catalog.ihsn.org/index.php/citations/54303. Acessado em: 10.10.2024.

mais afetadas. Em vez disso, as políticas convencionais de ajuste se associaram a uma ou mesmo duas "décadas perdidas" no Sul Global, em contraste com os sucessos de diferentes versões do desenvolvimentismo.

Como é amplamente conhecido,[116] o CW enfatiza as vantagens das políticas econômicas convencionais, incluindo a abertura às importações, a desvalorização da taxa de câmbio e a "liberalização" dos mercados domésticos. Essas políticas têm o objetivo de obrigar as empresas locais a se tornarem mais eficientes, através da intensificação da concorrência dentro do país (sem "protecionismos") e contra os produtores estrangeiros. As políticas do CW apontam para uma maior especialização de acordo com as vantagens comparativas, isto é, a concentração econômica, em oposição à suposta diversificação "ineficiente" associada ao desenvolvimentismo. Para o *mainstream*, os países em desenvolvimento também deveriam liberalizar os fluxos internacionais de capital e o sistema financeiro doméstico a fim de promover os investimentos estrangeiros, aumentar a disponibilidade da poupança e aumentar a taxa de retorno dos investimentos na economia local.

Dados os repetidos fracassos das políticas do CW para promover o crescimento rápido e as pesadas críticas da heterodoxia, a corrente dominante procurou defender o CW através da repetição de slogans neoclássicos, apelos questionáveis à evidência empírica, referências seletivas aos ocasionais e invariavelmente temporários (e sempre cuidadosamente promovidos) "sucessos", e o argumento de que o problema não era com as suas políticas, mas com a falta de implementação "adequada". Com o tempo, esses argumentos

---

116 Para uma visão geral, ver FINE, Ben; SAAD-FILHO, Alfredo. "Politics of Neoliberal Development: Washington Consensus and post-Washington Consensus". *In*: WEBER, Heloise (Coord.). *The Politics of Development*: A Survey. Londres: Routledge, 2014; JOMO, Kwame S.; FINE, Ben (Coord.). *The New Development Economics*: After the Washington Consensus. Delhi: Tulika; Londres: Zed Press, 2006; SAAD-FILHO, Alfredo; JOHNSTON, Deborah (Coord.). *Neoliberalism*: a Critical Reader. Londres: Pluto Press, 2005.

abriram caminho para discursos em torno da corrupção, má governança, e afins, que parecem atormentar o Sul Global, mas não o Norte. Essas tentativas de defender o CW foram fúteis, e o Pós-Consenso de Washington (PCW) foi lançado de dentro do Banco Mundial na segunda metade dos anos 1990. Eventualmente, o PCW se tornou muito mais poderoso que seu predecessor tanto em termos de sua qualidade intrínseca quanto em termos do seu reconhecimento externo. Seu sucesso deveu-se muito ao talento e carisma de seu pioneiro, Joseph Stiglitz, apesar de ele ter sido afastado do cargo de Economista-Chefe do Banco Mundial pela administração americana por causa de suas críticas às políticas do FMI após a crise do Leste Asiático.

A direção intelectual do PCW foi no sentido de enfatizar a importância das imperfeições institucionais e de mercado, em contraste com as supostas virtudes dos mercados perfeitos promovidas pelo CW. Consequentemente, o PCW rejeitou o CW por sua antipatia à intervenção estatal, enquanto também questionou as políticas convencionais de estabilização macroeconômica devido ao seu impacto adverso no curto prazo e suas implicações negativas no longo prazo para a distribuição, a diversificação e o crescimento. A retórica do PCW era favorável ao Estado quando fosse contrastada com o CW, mas apenas de forma limitada e fragmentada, sendo a intervenção justificada apenas caso a caso, se fosse possível demonstrar que haveria ganhos econômicos definidos de maneira muito restrita. Apesar de suas limitações óbvias e de sua adesão inabalável à teoria convencional do comércio – e, consequentemente, da falta de ênfase na diversificação econômica –, o PCW forneceu justificativas para uma intervenção discricionária do Estado através de uma série de políticas econômicas e sociais, enquanto o CW não oferecia nenhuma opção construtiva. Entretanto, o PCW permaneceu fundamentalmente pró-mercado, favorecendo um aprofundamento (mal examinado) da "globalização" (inevitavelmente incluindo a concentração econômica), mas, ostensivamente, com uma face e uma orientação mais humana.

A fase mais recente desses debates derivou da adesão, à primeira vista surpreendente, das administrações heterodoxas da "Onda Rosa" na América Latina à reprimarização de suas economias anteriormente diversificadas. Isso ocorreu durante o *boom* global de *commodities*, que correspondeu a um período de rápido crescimento na China e nos EUA, entre o início dos anos 2000 e a CFG (o modelo de crescimento conhecido como "neoextrativismo"). Esses ganhos foram usados para construir a base de Estados de Bem-Estar Social em uma das regiões mais desiguais do mundo (o "imperativo extrativista").[117] A expansão da produção primária também foi observada em outras regiões, mesmo que tenha sido menos transformadora da estrutura econômica, como nos EUA (*fracking*), na África Subsaariana (recursos minerais e outros) e na Turquia (carvão).[118] É preocupante notar que a queda nos preços das *commodities*, após 2011, pode ter reforçado a expansão da produção primária em todo o mundo. Isto porque, uma vez que o capital tenha sido investido na extração de recursos primários, a queda nos preços pode intensificar a pressão para extrair mais recursos a fim de estabilizar as receitas, em vez de criar incentivos para a desvalorização e o descarte daquele capital, a diversificação e a saída do setor primário. Nesse sentido, o modelo dominante de desenvolvimento continua sendo o *business as usual* ("negócios como de costume"), independentemente das evidências apoiando a diversificação e a importância das mudanças climáticas.

Os debates entre o *mainstream* e a heterodoxia em torno das vantagens e dos custos da especialização foram acompanhados

---

117 Segundo ARSEL, Murat; HOGENBOOM, Barbara; PELLEGRINI, Lorenzo. "The Extractive Imperative in Latin America". *The Extractive Industries and Society*, vol. 3, nº 4, 2016. Ver também LOUREIRO, Pedro; SAAD-FILHO, Alfredo. "The Limits of Pragmatism: The Rise and Fall of the Brazilian Workers' Party (2002-2016)". *Latin American Perspectives*, vol. 46, nº 1, 2019.

118 ESCAITH, Hubert; TAMENU, Bekele. "Surfing on the Tide? Least-Developed Countries Trade during the Great Global Transition". *Theoretical and Practical Research in Economic Field*, vol. 1, nº 9, 2014.

por duas outras controvérsias: primeiro, em torno da chamada "maldição dos recursos naturais" (*resource curse*) e da "doença holandesa" (*Dutch disease*) e, segundo, em torno da reprimarização das EDs. No final dos anos 1980, os economistas da corrente dominante sugeriram, de forma contraintuitiva, que a dependência dos recursos naturais (posteriormente ampliada para incluir qualquer outro produto primário, serviços de transporte, remessas de trabalhadores, ajuda internacional e assim por diante) tendia a produzir uma série de consequências macroeconômicas adversas (a "maldição dos recursos naturais") – incluindo baixas taxas de poupança, lento crescimento do PIB, sobrevalorização da moeda, altas taxas de desemprego, elevada inflação e dívida externa, volatilidade econômica (ciclos de expansão e recessão), autoritarismo político, corrupção e vulnerabilidade a conflitos.[119] A literatura sobre a "doença holandesa" oferece uma interpretação ainda mais pessimista da dependência de recursos, aproveitando a experiência da Holanda após o *boom* do petróleo e gás *offshore* nos anos 1970. Argumentou-se, então, que os rendimentos dos recursos naturais sobrevalorizaram o florim holandês, com consequências adversas

119 Para um levantamento, consulte SAAD-FILHO, Alfredo; WEEKS, John. "Curses, Diseases, and Other Resource Confusions". *Third World Quarterly*, vol. 34, nº 1, 2013. Para a maldição dos recursos, ver AUTY, R. M. *Economic Development and Industrial Policy*: Korea, Brazil, Mexico, India and China. Londres: Mansell, 1991; CARMIGNANI, Fabrizio; MANDEVILLE, Thomas. "Never Been Industrialized: A Tale of African Structural Change". *Structural Change and Economic Dynamics*, vol. 31, 2014; ROSSER, Andrew. "The Political Economy of the Resource Curse". *IDS Working Paper 268*, Brighton: Institute of Development Studies, 2006; SACHS, Jeffrey D.; WARNER, Andrew M. "Natural Resource Abundance and Economic Growth". *NBER Working Paper 5.398*, 1995. Sobre a doença holandesa, ver CORDEN, W. Max; NEARY, J. Peter. "Booming Sector and Deindustrialization in a Small Open Economy". *Economic Journal*, vol. 92, 1982. Collier e Hoeffler foram os primeiros a relacionar as dotações de recursos naturais à propensão a conflitos civis (COLLIER, Paul; HOEFFLER, Anke. "Resource Rents, Governance, and Conflict". *Journal of Conflict Resolution*, vol. 49, nº 4, 2005).

incluindo a da desindustrialização e a concentração indesejada da economia em torno do setor extrativista.[120]

Os economistas heterodoxos logo apontaram que a "maldição" e a "doença" dependem quase inteiramente da suposição de pleno emprego como estágio inicial (e natural) da economia. Se esse suposto for relaxado, a probabilidade de resultados adversos diminui drasticamente, pois os influxos adicionais de divisas decorrentes da exportação de recursos naturais podem mobilizar capacidades produtivas subutilizadas e financiar importações extras de bens e serviços, que podem combater pressões inflacionárias e aumentar a produtividade. Essas opções de políticas sugerem que a "maldição" e a "doença" não são inevitáveis; ao contrário, elas são, em última instância, consequências de políticas macroeconômicas ou industriais equivocadas.

3.4 Abordagens para a diversificação

Foi mostrado acima que a diversificação econômica nas ED é imperativa tanto por razões domésticas (resiliência do balanço de pagamentos, crescimento econômico mais rápido, menor volatilidade)

---

120 Ver ADAM, Christopher. "Dutch Disease and Foreign Aid". *In*: DURLAUF, Steven N.; BLUME, Lawrence E. (Coord.). *The New Palgrave Dictionary of Economics*. Londres: Macmillan, 2013; HAILU, Degol; KIPGEN, Chinpihoi. "The Extractives Dependence Index (EDI)". *Resources Policy*, vol. 51, 2017, p. 254. Para um ponto de vista contrastante, ver: FARDMANESH, Mohsen. "Dutch Disease Economics and The Oil Syndrome: An Empirical Study". *World Development*, vol. 19, nº 6, 1991; MIKESELL, Raymond. "Explaining the Resource Curse, with Special Reference to Mineral-Exporting Countries". *Resources Policy*, vol. 23, nº 4, 1997; e, especialmente, ALEXEEV, Michael; CONRAD, Robert. "The Elusive Curse of Oil". *Review of Economics and Statistics*, vol. 91, nº 3, 2009, p. 586. Para estes últimos autores, "ao contrário das alegações feitas em vários artigos recentes, o efeito de uma grande dotação de petróleo e outros recursos minerais sobre o crescimento econômico de longo prazo de um país têm sido, em geral, positivos. Além disso, as alegações de um efeito negativo da riqueza mineral e do petróleo sobre as instituições de um país não parecem ser válidas".

quanto – especialmente no caso de países dependentes da exportação de petróleo – por causa de imperativos planetários (os limites do orçamento global de carbono). Não há espaço para extração adicional, e grande parte das reservas de combustíveis fósseis jamais poderá ser extraída. Essas pressões reforçam a importância da diversificação econômica, a fim de aumentar a resiliência contra as mudanças climáticas e para enfrentar os custos de mitigação.[121]

As vantagens da diversificação são amplamente reconhecidas na literatura sobre as políticas econômicas:

> Os países mais pobres do mundo, muitos dos quais são frequentemente pequenos ou geograficamente remotos, sem litoral e/ou muito dependentes da agricultura primária ou da extração de minérios, tendem a ter estruturas econômicas concentradas. Isto cria desafios em termos de exposição a choques específicos desses setores, tais como eventos climáticos na agricultura ou choques súbitos nos preços dos minérios (...). O crescimento (...) tende a ser desequilibrado no caso de países dependentes de minerais ou lento e difícil de sustentar nos países agrários. Tem sido difícil assegurar o impacto sobre a pobreza do crescimento impulsionado pelo comércio externo em países cujas economias são fortemente dependentes de commodities primárias. Os países cuja geografia implica uma punitiva falta de conectividade com os mercados regionais ou mundiais também estão em clara desvantagem na tentativa de diversificar seu mix de produtos e exportações.[122]

---

121 UNFCCC. *The Concept of Economic Diversification in the Context of Response Measures*, 2005, pp. 8 e 45. Disponível em: https://unfccc.int/sites/default/files/resource/Technical%20paper_Economic%20diversification.pdf. Acessado em: 10.10.2024.

122 BRENTON, Paul; GILLSON, Ian; SAUVÉ, Pierre. "Economic Diversification: Lessons from Practice". *In*: OECD; WTO. *Aid for Trade at a Glance 2019*: Economic Diversification and Empowerment. Paris: OECD, 2019, pp. 136/137. Ver também: AHREND, Rudiger. "Strategies for Economic Diversification in the Resource-Rich Countries?" *OECD Economics Department*, 2008.

Para além das decisões políticas essenciais e das negociações diplomáticas, marcam presença os debates econômicos. Em geral, os economistas neoclássicos afirmam que os preços "corretos" (incorporando escassez, externalidades etc.), a serem impostos através de taxas, licenças ou outras formas de regulamentação, serão suficientes para direcionar os recursos para tecnologias e padrões de consumo compatíveis com a proteção ambiental. Em contraste, os economistas heterodoxos tendem a defender uma maior cautela e uma ampla intervenção estatal com base nos princípios da incerteza e da precaução: não se pode conhecer as probabilidades de resultados específicos; as inovações técnicas podem falhar ou podem ter efeitos imprevistos, e as consequências de uma ação insuficiente agora são tão catastróficas que é imperativo tomar iniciativas ousadas.[123]

Disponível em: https://www.un.org/en/development/desa/policy/publications/general_assembly/eitconference/4apram_ahrend.pdf. Acessado em: 08.10.20; FREIRE, Clovis. "Economic Diversification: Explaining The Pattern of Diversification in The Global Economy and Its Implications For Fostering Diversification in Poorer Countries". *Working Papers*, United Nations, Department of Economics and Social Affairs, 2017. Disponível em: https://ideas.repec.org/p/une/wpaper/150.html. Acessado em: 09.08.2024; HAILU, Degol; KIPGEN, Chinpihoi. "The Extractives Dependence Index (EDI)". *Resources Policy*, vol. 51, 2017, p. 254; UNFCCC. *The Concept of Economic Diversification in the Context of Response Measures*, 2005, pp. 34/35. Disponível em: https://unfccc.int/sites/default/files/resource/Technical%20paper_Economic%20diversification.pdf. Acessado em: 10.10.2024; WIIG, Arne; KOLSTAD, Ivar. "If Diversification is Good, Why Don't Countries Diversify More? The Political Economy of Diversification in Resource-Rich Countries". *Energy Policy*, vol. 40, 2012, p. 196.

123 HANSEN, J. *et al.* "Target Atmospheric CO2: Where Should Humanity Aim?" *In*: McKIBBEN, Bill (Coord.). *The Global Warming Reader*: A Century of Writing about Climate Change. Londres: Penguin, 2011; HENDRIX, Cullen S. "Kicking a Crude Habit: Diversifying Away from Oil and Gas in the 21st Century". *Peterson Institute for International Economics Working Paper 17-2*, 2017. Disponível em: https://www.ssrn.com/abstract=2912333. Acessado em: 15.10.2024; REZAI, Armon; STAGL, Sigrid. "Ecological macroeconomics: introduction and review". *Ecological Economics*, vol. 121, 2016, p. 182.

Uma vez aceita a necessidade de ação, em qualquer velocidade, duas áreas tornam-se especialmente importantes: a transformação do fornecimento de energia em direção às energias renováveis e as melhorias na eficiência da rede energética.[124] Ambas envolvem riscos econômicos desproporcionais para os países em desenvolvimento, além de suas fragilidades sociais e políticas, bem como custos elevados para a indústria de combustíveis fósseis.[125] Nesse caso, o aumento do preço do carbono e o provável colapso da demanda por combustíveis fósseis à medida que a transição energética global ganhar ritmo afetarão os países pobres de duas maneiras específicas. Em primeiro lugar, os países dependentes da exportação de petróleo sofrerão uma deterioração rápida e acentuada de seus termos de troca, geralmente distorcendo a distribuição global da renda em sua desvantagem. Em segundo lugar, haverá desafios significativos em termos de distribuição dentro dos países. No entanto, a diversificação econômica é imperativa, especialmente nos países dependentes da exportação de petróleo, tanto como parte da transição energética global quanto pela estrutura econômica desses países.[126]

---

124 KHOR, Martin *et al.* "Promoting Sustainable Development by Addressing the Impacts of Climate Change Response Measures on Developing Countries". *South Center Research Papers 81*, 2017, p. 4.

125 SEKAR, Sri; LUNDIN, Kyle; TUCKER, Christopher; FIGUEIREDO, Joe; TORDO, Silvana; AGUILAR, Javier. *Policy Approaches to Climate Change in Mineral Rich Countries, Background Paper for Building Resilience*: A Green Growth Framework for Mobilizing Mining Investment. Washington: World Bank, 2019, p. 3.

126 "O que está claro é que a diversificação econômica leva tempo. Portanto, uma abordagem racional (...) seria iniciar esse processo agora, enquanto a produção dos setores existentes diminui gradualmente, em vez de esperar até mais tarde, quando as mudanças necessárias seriam abruptas e, portanto, muito mais difíceis e caras" (McKINNON, Hannah; MUTTITT, Greg; TROUT, Kelli. *The Sky's Limit*: Why Norway Should Lead the Way in a Managed Decline of Oil and Gas Extraction. Washington: Oil Change International, 2017, p. 20). Consulte também PESZKO, Grzegorz *et al. Diversification and Cooperation in a Decarbonizing World*. Washington: The World Bank, 2020.

Foi demonstrado acima que os ricos de cada país e as economias mais ricas do mundo beneficiaram-se desproporcionalmente do trabalho de outros e da generosidade da Terra, ao ponto de (possivelmente de maneira irreversível) terem desestabilizado o meio ambiente global. Dados esse histórico e os custos e a complexidade da transição, seria tanto inaceitável quanto ineficaz esperar que os países pobres e os grupos sociais mais pobres do mundo arcassem com o fardo da mudança da estratégia econômica. Em outras palavras, as soluções propostas devem ser tanto tecnicamente eficazes quanto socialmente justas, e a diversificação econômica deve contribuir para a construção de economias democráticas.

Problemas de outra ordem surgem porque o colapso inevitável dos preços do petróleo pode ocorrer de repente – por exemplo, quando o inevitável abandono da maior parte das reservas for precificado na íntegra, ou quando mudanças tecnológicas ou de demanda eventualmente implodirem o mercado, com graves implicações tanto domésticas quanto globais (ver capítulo II). Essas realidades sugerem que ações decisivas são necessárias, tanto através de iniciativas nacionais quanto por meio da cooperação multilateral, esta embutida em tratados com escopo e ambição muito maiores do que os que têm sido tentados até agora. Dadas as decepções anteriores, não há engano possível sobre a gravidade desses desafios.

O consenso emergente na literatura sobre o desenvolvimento econômico é que a diversificação geralmente é positiva, "boas políticas" são fundamentais (apesar de discordâncias sobre a sua natureza) e instituições estabilizadoras podem ajudar, por exemplo, os fundos soberanos de investimento. Além dessas certezas, a heterodoxia enfatiza o papel essencial das políticas industriais agressivas nas experiências bem-sucedidas de desenvolvimento tardio, em contraste com o repetido fracasso das economias não diversificadas em alcançar um crescimento rápido e sustentado ou melhorar a distribuição de renda. Por fim, a corrente dominante enfatiza a necessidade de um conjunto específico de políticas macroeconômicas, tradicionalmente associadas ao CW, e os riscos de captura política e corrupção.[127] As incompatibilidades entre essa postura genérica "pró-mercado" e a "maldição dos recursos naturais" tendem a ser ignoradas; a distribuição é geralmente evitada, e a restrição ambiental é frequentemente deixada de lado.

Os capítulos seguintes esboçam sugestões de estratégias e de políticas econômicas alternativas que abordam os desafios da diversificação, mitigação e democratização da economia, a fim de lançar as bases para a sustentabilidade para além do neoliberalismo.

---

127 PAGE, John. "Rowing Against the Current: The Diversification Challenges in Africa's Resource Rich Economies". *WIDER Working Paper*, 2018. Disponível em: https://www.wider.unu.edu/publication/rowing-against-current. Acessado em: 15.10.2024.

CAPÍTULO IV

ESTRATÉGIAS PARA UMA TRANSIÇÃO DEMOCRÁTICA

Este capítulo delineia os princípios das estratégias econômicas democráticas (EEDs) e das políticas econômicas democráticas (PEDs) para tratar da transição energética de maneira progressista, ou seja, em favor dos mais pobres. As EEDs e as PEDs se baseiam nas noções de justiça social e inclusão, a partir das abordagens econômicas pós-keynesianas, institucionalistas, evolucionistas, estruturalistas, feministas, kaleckianas e marxistas, bem como outras abordagens críticas e ecológicas das teorias econômicas do desenvolvimento. As EEDs e as PEDs oferecem um conjunto de argumentos fortes em apoio a políticas públicas focadas na diversificação, na expansão do setor manufatureiro, na sustentabilidade e nas melhorias do bem-estar social e da distribuição de renda, riqueza e poder. Inevitavelmente, isto requer transições sistêmicas visando superar o neoliberalismo e a financeirização. Essas transições estão no centro da estratégia democrática delineada neste capítulo e nos capítulos seguintes.[128]

---

128 A ênfase em políticas alternativas baseadas na heterodoxia exclui o trabalho de economistas dissidentes da corrente dominante, como Jeffrey Sachs e Joseph

4.1 Estratégias e políticas democráticas

As EEDs e as PEDs se baseiam na literatura do desenvolvimento a favor dos pobres (DFP), que surgiu no início dos anos 2000 e se concentrava nas necessidades básicas dos pobres e em melhorias na distribuição.[129] As EEDs e as PEDs acrescentam a

---

Stiglitz (para uma visão geral de seus escritos recentes, consulte http://www.earthinstitute.columbia.edu/about/director/ e http://www0.gsb.columbia.edu/ipd/). Apesar de sua contribuição significativa no nível da política econômica e de sua capacidade incomparável de chamar a atenção da mídia para os problemas da pobreza, da degradação ambiental e das limitações do CW, sua crítica às políticas convencionais permanece firmemente fundamentada na economia neoclássica. Ver: FINE, Ben; LAPAVITSAS, Costas; PINCUS, Jonathan (Coord.). *Development Policy in the Twenty-first Century*: Beyond the Post-Washington Consensus. Londres: Routledge, 2001; FINE, Ben; WAEYENBERGE, Elisa Van "Correcting Stiglitz: From Information to Power in the World of Development". *Socialist Register*, 2006; WAEYENBERGE, Elisa van. "From Washington to Post-Washington Consensus: Illusions of Development". *In*: JOMO, K. S.; FINE, Ben (Coord.). *The New Development Economics after the Washington Consensus*. Londres: Zed Books, 2006.

129 Para uma visão geral da literatura sobre as políticas em favor dos pobres, ver BALAKRISHNAN, Radhika; ELSON, Diane; PATEL, Raj. "Rethinking Macro Economic Strategies from a Human Rights Perspective". *MMC*, 2010. Disponível em: https://www.cwgl.rutgers.edu/docman/economic-and--social-rights-publications/20-whymeswithhumanrights2-pdf/file. Acessado em: 08.10.2024; CORNIA, Giovanni (Coord.). *Pro-Poor Macroeconomics*: Potential and Limitations. Houndmills: Palgrave, 2006; DAGDEVIREN, Hulya; HOEVEN, Rolph van der; WEEKS, John. "Poverty Reduction with Growth and Redistribution". *Development and Change*, vol. 33, 2002; FONTANA, Giuseppe; SAWYER, Malcolm. "Towards Post-Keynesian Ecological Macroeconomics". *Ecological Economics*, vol. 121, 2016; KAKWANI, Nanak. "Pro-Poor Growth and Policies". *UNDP Asia-Pacific Regional Programme on the Macroeconomics of Poverty Reduction*, UNDP website, 2002; KAKWANI, Nanak. *Pro-Poor Growth and Policies*. Manila: Asian Development Bank, 2001; KAKWANI, Nanak; PERNIA, Ernesto. "What is Pro-Poor Growth?" *Asian Development Review*, vol. 18, 2000; McCULLOCH, Neil; BAULCH, Bob. "Assessing the Poverty Bias of Growth: Methodology and an Application to Andhra Pradesh and Uttar Pradesh". *IDS Working Paper 98*, 1999; McKINLEY, Terry. "Introduction'. *In*: ______ (Coord.). *Macroeconomic Policy, Growth and Poverty Reduction*. Londres: Palgrave, 2001; McKINLEY, Terry. *The Macroeconomics of Poverty Reduction*: Initial Findings of the UNDP

estas preocupações básicas a necessidade de tratar das mudanças climáticas e da restrição ambiental. Elas também afirmam que esses motores de mudança se apoiam mutuamente e podem contribuir para a ambição de se construir uma sociedade democrática que transcenda as limitações do neoliberalismo.[130]

Asia-Pacific Regional Programme. Nova York: UNDP, 2003; OSMANI, Siddiqur R. "Growth Strategies and Poverty Reduction". *Asia and Pacific Forum on Poverty*: Reforming Policies and Institutions for Poverty Reduction, Manila, Asian Development Bank, 2001; PALANIVEL, T. *Report of the Regional Workshop on Macroeconomics of Poverty Reduction*. Nova York: UNDP, 2003; PASHA, Hafiz A.; PALANIVEL, T. *Pro-Poor Growth and Policies*: The Asian Experience. Nova York: UNDP, 2004; RAO, J. M. *The Possibility of Pro-Poor Development*: Distribution, Growth and Policy Interactions, 2002 (manuscrito não publicado); SAAD-FILHO, Alfredo. "There is Life beyond the Washington Consensus: An Introduction to Pro-Poor Macroeconomic Policies". *Review of Political Economy*, vol. 19, nº 4, 2007; SAAD-FILHO, Alfredo. "Growth, Poverty and Inequality: Policies and Debates from the (Post-) Washington Consensus to Inclusive Growth". *Indian Journal of Human Development*, vol. 5 nº 2, 2011; UNDP. *The Role of Economic Policies in Poverty Reduction*. Nova York: UNDP, 2002; VANDEMOORTELE, J. *Can the MDGs Foster a New Partnership for Pro-Poor Policies?*, 2004 (manuscrito não publicado); WINTERS, L. Alan. "Trade Policies for Poverty Alleviation". *In*: HOEKMAN, Bernard; MATTOO, Aaditya; ENGLISH, Philip (Coord.). *Development, Trade, and the WTO*. Washington: World Bank, 2002.

130 Ver FICKLIN, Lisa; STRINGER, Lindsay C.; DOUGILL, Andrew J.; SALLU, Susannah M. "Climate Compatible Development Reconsidered: Calling For a Critical Perspective". *Climate and Development*, vol. 10, nº 3, 2018; GERBER, Jean-David; GERBER, Julien-François. "Decommodification as a Foundation for Ecological Economics". *Ecological Economics*, vol. 131, 2017; PANAYIOTAKIS, C. "Working More, Selling More, Consuming More: Capitalism's 'Third Contradiction". *Socialist Register*, 2007; SCALES, Ivan R. "Paying for Nature: What Every Conservationist Should Know about Political Economy". *Oryx*, vol. 49, nº 2, 2014; STORM, Servaas. "Capitalism and Climate Change: Can the Invisible Hand Adjust the Natural Thermostat?" *Development and Change*, vol. 40, nº 6, 2009; TAYLOR, Lance; REZAI, Armon; FOLEY, Duncan K. "An Integrated Approach to Climate Change, Income Distribution, Employment, and Economic Growth". *Ecological Economics*, vol. 121, 2016. As principais estratégias contemporâneas de crescimento e desenvolvimento são descritas por BESLEY, Timothy; CORD, Louise J. (Coord.). *Delivering on the Promise of Pro-Poor Growth*: Insights and Lessons from Country Experiences. Washington: World Bank Group,

A literatura "inicial" do DFP tentou confrontar o PCW, alegando que a equidade é um imperativo ético e que tanto a distribuição quanto o crescimento econômico beneficiariam os pobres. Entretanto, a tensão entre esses dois princípios – um sobre ética (a importância da igualdade e dos ganhos para os pobres) e a outro sobre os instrumentos (o crescimento econômico) – foi explorada pela corrente dominante em um processo com quatro etapas. Primeiro, a corrente dominante admitiu que a igualdade é importante. Em segundo lugar, restringiu o conceito apenas à igualdade de oportunidades. Em terceiro, examinou a relação entre crescimento e distribuição através de medições detalhadas do impacto (de diferentes tipos) de igualdade no crescimento e encontrou um conjunto de correlações úteis. Por fim, concluiu que a pobreza e a desigualdade se reforçam mutuamente e que o que o Banco Mundial chamou de "crescimento inclusivo" é a melhor maneira de tratar de ambas simultaneamente.

Essa estratégia de contenção foi bem-sucedida por várias razões, mas duas foram especialmente significativas: os recursos institucionais amplamente maiores da corrente dominante e a inclinação imprudente do campo do DFP para buscar uma acomodação com a corrente dominante. Foi insensato admitir que qualquer processo de crescimento que melhore a situação dos pobres é "a favor dos pobres", porque isso confunde a definição de crescimento a favor

2007. Disponível em: http://go.worldbank.org/IV26CMV9S0; CGD. *The Growth Report*: Strategies for Sustained Growth and Inclusive Development. Washington: World Bank, 2008. Disponível em: http://cgd.s3.amazonaws.com/GrowthReportComplete.pdf. Acessado em: 09.08.2024; OSTRY, Jonathan David; BERG, Andrew; KOTHARI, Siddharth. "Growth-Equity Trade-offs in Structural Reforms". *International Monetary Fund*, 2018. Disponível em: https://www.imf.org/en/Publications/WP/Issues/2018/01/05/Growth-Equity-Trade-offs-in-Structural-Reforms-45540. Acessado em: 15.10.2024; IANCHOVICHINA, Elena; GABLE, Susanna L. "What is Inclusive Growth?" *In*: AREZKI, Rabah *et al.* (Coord.). *Commodity Prices and Inclusive Growth in Low-Income Countries*. Washington: International Monetary Fund, 2012.

dos pobres com um de seus indicadores de sucesso. Essa concessão foi o início da perda progressiva das bases da abordagem DFP, pois desabilitou seus princípios fundamentais: o debate se deslocou para instrumentos. Olhando retrospectivamente, os estudiosos comprometidos com o DFP deveriam ter evitado um debate degenerativo com o *mainstream* sobre as implicações quantitativas dos processos de crescimento (no abstrato) sobre a pobreza absoluta e a distribuição. Isto foi um erro, porque não há crescimento "em geral". *O crescimento existe apenas concretamente*, como resultado de estratégias econômicas incluindo políticas fiscais, monetárias, industriais, de emprego, de balanço de pagamentos, distributivas e sociais específicas.[131]

Como a modalidade de crescimento está inexoravelmente ligada a seu impacto distributivo e a outros resultados – não faz sentido examinar estes últimos deixando de lado o contexto institucional e político que gera esses resultados. Além disso, o campo do DFP teria se beneficiado taticamente se a corrente dominante tivesse sido forçada a explicitar suas políticas preferidas para enfrentar a pobreza e a redistribuição e seu histórico de promoção destas. Isto teria deixado claro que houve muito pouco movimento do lado deles e que o interesse da corrente dominante na distribuição permaneceu tanto secundário quanto fortemente condicional: o exercício foi pouco mais do que retórica e oportunismo político. O custo da convergência retórica foi a captura do terreno moral e conceitual pela corrente dominante, através de seu paradigma de "crescimento inclusivo" (CI). No entanto, o CI pertence diretamente

---

131 Em outras palavras, a dicotomia crescimento-distribuição é falsa, e é errado decompor as mudanças na pobreza em seus componentes de crescimento e distribuição, porque a interação entre esses elementos não é meramente aditiva: o impacto do crescimento sobre a desigualdade e a elasticidade do crescimento sobre a pobreza variam conforme o grau de desigualdade, o nível de desenvolvimento do país e assim por diante. Ver HELTBERG, Rasmus. "The Growth Elasticity of Poverty". *In*: SHORROCKS, Anthony; HOEVEN, Rolph van der (Coord.). *Growth, Inequality, and Poverty*: Prospects for Pro-Poor Economic Development. Oxford: Oxford University Press, 2004, pp. 82 e 90.

à tradição do PCW, e as prescrições políticas associadas a ele têm sido bem-sucedidas apenas excepcionalmente.

Dado esse contexto, EEDs e PEDs podem ser justificadas de duas maneiras. Primeiro, as estratégias convencionais de crescimento e desenvolvimento são limitadas por causa de suas inconsistências analíticas, ao seu foco estrito na acumulação de capital e no "crescimento", e – paradoxalmente, dado esse foco obsessivo – à sua associação com fraco desempenho macroeconômico, volatilidade crescente, crises recorrentes e mudanças regressivas na distribuição de renda, riqueza e poder.[132] Segundo, apesar de seu valor considerável, as críticas abstratas ao paradigma econômico dominante são insuficientes. Elas devem ser complementadas por estratégias macroeconômicas alternativas, a fim de contrariar o argumento de que o neoliberalismo é "a única opção viável".[133] Nesse contexto,

---

132 ALVAREDO, Facundo; CHANCEL, Lucas; PIKETTY, Thomas; SAEZ, Emmanuel; ZUCMAN, Gabriel. *World Inequality Report*, 2018. Disponível em: https://wir2018.wid.world/files/download/wir2018-summary-english.pdf. Acessado em: 08.10.2024; DREHER, Axel. "IMF and economic growth: the effects of programs, loans, and compliance with conditionality". *World Development*, vol. 34, nº 5, 2006; FINE, Ben; SAAD-FILHO, Alfredo. "Politics of Neoliberal Development: Washington Consensus and post-Washington Consensus". *In*: WEBER, Heloise (Coord.). *The Politics of Development*: A Survey. Londres: Routledge, 2014; JOMO, Kwame S.; FINE, Ben (Coord.). *The New Development Economics*: After the Washington Consensus. Delhi: Tulika; Londres: Zed Press, 2006; MILANOVIC, Branko. *Global Inequality*: A New Approach for the Age of Globalization. Cambridge: Belknap Press, 2016; PALMA, José Gabriel. "Three and a Half Cycles of 'Mania, Panic and [Asymmetric] Crash': East Asia and Latin America Compared". *Cambridge Journal of Economics*, vol. 22, 1998; SAAD-FILHO, Alfredo. "Growth, Poverty and Inequality: Policies and Debates from the (Post-) Washington Consensus to Inclusive Growth". *Indian Journal of Human Development*, vol. 5, vol. 2, 2011; UNCTAD. *Trade and Development Report*. Genebra: UNCTAD, 2012.

133 GHOSH, Jayati. "Beyond the Millenium Development Goals: a Southern Perspective on a Global New Deal". *Journal of International Development*, vol. 27, 2015.

EEDs e PEDs oferecem uma alternativa progressista ao *mainstream* que pode encontrar ressonância em um grande número de países.[134]

4.2 Objetivos estratégicos e princípios políticos

As EEDs têm como objetivo construir uma economia inclusiva, democrática, diversificada e sustentável. Esse objetivo se relaciona com cinco áreas de debate nos campos do desenvolvimento econômico, da política industrial e da democratização. Elas dizem respeito a: (a) pobreza, (b) distribuição, (c) meio ambiente, (d) instrumentos e objetivos políticos e (e) democracia e proteção de identidades. Essas questões são examinadas a seguir.

Primeiro, *a pobreza em massa é um problema urgente, especialmente nas ED, e ele deve ser tratado através de políticas públicas.*[135] Para o *mainstream*, a pobreza deriva principalmente da exclusão dos processos de mercado devido a mercados incompletos, falhas de mercado ou restrições às trocas voluntárias, e é medida pela incapacidade de atingir linhas arbitrárias de renda, por exemplo, US$ 2,15, US$ 5,50 ou qualquer outro valor por dia.[136] Essa abordagem pressupõe que os mercados são, inquestionavelmente, criadores de riqueza e que baixos rendimentos são sintomáticos, e decorrem, da ausência desses mercados. Segue-se que, para o *mainstream*, o crescimento econômico e a redução da

---

134 UNRISD. *Transformative Policies for Sustainable Development*: What does It Take? Genebra: UNRISD, 2017. Disponível em: http://www.unrisd.org/80256B3C005BCCF9/(httpAuxPages)/6456C5E375AEE153C1258176003FBF05/$file/RPB23-Transformative-Policies-Flagship2016.pdf. Acessado em: 10.10.2024.

135 Esse objetivo não é importante apenas por si; ele também é determinado pelas Nações Unidas por meio da Declaração Universal dos Direitos Humanos (DUDH), da Declaração sobre o Direito ao Desenvolvimento (DDD), dos ODM e dos ODS.

136 DAGDEVIREN, Hulya; HOEVEN, Rolph van der; WEEKS, John. "Poverty Reduction with Growth and Redistribution". *Development and Change*, vol. 33, 2002.

pobreza devem ser impulsionados pela expansão dos mercados e pela integração das pessoas pobres, por exemplo, através de novas oportunidades de trabalho remunerado, requalificação, ou venda de bens ou serviços.[137]

Isto é enganoso, pois descontextualiza a pobreza e obscurece suas raízes e estruturas de reprodução. Em economias capitalistas minimamente complexas, a pobreza pode persistir devido à falta de mercados, empregos e oportunidades para a distribuição produtiva dos recursos existentes (uma "armadilha smithiana de pobreza"). Alternativamente, a pobreza pode ser criada pela forma de integração no modo dominante de reprodução social e econômica (uma "armadilha marxista de pobreza"). Nesse caso, a renda insuficiente não é apenas um sintoma de pobreza, mas, ao contrário, uma das consequências das desigualdades estruturais que constituem o sistema econômico.

Não há dúvida de que formas capitalistas de integração econômica e social podem criar riqueza, por exemplo, expandindo as oportunidades de acesso ao mercado. Entretanto, elas também podem expropriar os pobres, por exemplo, através de dívidas, expulsão da terra devido a projetos de desenvolvimento rural ou expansão do agronegócio, ou se novas estradas trouxerem concorrentes mais eficientes que podem deslocar os produtores locais, ou se novas leis de planejamento urbano favorecerem os supermercados às custas das pequenas lojas ou dos vendedores ambulantes. Por outro lado, mudanças tecnológicas intensivas em capital podem destruir empregos e qualificações (por exemplo, a introdução de tratores, novas máquinas, computadores ou robôs); a desindustrialização pode gerar desemprego diretamente; e mudanças de política econômica (por exemplo, a liberalização das importações

---

137 CRAIG, David; PORTER, Doug. "Poverty Reduction Strategy Papers: a New Convergence". *World Development*, vol. 31, nº 1, 2003; CRAIG, David; PORTER, Doug. *Development beyond Neoliberalism?* Abingdon: Routledge, 2006.

ou reformas da política cambial) podem prejudicar a agricultura de pequena escala. Da mesma forma, os trabalhadores autônomos podem descobrir que suas perspectivas econômicas são limitadas pela falta de acesso ao crédito e aos mercados consumidores. O crescimento do mercado também pode criar tensões ambientais que minam a capacidade de subsistência e destroem o potencial produtivo dos mais pobres (por exemplo, o rápido aumento da demanda comercial por peixes pode levar à pesca excessiva e ao colapso dos estoques).[138]

O crescimento econômico também pode impor aos mais pobres regimes laborais associados a baixa produtividade, severa exploração, baixa renda e padrões de vida precários. Estes podem incluir trabalho mal remunerado, trabalho infantil, trabalho escravo, dependência de mercados instáveis e trabalho autônomo inseguro e com baixa remuneração. As implicações degradantes das formas "modernas" de reprodução social podem ser agravadas por várias formas de vulnerabilidade, inclusive frente ao meio ambiente, que invariavelmente afetam desproporcionalmente os pobres.[139] Segue-se que os "mercados livres" não eliminam a pobreza, nem necessária nem espontaneamente. Políticas direcionadas são sempre necessárias para orientar o processo de crescimento rumo à diversificação, resiliência, sustentabilidade, integração social, segurança de renda e redistribuição. Da mesma forma, a concentração econômica tende a aumentar a volatilidade e ampliar as vulnerabilidades dos mais pobres.

As definições de pobreza do *mainstream*, limitadas à incapacidade de alcançar um nível arbitrário de renda, não distinguem entre os processos smithianas e marxistas de geração de pobreza

---

138 HARRISS-WHITE, Barbara. "Poverty and Capitalism". *Economic and Political Weekly*, vol. 41, 2006. Disponível em: https://www.researchgate.net/publication/24119508_Poverty_and_Capitalism. Acessado em: 15.10.2024.

139 GUNTER, Bernhard G.; COHEN, Marc J.; LOFGREN, Hans. "Analysing Macro-Poverty Linkages: An Overview". *Development Policy Review*, vol. 23, nº 3, 2005.

e sugerem que "mais crescimento" sempre eliminará a pobreza. Embora o crescimento possa gerar recursos adicionais para apoiar resultados democráticos (ou quaisquer outros), o reconhecimento de que o crescimento econômico *também* pode gerar pobreza e desigualdade sugere que o impacto do crescimento sobre a pobreza é maximizado, e os dilemas podem ser contornados, quando o processo de crescimento é deliberadamente direcionado rumo à eliminação tanto da pobreza smithiana quanto da pobreza marxista. Isso requer intervenção política. Da mesma forma, se a estratégia econômica do país promove a estagnação e a reprodução da pobreza, por exemplo, com a desculpa de "combater o déficit público", programas sociais direcionados e redes de segurança limitadas podem ser insuficientes para reverter a tendência de aumento da privação humana.[140]

As EEDs são embasadas em um entendimento detalhado das estruturas e dos processos de reprodução econômica e uma avaliação matizada dos mercados de trabalho e de *commodities*; e elas reconhecem que essas estruturas e esses processos podem tanto *criar* quanto *eliminar* a pobreza simultaneamente. As estratégias democráticas também reconhecem que mercados e outras estruturas econômicas e sociais podem ser veículos para o exercício do poder econômico e político. A eliminação das estruturas de reprodução da pobreza em meio à criação de riqueza requer iniciativas políticas, mais do que técnicas. Em particular, ela requer reformas estruturais para remover as desigualdades sistêmicas de acesso e controle sobre o trabalho, os recursos econômicos e o poder político.

Segundo, *o desenvolvimento democrático deve promover a igualdade, ou seja, deve beneficiar mais os pobres do que os ricos.* Em outras palavras, *o crescimento só é democrático quando reduz tanto a pobreza absoluta quanto a relativa.* Tradicionalmente, o

---

140 SAAD-FILHO, Alfredo. "Social Policy for Neoliberalism: The Bolsa Família Programme in Brazil". *Development and Change*, vol. 46, nº 6, 2015.

crescimento e a equidade eram percebidos como negativamente correlacionados, pelo menos nos estágios iniciais do desenvolvimento, e essa suposição era frequentemente usada para validar políticas econômicas distributivamente regressivas.[141] Essa postura foi contestada por evidências empíricas sugerindo que a igualdade pode apoiar o rápido crescimento econômico.[142] Em uma etapa posterior, o paradigma do CI, do Banco Mundial, sugeriu que o crescimento econômico é quase sempre "bom para os pobres", porque o crescimento quase sempre alivia a pobreza. No entanto, essa afirmação muito facilmente pode validar políticas enganosas de *trickle down*, pelas quais o enriquecimento dos ricos de alguma forma sempre beneficia os pobres – ou seja, a ideia de que a distribuição de migalhas aos desesperados pode justificar o rápido enriquecimento dos privilegiados.[143] Esse debate é informativo, mas as EEDs passam ao largo dele, pois, nesse novo paradigma, as políticas econômicas *não* são selecionadas para maximizar o crescimento, a equidade *não* é um instrumento para alcançar um crescimento rápido, e *não* há presunção de um *trade-off* estável entre crescimento e equidade que poderia ser explorado para fins de política econômica. Ao contrário, na EED, o crescimento deve reduzir as desigualdades diretamente, como condição para a democracia.[144]

---

141 KUZNETS, Simon. "Economic Growth and Income Inequality". *American Economic Review*, vol. 45, nº 1, 1955.

142 Ver, por exemplo, REINERT, Erik. *How Rich Countries Got Rich... and Why Poor Countries Stay Poor*. Nova York: PublicAffairs, 2008.

143 CAMMACK, Paul. "What The World Bank Means by Poverty Reduction, and Why It Matters". *New Political Economy*, vol. 9, nº 2, 2004; McKINLEY, Terry. "Revisiting the Dynamics of Growth, Inequality and Poverty Reduction". *SOAS Discussion Paper 25/09*, Centre for Development Policy and Research, 2009; RAO, J. M. *The Possibility of Pro-Poor Development*: Distribution, Growth and Policy Interactions, 2002 (manuscrito não publicado).

144 CAMPOS-VÁZQUEZ, Raymundo; CHAVEZ, Emmanuel; ESQUIVEL, Gerardo. "Growth Is (Really) Good for The (Really) Rich". *The World Economy*, vol. 40, nº 12, 2017; UNRISD. *Social Dimensions of the Green Economy*, 2012. Disponível em: https://sustainabledevelopment.un.org/index.php?page=view&type=400&nr=479&menu=1515. Acessado em:

A lenta melhoria no bem-estar dos pobres sob o neoliberalismo, nos últimos 40 anos, condena severamente a economia dominante, as instituições financeiras internacionais (IFIs) e a chamada "comunidade internacional" – especialmente à luz dos vastos recursos disponíveis na economia mundial e os recursos adicionais que poderiam ser gerados pela aceleração do crescimento, a sustentabilidade ambiental e a distribuição mais equitativa. Perversamente, as políticas do mainstream não são autocorretivas, e seu fracasso muitas vezes leva à *intensificação* de seus programas econômicos preferidos, sob a supervisão ainda mais estreita do FMI, do Banco Mundial, do Departamento do Tesouro dos EUA e de muitas agências de ajuda internacional. Em vez desse caminho fracassado, as EEDs exigem:

> coerência entre o quadro macroeconômico [mais geral] e a estratégia nacional de redução da pobreza. Isto é geralmente interpretado como uma coerência "unidirecional", na qual a estratégia antipobreza tem que se ajustar a uma estrutura macroeconômica fixa e rígida. Entretanto, ambas devem ser determinadas conjuntamente para servir ao objetivo primordial da redução da pobreza.[145]

De um ponto de vista democrático, as políticas de estabilização e ajuste estrutural centradas na estabilidade de preços e na eficiência estática da alocação via mercado são tanto falhas quanto insuficientes. Elas tendem a se concentrar excessivamente na estabilização a curto prazo e, ao mesmo tempo, comprometem as condições para o crescimento a longo prazo, pioram a distribuição de renda e promovem atividades destrutivas do meio ambiente.

10.10.2024. A importância da igualdade social e econômica é examinada por PICKETT, Kate; WILKINSON, Richard. *The Spirit Level*: Why Equality is Better for Everyone. Londres: Penguin, 2010.

145 UNDP. *The Role of Economic Policies in Poverty Reduction*. Nova York: UNDP, 2002, p. 1.

Não é de surpreender que as políticas convencionais normalmente não conseguem sustentar um crescimento econômico rápido, criar empregos de qualidade, reduzir a pobreza ou apoiar a sustentabilidade ambiental. Em contraste, as EEDs devem incluir um conjunto de políticas que estabeleçam um ciclo de *feedback* positivo entre crescimento e distribuição, tornando a distribuição essencial para o crescimento. *Na EED, a distribuição é uma condição para o crescimento, e não um resultado acidental*: o crescimento deve beneficiar os pobres de forma desproporcional, e qualquer crescimento deverá ser condicional à redução das desigualdades.

Terceiro, *o desenvolvimento democrático deve proteger o meio ambiente*, porque os seres humanos não são meramente parte da natureza. Nossos números, tecnologias avançadas e grande pegada ambiental dão à nossa espécie responsabilidade sobre a Terra. As EEDs reconhecem as implicações da posição distinta da humanidade através da noção de "restrição ambiental". Isto inclui o controle de cada país sobre sua parcela dos recursos naturais, as necessidades de recursos naturais para a sua produção e as implicações do seu sistema de acumulação para a vida na Terra.[146]

A fim de proteger a natureza contra as demandas infinitas da produção para o lucro, uma sociedade infundida por ideais de equidade, justiça e sustentabilidade deve apoiar a autonomização

146 GHOSH, Jayati. "Redefining Development and Quality of Life". *Economic and Political Weekly*, vol. 47, nº 7, 2012; HOFFMANN, Ulrich. "Some Reflections on Climate Change, Green Growth Illusions and Development Space". *United Nations Conference on Trade and Development*, 2011. Disponível em: https://unctad.org/en/PublicationsLibrary/osgdp2011d5_en.pdf. Acessado em: 15.10.2024; KHOR, Martin. "Risks and Uses of the Green Economy Concept in the Context of Sustainable Development, Poverty and Equity". *South Center Research Papers 40*, 2011. Disponível em: chrome-extension://efaidnbmnnnibpcajpcglclefindmkaj/https://www.greenpolicyplatform.org/sites/default/files/downloads/resource/Risks_and_uses_of_the_GE_concept_South%20Centre.pdf. Acessado em: 15.10.2024; STORM, Servaas. "WDR 2010: The World Bank's Micawberish Agenda for Development in a Climate-Constrained World". *Development and Change*, vol. 42, nº 1, 2011.

gradual entre os seres humanos e a natureza. Isto pode ajudar a superar a atual dependência capitalista frente ao meio ambiente como fonte de insumos baratos e como um depósito de lixo gratuito para os rejeitos da acumulação: hoje, o capital lucra com as dádivas da natureza, ao sugar a vitalidade da Terra, e isso é potencialmente catastrófico.[147] Mudar a matriz energética atualmente baseada em combustíveis fósseis para os renováveis é um passo nessa direção. A sociedade também pode reduzir sua dependência de outros aspectos do meio ambiente, por exemplo, frente aos estoques de peixes, aos rios e aquíferos, às terras agrícolas marginais, aos ecossistemas frágeis e assim por diante. Em vez da atual relação parasitária com a natureza, sob a EED, as atividades econômicas (ou seja, a relação metabólica entre a sociedade e o resto da natureza, através da qual as civilizações humanas se reproduzem) deveriam buscar construir um ciclo de *feedback* positivo entre crescimento, distribuição, diversificação e sustentabilidade. Isto também deveria ser uma condição para o crescimento econômico, e não seu resultado acidental.

Em quarto lugar, *os objetivos da EED – estabilidade macroeconômica, sustentabilidade ambiental e melhorias na distribuição, no bem-estar social e na diversificação econômica – devem ser atingidos diretamente*, em vez de derivarem do *trickle down*, da lucratividade, ou dos interesses financeiros. Esses resultados devem ser inequívocos em um amplo espectro de medidas. Isto requer mudanças diretas na distribuição de renda e riqueza (por exemplo, através de reforma agrária, educação universal, aumento de salários, transferências e aposentadorias para os pobres e a expansão dos direitos sociais financiados pela tributação progressiva), juntamente com políticas que promovam a diversificação econômica e a proteção ambiental

147 UNRISD. *Mapping Just Transition(s) to a Low-Carbon World*. Genebra: UNRISD, 2018. Disponível em: http://www.unrisd.org/80256B3C005BCCF9/(httpPublications)/9B3F4F10301092C7C12583530035C2A5?OpenDocument. Acessado em: 10.10.2024; UTTING, Peter (Coord.). *Revisiting Sustainable Development*. Genebra: UNRISD, 2015.

(por exemplo, apoio a setores estratégicos, programas direcionados de geração de empregos e regulamentações para aumentar a produtividade e melhorar os padrões ambientais).[148]

A estabilidade macroeconômica inclui baixa inflação, baixa volatilidade econômica, altas taxas de emprego, aumento da renda, equilíbrio intertemporal tanto fiscal quanto da balança de pagamentos e estabilidade da taxa de câmbio real. Esses resultados não podem ser alcançados à custa do meio ambiente, que deve ser preservado em seus próprios termos. Por sua vez, a estabilidade ambiental não pode ser alcançada contra o padrão de vida dos pobres. A *estabilidade macroeconômica dentro da sustentabilidade ambiental* é a melhor estrutura para a implementação de políticas econômicas democráticas.[149] Por exemplo, a inflação pode redistribuir renda em favor do setor financeiro e dos ricos, a volatilidade cambial pode reduzir a competitividade de várias indústrias, as crises do balanço de pagamentos podem restringir importações essenciais, e as atividades econômicas insustentáveis prejudicam o planeta e podem destruir vidas e meios de subsistência tanto agora quanto no futuro. Além disso, a expectativa de instabilidade macroeconômica pode corroer o apoio às políticas democráticas de governo, prejudicando sua implementação.

A fim de minimizar esses resultados desestabilizadores, os limites macroeconômicos da política governamental não devem ser definidos antecipadamente com precisão. Embora os objetivos

---

148 UNFCCC. *Just Transition of the Workforce, and the Creation of Decent Work and Quality Jobs*, 2016. Disponível em: https://unfccc.int/sites/default/files/resource/Just%20transition.pdf. Acessado em: 10.10.2024; UNIDO; GGGI. *Global Green Growth Report*: Cean Energy Industrial Investments and Expanding Job Opportunities. vol. 1. Viena/Seul: UNIDO/GGGI, 2015. Disponível em: https://gggi.org/report/global-green-growth-clean-energy-industrial-investments-and-expanding-job-opportunities/. Acessado em: 10.10.2024.

149 UNDP. *The Wealth of the Poor*: Managing Ecosystems to Fight Poverty. Nova York: UNDP, 2005.

da política democrática devam ser descritos em detalhe e perseguidos consistentemente, a postura política ideal em relação aos indicadores convencionais de estabilidade macroeconômica deve ser de *ambiguidade construtiva*. A estabilidade macroeconômica é importante devido a seu valor instrumental; entretanto, listar um conjunto de restrições arbitrárias à ação governamental (tais como taxas máximas de inflação ou limites arbitrários para o déficit fiscal, ou metas cambiais), em paralelo com os objetivos estratégicos da EED, prejudicaria a sua realização, pois sinalizaria que o governo está apenas condicionalmente comprometido com os objetivos democráticos da política econômica. Por exemplo, o que o governo deve fazer se a inflação exceder marginalmente a meta? Que compromissos devem ser priorizados – a taxa máxima de inflação ou os programas sociais de distribuição de renda, a oferta de moradia e saúde e o financiamento dos programas de adaptação às mudanças climáticas? A resposta necessariamente depende da natureza e gravidade dos desequilíbrios e das circunstâncias políticas. Isto não implica que a estabilidade macroeconômica não seja importante, mas reconhece que ela tem custos. Em outras palavras, a preservação da estabilidade não deve se tornar um objetivo em si, nem deve servir de desculpa para minar a estratégia econômica democrática.

Em quinto lugar, *as estratégias econômicas democráticas devem estar inseridas em sistemas políticos abertos*. Esse princípio opera em dois níveis. A nível macro, a democracia econômica depende das estruturas sociais e políticas que sustentam as EEDs, especialmente a mobilização de massas em apoio à distribuição, à diversificação e à sustentabilidade.[150] A mobilização é essencial porque políticas democráticas desligadas do protagonismo popular,

---

150 RAWORTH, Kate; WYKES, Sarah; BASS, Steve. "Securing Social Justice in Green Economies: A Review and Ten Considerations for Policymakers". *IIED*, 2014. Disponível em: https://pubs.iied.org/16578IIED/. Acessado em: 10.10.2024.

especialmente por parte daqueles com maior interesse em seu sucesso, são populistas: elas são selecionadas e implementadas arbitrariamente por "líderes" políticos, tornando-as desligadas da sociedade e, inevitavelmente, são monitoradas de maneira imperfeita. Esses não são apenas erros de processo, mas sintomas de falhas políticas na própria estratégia:

> Os custos políticos (ou seja, as perdas para os ricos) são geralmente citados como uma razão para evitar políticas redistributivas. Gostaríamos de enfatizar, em contraste, que a maioria da população trabalhadora precisa se mobilizar politicamente para que os "custos políticos" de não fazer a redistribuição se tornem proibitivamente altos.[151]

A prestação de contas para a sociedade também aumenta a resiliência das EEDs, tornando-as menos vulneráveis a mudanças políticas – seja devido a mudanças de governo, seja por causa de negociações de bastidores entre parte do governo e as elites. Na ausência de transparência, intervenção de massas e instituições de representação fortes (sindicatos, associações comunitárias, ONGs, sistemas eleitorais, os tribunais, uma mídia aberta etc.), é impossível avaliar o apoio a objetivos conflitantes, selecionar entre usos alternativos dos recursos disponíveis e avaliar o desempenho do governo.

Por sua vez, no nível micro, as EEDs devem proteger os direitos individuais e as identidades coletivas, incluindo os direitos humanos e as identidades de gênero, etnia, herança cultural, escolha pessoal, estilo de vida e assim por diante. Isto não é apenas pelo compromisso democrático de incluir a todos como membros

---

151 McKINLEY, Terry. "Revisiting the Dynamics of Growth, Inequality and Poverty Reduction". *SOAS Discussion Paper 25/09*, Centre for Development Policy and Research, 2009, p. 19. Ver também WIIG, Arne; KOLSTAD, Ivar. "Diversification and Democracy". *International Political Science Review*, vol. 39, vol. 4, 2018.

iguais da sociedade, mas também porque as sociedades democráticas devem promover o florescimento individual, respeitando, ao mesmo tempo, as identidades que seus membros têm ou decidam compartilhar e seus modos de vida preferidos. A inclusão social, a igualdade política e o reconhecimento dos direitos individuais reforçarão as políticas que promovam tanto a igualdade econômica quanto uma relação mais harmoniosa com a natureza. Em contraste, a exclusão social, a desigualdade e a alienação individual promoverão interesses egoístas, atitudes predatórias frente ao meio ambiente, sociedades repressivas e economias insustentáveis.

4.3 Princípios, políticas e controvérsias

Os princípios de política econômica delineados acima reconhecem que a coordenação da atividade econômica pelo Estado é essencial, pois o Estado é uma ferramenta fundamental para a ação coletiva. Essa a única instituição social que é pelo menos potencialmente responsável por mecanismos democráticos[152] e que pode influenciar o padrão de emprego, a estrutura da produção e da distribuição de bens, serviços, rendas e ativos e a relação entre o ser humano e a natureza. Somente o Estado pode limitar o poder dos interesses individuais, mobilizar fundos suficientes para as reformas econômicas democráticas e assegurar que a atividade econômica seja guiada pelas demandas da maioria.

As instituições públicas desempenham um papel essencial estabelecendo metas, fornecendo planejamento integrado, coordenando políticas, centralizando a alocação de recursos e monitorando o desempenho de diferentes setores, para tratar do balanço

---

152 Isso continua sendo verdade mesmo quando os Estados não são democráticos na prática, o que exige reformas políticas. Em contrapartida, é impossível tornar as empresas com fins lucrativos "democráticas", pois elas prestam contas aos seus acionistas e, ocasionalmente (dependendo das tradições, da lei, e da força dos movimentos sociais), também a um grupo mais amplo de partes interessadas, mas jamais prestam contas à sociedade em geral.

de pagamentos e das restrições fiscais, financeiras, trabalhistas e assim por diante.[153] Essa abordagem não requer necessariamente um sistema político aberto, mas ela não é incompatível com a democracia; na realidade, a construção da democracia é um objetivo independente e não uma variável instrumental. Não há receitas para atingir esses objetivos simultaneamente, apenas princípios a serem implementados, objetivos a serem acordados e experiências a serem avaliadas.

Em resumo, as EEDs podem dar uma importante contribuição para a obtenção de resultados econômicos democráticos, distributivos e sustentáveis, especialmente nos países em desenvolvimento, onde as necessidades sociais são maiores. Isto pode ser feito de maneira mais eficiente através de crescimento rápido e intensivo do emprego, diversificação da economia, redistribuição de renda e ativos e implementação de políticas econômicas sustentáveis. Esses objetivos não são excessivamente ambiciosos:

> Pequenas mudanças na distribuição podem ter um grande efeito sobre o número de pessoas pobres. (...) [Por exemplo, se] a parcela da renda nacional que vai para o quintil mais pobre da população aumentasse de 6 para 6,25 por cento, isto representaria um aumento de 4 por cento em sua renda total. Assim, uma redistribuição muito pequena teria o mesmo efeito sobre a pobreza que duplicar o crescimento anual da renda nacional de 4% (...) para 8%. (...) [Da mesma forma,] durante o período estimado de 15 anos, uma mudança de 5% no Gini faz tanta diferença para a redução da pobreza quanto um crescimento adicional de 50% no consumo *per*

153 BARROWCLOUGH, Diana V.; KOZUL-WRIGHT, Richard. "Integrated Industrial Policy". *In*: YÜLEK, Murat A. (Coord.). *Industrial Policy and Sustainable Growth*. Singapura: Springer, 2018; BARROWCLOUGH, Diana V.; KOZUL-WRIGHT, Richard. "Institutional Geometry of Industrial Policy in Sustainable Development". *In*: YÜLEK, Murat A. (Coord.). *Industrial Policy and Sustainable Growth*. Singapura: Springer, 2018.

> *capita*. Em uma base anual, isto se traduz em um crescimento adicional de 1,3% *per capita*.[154]

Princípios similares, fundamentados na democracia, solidariedade e responsabilidade com a Terra, também se aplicam internacionalmente. As mudanças climáticas afetam o mundo inteiro, embora de maneiras diferentes, e somente uma ação decisiva, altruísta e coordenada pode salvar a todos da ameaça de catástrofe.[155]

Dados os princípios delineados acima, quatro argumentos contrários às EEDs podem ser imaginados. Primeiro, pode-se argumentar que alguns países são "pobres demais para redistribuir" ou "pobres demais para mitigar e adaptar". Ou seja, sua renda *per capita* é tão baixa que a redistribuição teria pouco impacto sobre a pobreza, enquanto a sustentabilidade ambiental seria cara demais e teria um impacto insignificante a nível global. Esses argumentos são inválidos. A redistribuição pode ter resultados positivos tanto estaticamente como ao longo do tempo tanto nos países ricos

---

154 NASCHOLD, Felix. "Growth, Distribution, and Poverty Reduction: LDCs are Falling Further Behind". *In*: SHORROCKS, Anthony; HOEVEN, Rolph van der (Coord.). *Growth, Inequality, and Poverty*: Prospects for Pro-Poor Economic Development. Oxford: Oxford University Press, 2004, pp. 108 e 118.

155 KHOR, Martin. "Risks and Uses of the Green Economy Concept in the Context of Sustainable Development, Poverty and Equity". *South Center Research Papers 40*, 2011. Disponível em: chrome-extension://efaidnbmnnnibpcajpcglclefindmkaj/https://www.greenpolicyplatform.org/sites/default/files/downloads/resource/Risks_and_uses_of_the_GE_concept_South%20Centre.pdf. Acessado em: 15.10.2024; MILLWARD-HOPKINS, Joel *et al.* "Providing Decent Living with Minimum Energy: A Global Scenario". *Global Environmental Change*, vol. 65, 2020. Disponível em: https://doi.org/10.1016/j.gloenvcha.2020.102168. Acessado em: 15.10.2024; ROBBINS, Paul. "Is less more... or is more less? scaling the political ecologies of the future". *Political Geography*, vol. 76, 2020. Disponível em: https://doi.org/10.1016/j.polgeo.2019.04.010. Acessado em: 10.10.2024.

quanto nos mais pobres.[156] Ao mesmo tempo, enquanto os países ricos devem suportar uma parcela maior do fardo da transição, qualquer contribuição ajudará a atingir uma maior resiliência global (embora os países pequenos e muito pobres devam ter tempo e recursos adicionais para se adaptarem).

Em segundo lugar pode-se dizer que, embora a redistribuição possa reduzir a pobreza até certo ponto, e as políticas sustentáveis possam amenizar o impacto das mudanças climáticas, o crescimento econômico baseado no mercado pode proporcionar ambos os objetivos de maneira mais eficiente; consequentemente, os formuladores de políticas devem se concentrar em proporcionar as condições necessárias para o crescimento e devem deixar o crescimento em si, a distribuição e a sustentabilidade para o mercado. Esse argumento é falho, porque o crescimento sem restrições visando ao lucro acima de tudo tende a ser altamente prejudicial ao meio ambiente. Além disso, a distribuição tende a deteriorar sob o neoliberalismo.[157] Por fim, o histórico de várias EAs (por exemplo, EUA, Austrália, Canadá e Noruega) sugere que altos níveis de renda não se traduzem automaticamente em

---

156 DAGDEVIREN, Hulya; HOEVEN, Rolph van der; WEEKS, John. "Poverty Reduction with Growth and Redistribution". *Development and Change*, vol. 33, 2002.

157 COWELL, Frank A.; KERM, Philippe van. "Wealth Inequality: A Survey". *Journal of Economic Surveys*, vol. 29, nº 4, 2015; DORN, Florian; SCHINKE, Christoph. "Top income shares in OECD Countries: the role of government ideology and globalisation". *The World Economy*, vol. 41, nº 9, 2018; GALBRAITH, James K. "Inequality and economic and political change: a comparative perspective". *Cambridge Journal of Regions, Economy and Society*, vol. 4, 2011; MECHLING, George; MILLER, Stephen; KONECNY, Ron. "Do Piketty and Saez Misstate Income Inequality?" *Review of Political Economy*, vol. 29, nº 1, 2017; ONARAN, Özlem; GUSCHANSKI, Alexander. "The Causes of Falling Wage Share". *University of Greenwich*, 2018. Disponível em: https://gala.gre.ac.uk/id/eprint/19373/. Acessado em: 15.10.2024; PIKETTY, Thomas. *Capital in the Twenty-First Century*. Cambridge: Harvard University Press, 2014 UNCTAD. *Trade and Development Report*. Genebra: UNCTAD, 2012.

políticas ambientais sustentáveis. De maneira mais geral, como os processos econômicos sempre afetam as tecnologias de produção, os padrões de emprego, a composição da produção, as relações de distribuição e o impacto humano sobre o meio ambiente, é tanto inevitável quanto desejável que a economia se sujeite diretamente à influência política através de mecanismos democráticos.[158]

Terceiro, poderia ser dito que, mesmo que o direcionamento estatal do crescimento possa ser eficaz, ele viola os princípios democráticos.[159] Esse argumento não tem sentido. Existe um debate sobre o desempenho econômico dos regimes democráticos em comparação com os regimes autoritários. Por exemplo, já foi afirmado que a democracia é um "bem de luxo" que só se torna possível após o desenvolvimento econômico já ter ocorrido ou, alternativamente, que os sistemas políticos autoritários podem proporcionar crescimento mais eficientemente do que as democracias.[160] As controvérsias em torno do significado da democracia, a

---

158 CORNIA, Giovanni; MARTORANO, Bruno. "Development Policies and Income Inequality in Selected Developing Regions, 1980-2010". *United Nations Conference on Trade and Development*, 2012. Disponível em: https://unctad.org/en/PublicationsLibrary/osgdp20124_en.pdf. Acessado em: 09.08.2024; ERIXON, Lennart. "Progressive supply-side economics: an explanation and update of the Rehn-Meidner model". *Cambridge Journal of Economics*, vol. 42, nº 3, 2018; SAAD-FILHO, Alfredo. "There is Life beyond the Washington Consensus: An Introduction to Pro-Poor Macroeconomic Policies". *Review of Political Economy*, vol. 19, nº 4, 2007.

159 BRANCO, Manuel Couret. "Economics against Democracy". *Review of Radical Political Economics*, 44, nº 1, 2012; BRUSZT, Laszlo. "Making Capitalism Compatible with Democracy: Tentative Reflections from the 'East'". *In*: CROUCH, Colin; STREECK, Wolfgang (Coord.). *The Diversity of Democracy*. Cheltenham: Edward Elgar, 2006; TOMASI, John. "Market Democracy and Meaningful Work: A Reply to Critics". *Res Publica*, vol. 21, 2015; USAID. *Handbook of Democracy and Governance Program Indicators*. Washington: USAID, 1998.

160 ACEMOGLU, Daron; ROBINSON, James A. *Economic Origins of Dictatorship and Democracy*. Cambridge: Cambridge University Press, 2006; ALFANO, Maria Rosaria; BARALDI, Anna Laura. "Democracy, Political Competition and Economic Growth". *Journal of International Development*, vol. 28, 2016;

classificação dos países, o tamanho das amostras, o momento e o significado das mudanças políticas etc. sugerem que a relação entre democracia, crescimento e distribuição não é sempre clara. Nesse contexto, as EEDs podem ser justificadas de duas maneiras. Por um lado, democracia, abertura, transparência, responsabilidade do Estado e representação de interesses conflitantes *não* são ferramentas para a realização de objetivos econômicos; em vez disso, são princípios não negociáveis de organização social, e quaisquer *trade-offs* seriam irrelevantes. Por outro lado, embora a China, Coreia do Sul, Etiópia, Indonésia, Singapura e outros países tenham atingido rápido crescimento econômico sob regimes autoritários, as experiências na Alemanha Ocidental, Japão e nos países escandinavos mostram que a democracia política é compatível com o crescimento, a satisfação das necessidades básicas e melhorias na distribuição. Por sua vez, Bangladesh, Botsuana, Brasil, Índia, México e outros países apresentam um quadro misto; além disso, há inúmeros exemplos de fracasso econômico sob regimes democráticos e autoritários, da Nigéria à Venezuela, de Mianmar à Itália e do Paquistão ao Paraguai. Essas experiências mostram que a escolha do regime político deve ser abordada independentemente de considerações econômicas.

Quarto, será difícil implementar EEDs, e vários governos falharam em suas tentativas de seguir esse tipo de estratégia no passado. Isto é correto, e não há garantia de que falhas semelhantes não ocorrerão no futuro. Entretanto, as histórias de sucesso sob regimes democráticos e autoritários também devem ser levadas em consideração – por exemplo, no Chile (diversificação econômica),

---

HDR. *Human Development Report*: Deepening Democracy in a Fragmented World, 2002. Disponível em: http://hdr.undp.org/sites/default/files/reports/263/hdr_2002_en_complete.pdf. Acessado em: 15.10.2024; NAYYAR, Deepak. "Globalization and Democracy". *Brazilian Journal of Political Economy*, vol. 35, nº 140, 2015; WEINGAST, Barry R. "Capitalism, Democracy, and Countermajoritarian Institutions". *SSRN*, 2015. Disponível em: https://papers.ssrn.com/sol3/papers.cfm?abstract_id=2639793. Acessado em: 10.10.2024.

na China (redução da pobreza e iniciativas ambientais), em Cuba (autonomia política e bem-estar social), na Índia, especialmente no Estado de Kerala (distribuição e bem-estar), na Venezuela (proteção social), no Vietnã (criação de empregos e melhorias no bem-estar) e assim por diante.

Em resumo, o sucesso das EEDs depende em grande medida das limitações políticas para sua implementação. A experiência mostra que a restrição mais importante a essas estratégias, à diversificação econômica e à sustentabilidade ambiental não é a escassez de recursos ou a restrição do balanço de pagamentos: a maior restrição é a falta de vontade política para fazer o que se tornou urgente e imperativo por razões sociais, políticas e ambientais. É essencial enfrentar as análises convencionais e a hegemonia do neoliberalismo, a fim de construir alternativas sustentáveis. A experiência mostra que este é principalmente um processo *político*, e não uma arena de debate entre economistas acadêmicos. Dentro desses limites, a política macroeconômica pode dar uma importante contribuição ao complexo e conflituoso processo de correção das desigualdades, eliminando a pobreza e seus sintomas, mudando a matriz energética global, reestruturando os sistemas de produção e atingindo a sustentabilidade ambiental. A urgência desses desafios e de suas ramificações e a dificuldade de enfrentá-los preservando a estabilidade política e econômica sugerem que, a menos que os governos deem prioridade absoluta às mudanças climáticas *e também* à satisfação das necessidades básicas, as políticas públicas provavelmente não atingirão nenhum desses objetivos. Essa é a principal razão para implementar EEDs e PEDs.

CAPÍTULO V

CRESCIMENTO E DISTRIBUIÇÃO

Este capítulo analisa o significado e as implicações do crescimento econômico nas literaturas convencionais e heterodoxas e sua relevância para uma estratégia democrática de desenvolvimento. A (in)compatibilidade entre, por um lado, o crescimento econômico e, por outro lado, a sustentabilidade econômica, especialmente em vista dos desafios impostos pelas mudanças climáticas, precisa ser examinada em detalhe. Para o *mainstream*, não há problema significativo, uma vez que se supõe, sem maiores problemas, que o crescimento pode expandir as possibilidades de consumo e gerar as tecnologias necessárias para a adaptação às mudanças climáticas. Por sua vez, para algumas vertentes da tradição heterodoxa, o crescimento deve ser suspenso a fim de preservar o equilíbrio ambiental e evitar uma catástrofe climática. Este livro argumenta, diferentemente, que o crescimento econômico é indispensável para a convergência global, o aumento da renda e a satisfação das necessidades básicas em economias e sociedades democráticas, especialmente nas ED. Entretanto, o *tipo* de crescimento dominante deve ser transformado, a fim de trazer ganhos para os pobres em vez dos ricos.

5.1 A visão convencional

Entre o final dos anos 1950 e o início dos anos 1970, a visão dominante sobre a relação entre crescimento econômico, pobreza e desigualdade se baseava nos modelos associados a Kuznets e Solow. Eles sugeriam que a distribuição da renda tende a deteriorar nos estágios iniciais do crescimento e melhorar espontaneamente mais tarde, e que as diferenças iniciais de renda *per capita* entre os países seriam reduzidas com o passar do tempo, através da equalização dos retornos marginais dos fatores de produção.

Em meados dos anos 1970, muitos observadores concluíram que essas esperanças eram descabidas: a maioria dos países pobres não estava convergindo com os países centrais, e a distribuição de renda estava deteriorando em várias partes do mundo. Tornou-se difícil sustentar a ideia de que os processos geradores de igualdade estavam ganhando força tanto na economia global quanto na maioria dos países em desenvolvimento. Os debates que se seguiram foram, inevitavelmente, influenciados pelas controvérsias paralelas entre keynesianos e monetaristas nas EA anglo-saxônicas. Enquanto os keynesianos tendiam a argumentar que a convergência global exigiria políticas industriais intervencionistas e a redistribuição da renda, os monetaristas afirmavam que a intervenção estatal seria contraproducente e que as políticas de "livre mercado" ofereceriam o caminho mais promissor para o crescimento rápido e a melhoria da situação dos pobres.

A ascensão do Monetarismo e da Economia Novo-Clássica, entre meados dos anos 1970 e o final dos anos 1980, deslocou as expectativas da teoria do desenvolvimento na direção do *tricke down*, ou da noção de redistribuição espontânea dos ganhos do crescimento através da aplicação de políticas econômicas neoliberais. A percepção de que essa estratégia havia falhado no início dos anos 1990, a ascensão da Nova Economia Institucional (NEInst) e a crescente pressão sobre o Banco Mundial e o FMI por parte de vários governos, organizações internacionais (incluindo algumas agências da ONU), ONGs, universidades e movimentos sociais, forçaram a corrente dominante e as IFIs a abordar explicitamente os problemas da desigualdade e redução da pobreza. Durante os anos 1990 e início dos anos 2000, a abordagem do *mainstream* – agora dividida entre o CW e o PCW – foi criticada por suas inconsistências teóricas e responsabilidade pelo fraco desempenho macroeconômico e pelas crises recorrentes na maioria dos países pobres, e pelas mudanças regressivas na distribuição de poder, renda e riqueza ao redor do mundo. Por essas razões, a corrente econômica dominante perdeu terreno para um conjunto emergente de alternativas inspiradas por valores democráticos e comprometidos com a redistribuição.

Essas mudanças tornaram-se evidentes através do compromisso global com os Objetivos de Desenvolvimento do Milênio (ODM), em 2000, e com os Objetivos de Desenvolvimento Sustentável (ODS), em 2015. Entretanto, o pêndulo voltou a oscilar em meados dos anos 2000, em resposta a uma sofisticada tentativa da corrente dominante de reconquistar o terreno teórico, se não moral, através da CI. A tentativa mais importante foi através da Comissão para o Crescimento e Desenvolvimento patrocinada pelo Banco Mundial.[161]

Apesar dos seus argumentos sugerindo "abertura" e "flexibilidade" e de uma abundância de relatórios apoiando um novo papel para as políticas públicas, as IFIs invariavelmente propõem uma lista detalhada de políticas econômicas supostamente "corretas" para todos os países. O argumento normalmente parte de um conjunto padrão de ambições, incluindo ambiente macroeconômico estável; responsabilidade fiscal; estabilidade de preços; melhoria do ambiente para investimentos; fortalecimento dos direitos de propriedade; melhorias regulatórias para reduzir os custos de

---

161 CGD. *The Growth Report*: Strategies for Sustained Growth and Inclusive Development. Washington: World Bank, 2008. Disponível em: http://cgd.s3.amazonaws.com/GrowthReportComplete.pdf. Acessado em: 09.08.2024.

transação; altas taxas de poupança e investimento; mercados transparentes responsáveis pela alocação de recursos; maior acesso à infraestrutura; melhoria da mobilidade de recursos, especialmente a mão de obra; abertura comercial e integração estratégica com a economia mundial; e governo capaz, confiável e eficaz, comprometido com o crescimento. As preocupações distributivas estão notavelmente ausentes, exceto na medida em que a desigualdade pode desencadear instabilidade política,[162] ou impedir a conversão do crescimento em redução da pobreza absoluta.[163] Além dessas ressalvas, as IFIs e os economistas do *mainstream* se concentram quase exclusivamente na importância do crescimento para reduzir a pobreza absoluta, enquanto ignoram por completo as políticas distributivas (ver capítulo IV).

Desse ponto de vista, o desenvolvimento econômico requer – além da lista acima – ambiente competitivo; compromisso do governo com o crescimento (ao invés de simplesmente a ausência do governo); investimento público em infraestrutura e em capital físico e humano; desregulamentação do mercado de trabalho; crescimento da produtividade; integração internacional; gestão cambial para manter a competitividade das exportações; e liberalização dos fluxos internacionais de recursos a fim de reduzir o custo do capital para investimento. Entretanto, a liberalização

162 Em particular, a CGD expressou preocupação com o fato de a desigualdade do tipo Kuznets poder desencadear instabilidade política: "nos estágios iniciais do crescimento, há uma tendência natural de aumento das diferenças de renda. Os governos devem procurar conter essa desigualdade (...) Caso contrário, o progresso da economia pode ser prejudicado por políticas polarizadoras, protestos e até mesmo conflitos violentos" (CGD. *The Growth Report*: Strategies for Sustained Growth and Inclusive Development. Washington: World Bank, 2008, p. 7. Disponível em: http://cgd.s3.amazonaws.com/GrowthReportComplete.pdf. Acessado em: 09.08.2024).

163 BESLEY, Timothy; CORD, Louise J. (Coord.). *Delivering on the Promise of Pro-Poor Growth*: Insights and Lessons from Country Experiences. Washington: World Bank Group, 2007, p. 1. Disponível em: http://go.worldbank.org/IV26CMV9S0. Acessado em: 09.08.2024.

deve ser gradual, tanto porque a poupança externa é um substituto imperfeito da poupança interna como porque a liberalização excessivamente rápida introduz riscos evitáveis.[164] Os controles de capital devem ser impostos, se necessário.[165] Por fim, a seguridade social pode "fornecer uma fonte de renda às pessoas entre empregos – e garantir acesso ininterrupto aos serviços básicos. (...) Sem elas, o apoio popular a uma estratégia de crescimento será corroído rapidamente".[166]

Em resumo, para o *mainstream*, o impacto do crescimento sobre o bem-estar deriva principalmente do próprio crescimento acelerado (através de *tricke down*, aumento do emprego, maiores receitas tributárias etc.), e não, digamos, de políticas que tratam diretamente das limitações enfrentadas pelos pobres.[167] O Banco Mundial expressou grandes esperanças de que essa abordagem seria bem-sucedida:

> Há lições importantes a serem aprendidas com essa abordagem, incluindo que a política de desenvolvimento é específica

---

164 CGD. *The Growth Report*: Strategies for Sustained Growth and Inclusive Development. Washington: World Bank, 2008, pp. 3 e 57. Disponível em: http://cgd.s3.amazonaws.com/GrowthReportComplete.pdf. Acessado em: 09.08.2024.

165 "Sim, os controles de capital são imprecisos, mas os impostos também o são, e isso não impede os governos de tentar tributar os cidadãos" (Kuczynski em CGD. *The Growth Report*: Strategies for Sustained Growth and Inclusive Development. Washington: World Bank, 2008, p. 52. Disponível em: http://cgd.s3.amazonaws.com/GrowthReportComplete.pdf. Acessado em: 09.08.2024).

166 CGD. *The Growth Report*: Strategies for Sustained Growth and Inclusive Development. Washington: World Bank, 2008, p. 6. Disponível em: http://cgd.s3.amazonaws.com/GrowthReportComplete.pdf. Acessado em: 09.08.2024.

167 BESLEY, Timothy; CORD, Louise J. (Coord.). *Delivering on the Promise of Pro-Poor Growth*: Insights and Lessons from Country Experiences. Washington: World Bank Group, 2007, p. 19. Disponível em: http://go.worldbank.org/IV26CMV9S0. Acessado em: 08.10.2024.

> para cada país, pode envolver apenas algumas poucas reformas que podem ser sequenciadas de forma otimizada para relaxar as restrições econômicas e pode levar a grandes impactos positivos no bem-estar.[168]

Entretanto, a experiência com as políticas do PCW mostra que os mercados não são eficientes no abstrato e não podem fornecer os parâmetros para avaliar a eficiência econômica em geral. As percepções convencionais da eficiência de mercado são normalmente baseadas na idealização do que os mercados financeiros ou monetários fazem, ao contrário dos mercados de petróleo, saúde ou automóveis, que operam de formas profundamente distintas e nos quais a eficiência é avaliada de forma muito diferente.

5.2 A importância do crescimento

As relações ambíguas e potencialmente instáveis entre, por um lado, crescimento econômico e, por outro lado, diversificação, desenvolvimento tecnológico, desigualdade, pobreza e meio ambiente (ver capítulo IV) trazem quatro consequências. Primeiro, o crescimento econômico causa aquecimento global, e a reprodução dos padrões de consumo dos ricos ao redor do mundo – com as tecnologias atuais ou aquelas que podem ser desenvolvidas no tempo disponível – levaria ao colapso do meio ambiente da Terra. Entretanto, o crescimento *também* pode gerar recursos e novas tecnologias para resiliência e adaptação.[169]

---

168 IANCHOVICHINA, Elena; GABLE, Susanna L. "What is Inclusive Growth?" *In*: AREZKI, Rabah *et al.* (Coord.). *Commodity Prices and Inclusive Growth in Low-Income Countries*. Washington: International Monetary Fund, 2012, p. 9.

169 ACKERMAN, Frank; KOZUL-WRIGHT, Richard; VOS, Rob. *Climate Protection and Development*. Nova York: Bloomsbury Academic, 2012, cap. III; THOMPSON, Andrea. "Neighborhood Wealth Dramatically Impacts Home Greenhouse Gas Emissions". *Scientific American*, nov. 2020. Disponível em: https://www.scientificamerican.com/article/

Em segundo lugar, para maximizar o impacto do crescimento sobre a distribuição e a pobreza e para gerar recursos e tecnologias para redistribuição, proteção social, mitigação e adaptação às mudanças climáticas, as taxas de investimento e crescimento das ED devem ser altas;[170] ou seja, as EEDs requerem políticas "mais ousadas e expansionistas" do que aquelas permitidas pelas estratégias convencionais de desenvolvimento.[171] O crescimento mais rápido também pode aumentar a resiliência econômica através de investimentos em ativos produtivos, diversificação e criação de empregos.[172] Por sua vez, as políticas distributivas devem ser coordenadas com a expansão da economia para gerar o financiamento necessário, reduzir a volatilidade, minimizar a possibilidade de trajetórias de crescimento geradoras de pobreza, eliminar fragilidades no setor de oferta e absorver mão de obra apropriadamente (por exemplo, engenheiros dirigindo táxis ou enfermeiros vendendo comida em quiosques) e

---

neighborhood-wealth-dramatically-impacts-home-greenhouse-gas-emissions/. Acessado em: 10.10.2024; WIEDMAN, Thomas; LENZEN, Manfred; KEYSSER, Lorenz; STEINBERGER, Julia K. "Scientists' Warning on Affluence". *Nature Communications*, vol. 11, 2020. Disponível em: https://www.nature.com/articles/s41467-020-16941-y. Acessado em: 10.10.2024.

170 UNIDO; GGGI. *Global Green Growth Report*: Cean Energy Industrial Investments and Expanding Job Opportunities. vol. 1. Viena/Seul: UNIDO/GGGI, 2015. Disponível em: https://gggi.org/report/global-green-growth-clean-energy-industrial-investments-and-expanding-job-opportunities/. Acessado em: 10.10.2024.

171 McKINLEY, Terry. *MDG-Based PRSPs Need More Ambitious Economic Policies*, 2004, p. 1 (manuscrito não publicado).

172 DERCON, Stefan. "Is Green Growth Good for the Poor". *University of Oxford*, 2014. Disponível em: http://www.espa.ac.uk/files/espa/Greengrowth.pdf. Acessado em: 09.08.2024; HOFFMANN, Ulrich. "Can Green Growth Really Work and What are the True (Socio-)Economics of Climate Change?" *United Nations Conference on Trade and Development*, 2015. Disponível em: https://unctad.org/en/PublicationsLibrary/osgdp2015d4_en.pdf. Acessado em: 15.10.2024; LOHMANN, Larry. "Climate as Investment". *Development and Change*, vol. 40, nº 6, 2009; UNDESA. *World Economic and Social Survey*. Nova York: UNDESA, 2013.

lidar com as implicações das mudanças climáticas que geram pobreza e que pesam sobre aqueles que já estão em desvantagem.

Em terceiro lugar, o investimento e o crescimento devem ser direcionados rumo à diversificação, às necessidades dos pobres e à restrição ambiental. É provável que os setores-chave incluam aqueles que geram renda e emprego para os pobres e que produzem bens e serviços (em sua maioria, intensivos em mão de obra e não comercializáveis) consumidos pelos pobres. Exemplos incluem a agricultura em pequena escala, a construção, as oficinas de reparos e as pequenas indústrias que processam alimentos e insumos industriais. Programas de obras públicas podem aliviar as restrições de oferta, por exemplo, através da construção de estradas e instalações de irrigação. Na maioria das ED, também será importante apoiar o desenvolvimento da agricultura e suas relações com outros setores econômicos, tanto por causa de sua importância econômica como porque um grande número de pessoas pobres vive em áreas rurais.

Quarto, esses esforços, na escala necessária e no tempo disponível, especialmente nos países pobres, exigem um foco na infraestrutura, incluindo estradas, portos e aeroportos em áreas prioritárias, telecomunicações, geração de energia elétrica renovável e novas linhas de transmissão, cadeias de produção ecológicas, readequação do parque imobiliário, expansão do fornecimento de moradia, água, esgoto, transporte público e saúde, instalações de irrigação sustentável e educação, além de treinamento técnico compatível com as exigências da nova economia democrática.[173]

173 SEKAR, Sri *et al. Methodology and Value Chain Analysis*: Background Paper for Building Resilience: A Green Growth Framework for Mobilizing Mining Investment. Washington: World Bank, 2019; SINCLAIR-DESGAGNÉ, Bernard. "Greening Global Value Chains". *World Bank Policy Research Working Paper 6613*, 2013. Disponível em: https://papers.ssrn.com/sol3/papers.cfm?abstract_id=2328452. Acessado em: 10.10.2024. Esses exemplos são apenas sugestivos. O impacto do crescimento sobre a pobreza depende da distribuição inicial da renda e, especialmente, de sua distribuição próxima à

Essas iniciativas só podem ser bem-sucedidas com planejamento, regulamentação, financiamento e avaliações de desempenho através do Estado. Ao fazer isso, as ED podem aproveitar as experiências bem-sucedidas no Chile, China, Coreia do Sul e Indonésia entre os anos 1970 e 1990, e posteriormente as da China, Etiópia, Malásia e Vietnã. A mera manipulação das taxas de juros, que é o foco das políticas econômicas neoliberais "horizontais", é insuficiente para induzir e direcionar investimentos e crescimento, ou para alcançar os objetivos mais amplos do desenvolvimento democrático.

A expectativa do *mainstream* de que o crescimento econômico é uma panaceia é equivocada. Mesmo quando as estratégias de crescimento são bem-sucedidas, elas tendem a induzir o crescimento econômico centrado em torno das vantagens comparativas tradicionais. Elas também alimentam a concentração econômica, prejudicam o meio ambiente e negligenciam ou mesmo aumentam as desigualdades estruturais que criam a pobreza mesmo quando a economia cresce. Se o crescimento da renda e da produtividade for suficientemente rápido, a maioria das pessoas se beneficia mesmo que a desigualdade cresça (por exemplo, no Brasil e no México entre os anos 1950 e 1970, nas economias do Golfo entre o início dos anos 1970 e meados dos anos 1980, e na China desde os anos 1980). Entretanto, se o crescimento do PIB for baixo ou errático, isso pode reduzir o padrão de vida de um grande número de pessoas (por exemplo, na Rússia e outros países da ex-União Soviética desde o início dos anos 1990, e na maioria dos países do Oriente Médio, África e América Latina entre o início dos anos 1980 e o final dos anos 1990). Além disso, o crescimento pode ter implicações ambientais de difícil identificação e que não podem ser atribuídas com precisão, mas que imporão custos à produção de meios de subsistência e ao próprio planeta.

---

linha de pobreza, bem como da composição ocupacional, das qualificações e de outras características da força de trabalho.

As ED têm necessidades prementes de crescimento econômico e de mudanças estruturais. Para que o mundo se torne mais igualitário, esses países precisam atualizar suas capacidades tecnológicas e produtivas. Eles podem obter ganhos de renda e produtividade de duas formas principais. Uma é através da produção em massa, empregando trabalhadores pouco qualificados e mal remunerados em tarefas repetitivas de alta velocidade – por exemplo, em plantações tradicionais ou em indústrias produtoras de roupas, calçados ou produtos eletrônicos padronizados, como nas *maquiladoras* do México ou em várias zonas de processamento para a exportação asiáticas. Alternativamente, trabalhadores qualificados relativamente bem remunerados podem empregar habilidades técnicas mais sofisticadas e maquinaria avançada na produção de bens eletrônicos e de capital não tradicionais, produtos químicos, *commodities* agrícolas especializadas ou no setor de serviços. Ambas as vias oferecem vantagens importantes, mas a maioria das ED teriam dificuldade em internalizar rapidamente as técnicas avançadas de produção, pois não possuem capacidade gerencial, qualificações, finanças, tecnologia e infraestrutura para fazê-lo.

Apesar dessas limitações, as EEDs devem buscar incorporar, pelo menos a médio prazo e em áreas selecionadas, aspectos do "caminho virtuoso" para o desenvolvimento descrito acima. O "caminho virtuoso" oferece várias vantagens. Ele abre novas oportunidades de exportação em setores econômicos em expansão, o que pode ajudar a aliviar as restrições do balanço de pagamentos e diversificar as economias dependentes do petróleo. Ele requer o desenvolvimento de cadeias de atividades relacionadas, que expandirão o crescimento e o emprego em outras áreas da economia. Ele exige uma força de trabalho qualificada, que transferirá sua experiência para outros setores quando mudarem de emprego ou ao abrirem pequenas empresas. Esses trabalhadores serão mais bem remunerados do que a média, o que elevará as aspirações dos trabalhadores empregados em outros setores. Por fim, empresas mais produtivas podem estabelecer altos padrões de segurança e proteção no local de trabalho que facilitarão a regulamentação e eventualmente a eliminação de condições de trabalho inseguras e degradantes através da economia.

A alta produtividade dá às empresas a possibilidade de crescer, diversificar e melhorar os salários e as condições de trabalho, em vez de impor cortes nos salários, demitir mão de obra sempre que houver pressões de demanda, ou adotar tecnologias prejudiciais do ponto de vista do meio ambiente simplesmente porque são mais baratas para a empresa. O "mercado" nem sempre gera espontaneamente novas exportações, internaliza cadeias de valor, adota estratégias de desenvolvimento sustentável, reduz as emissões de carbono, paga salários proporcionais à produtividade, oferece padrões adequados de saúde e segurança no local de trabalho ou apoia a difusão de tecnologias compatíveis com a estabilização do clima da Terra.[174] A regulamentação estatal, os incentivos, os acordos internacionais e a intervenção sindical são essenciais para alcançar esses resultados. Diversificação, mitigação, crescimento da produtividade, salários mais altos e melhores condições de trabalho também podem ser promovidos pela legislação através de incentivos fiscais e outros benefícios para empresas investindo em setores prioritários, diversificando a produção e as tecnologias, adotando modelos de negócios sustentáveis e pagando salários altos. Essas políticas podem ser parcialmente financiadas por impostos, taxas e contribuições progressivas, tanto a nível nacional como global (ver capítulo VII).

O aumento gradual e contínuo dos salários e a redução da dispersão salarial beneficiarão não apenas os trabalhadores com menor remuneração, mas também as empresas mais produtivas, especialmente nos setores intensivos em capital. Essas empresas obterão lucros extraordinários não apenas devido a sua maior produtividade, mas também através da expansão do mercado interno, enquanto as

---

174 KEMP, René; NEVER, Babette. "Green Transition, Industrial Policy, and Economic Development". *Oxford Review of Economic Policy*, vol. 33, nº 1, 2017.

empresas menos eficientes sofrerão perdas cumulativas. Incentivos à exportação, crédito direcionado e proteção às importações (na máxima extensão permitida pelas regras da OMC e os acordos comerciais relevantes) apoiarão o ajuste dos setores intensivos em mão de obra ao novo regime de política econômica, ao mesmo tempo que oferecerão uma via alternativa para o aumento da produção. Por fim, os trabalhadores desempregados devido à falência das empresas ineficientes ou à redução da oferta de empregos de baixa remuneração devem ser requalificados com fundos públicos a fim de encontrar empregos mais produtivos e mais bem remunerados em outros setores. Essas políticas de médio prazo ajudarão a aumentar a produtividade, aumentar a flexibilidade do mercado de trabalho e reduzir o desemprego estrutural, criando, ao mesmo tempo, incentivos para as exportações e o crescimento da produtividade a longo prazo.

Altos níveis de emprego e elevados salários são essenciais para a melhoria do bem-estar da maioria. Isto exigirá negociações em torno de aumentos salariais, crescimento da produtividade e estabilidade econômica. A experiência dos países escandinavos, da Áustria e da Austrália pode ser útil nesse contexto. Nessas negociações, a regulamentação, o crédito direcionado, os incentivos à exportação e ao emprego, as políticas de importação e outras formas de intervenção do setor público podem promover resultados democráticos. Obviamente, o crescimento econômico também cria tensões ambientais que podem contribuir para as mudanças climáticas, ao mesmo tempo que altas taxas de crescimento podem ajudar a aliviar a restrição do balanço de pagamentos. Isto leva a três importantes conclusões, diretamente resultantes da análise neste capítulo.

Primeiro, o crescimento econômico acelerado pode destruir o meio ambiente, mas também pode gerar recursos e tecnologias para mitigação e adaptação.[175] O crescimento também pode apoiar

---

175 TURNER, Adair. "Are Rich Countries Shirking Their Carbon Responsibilities?" *World Economic Forum*, 2020. Disponível em: https://www.weforum.org/

diretamente a melhoria do bem-estar, ampliando o tamanho do "bolo" a ser distribuído e, indiretamente, permitindo que todos vejam melhorias em seu próprio padrão de vida, mesmo que percam em termos relativos por causa de mudanças adversas na distribuição de renda. A redistribuição é muito mais difícil em economias estagnadas, em que alguns grupos precisam sofrer perdas para que outros possam ganhar.

Em segundo lugar, o Estado desempenha um papel essencial na coordenação do crescimento, dos investimentos e da distribuição. As EEDs exigem uma articulação muito próxima entre as atividades dos setores público e privado e a regulamentação da alocação intersetorial e intertemporal de recursos (incluindo os fluxos internacionais de capital) através das políticas industriais e financeiras (ver acima).

Terceiro, o crescimento econômico é importante para as ED pelas razões listadas acima, tornando as estratégias de "crescimento zero" ou "decrescimento"[176] economicamente injustificáveis e politicamente indefensáveis, especialmente fora do Norte Global. A ideia de que as mudanças climáticas exigem estagnação econômica sob o capitalismo é utópica e, sem o impulso para a mudança sistêmica, é também uma fórmula para o desespero e a marginalização das forças progressistas nas regiões mais populosas, de crescimento mais rápido, mais desequilibradas e mais atingidas pela pobreza no mundo. Seria mais realista e atraente fazer campanha por um *crescimento rápido e direcionado*, focado em melhorias no

---

agenda/2020/02/rich-world-responsibility-carbon-footprint-climate-change/. Acessado em: 10.10.2024.

176 DEMARIA, Federico *et al.* "What is Degrowth?" *Environmental Values*, vol. 22, 2013; GERMAIN, Marc. "Optimal versus Sustainable Degrowth Policies". *Ecological Economics*, vol. 136, 2017; KALLIS, Giorgos; KERSCHNER, Christian; MARTINEZ-ALIER, Joan. "The Economics of Degrowth". *Ecological Economics*, vol. 84, 2012; ver também REZAI, Armon; STAGL, Sigrid. "Ecological macroeconomics: introduction and review". *Ecological Economics*, vol. 121, 2016.

bem-estar (já que as necessidades dos pobres não podem ser legitimamente adiadas), na distribuição (já que os pobres são muitos, mas, individualmente, criam muito menos estresse ambiental do que os ricos), na mitigação e adaptação às mudanças climáticas (por causa da ameaça de catástrofe) e na diversificação através de tecnologias verdes (como a única maneira de reduzir o impacto destrutivo dos seres humanos na Terra). Esse programa deve ser associado a uma forte redução do consumo por parte dos ricos, tanto como a opção mais fácil para reduzir as emissões de CO2 quanto para financiar os investimentos necessários para proteger a vida no planeta.

CAPÍTULO VI

POLÍTICAS DEMOCRÁTICAS PARA DIVERSIFICAÇÃO, DISTRIBUIÇÃO E DESENVOLVIMENTO

Este capítulo examina o potencial das políticas econômicas democráticas para impulsionar o crescimento, a diversificação, a distribuição e os ganhos de bem-estar, e para criar um futuro sustentável. O capítulo examina, em sequência, as políticas fiscal, monetária e financeira; o papel do investimento público; a restrição do balanço de pagamentos; e as políticas sociais e de equidade. Essas políticas podem ajudar a enfrentar os desafios urgentes impostos pelas mudanças climáticas, especialmente nas ED, mas com aplicabilidade mais ampla, pois se baseiam em um grande número de experiências bem-sucedidas de desenvolvimento.

6.1 Políticas fiscal, monetária e financeira

A política fiscal (ou seja, tributária e de gastos) utiliza as instituições do setor público para direcionar recursos sociais (impostos, rendas de *commodities* primárias, ganhos com o comércio, ganhos de produtividade e assim por diante) para setores prioritários. A experiência mostra que a política fiscal pode apoiar a diversificação econômica, assegurar a estabilidade macroeconômica, administrar a demanda agregada, promover o crescimento da produtividade e a sustentabilidade ambiental e relaxar as restrições de oferta sobre o crescimento. A política fiscal também pode ajudar a sustentar as expectativas econômicas em momentos de incerteza na economia mundial, tanto no curto prazo (por exemplo, devido à pandemia do coronavírus em 2020-21, ou em momentos de instabilidade financeira e pressões protecionistas) quanto no longo prazo (dadas as implicações das mudanças climáticas). Ao fazer isso, a política fiscal pode desempenhar um papel essencial na redução da pobreza e na melhoria do bem-estar da maioria.[177] Isto é especialmente importante nos países pobres e de renda média com estruturas econômicas concentradas, que tendem a sofrer maior volatilidade e crises econômicas mais graves e frequentes do que as EAs e que sofrerão gravemente como resultado das mudanças climáticas (ver capítulo III).

Apesar de sua importância potencial, a política fiscal foi menosprezada sob o neoliberalismo, ao mesmo tempo que as economias tenderam a se financeirizar. Já as políticas monetária e financeira ganharam destaque no período recente.[178] As políticas monetárias e financeiras referem-se ao nível das taxas de juros e, em uma escala mais ampla, às regulamentações sobre os bancos, o crédito e os fluxos internacionais de capital. A principal diferença entre elas é que, enquanto as políticas fiscais são "verticais" e utilizam o poder do Estado para direcionar recursos de acordo com as prioridades das políticas públicas (que podem entrar em conflito com os interesses de curto prazo do setor financeiro), as políticas monetárias e financeiras são "horizontais", ou seja, não

---

177 ANDERSON, Edward *et al.* "Does Government Spending Affect Income Inequality? A Meta-Regression Analysis". *Journal of Economic Surveys*, vol. 31, nº 4, 2016; UNCTAD. *State of Commodity Dependence*. Genebra: UNCTAD, 2019, cap. III.

178 SAAD-FILHO, Alfredo. "Monetary Policy and Neoliberalism". *In*: CAHILL, Damien; COOPER, Melinda; KONINGS, Martijn (Coord.). *SAGE Handbook of Neoliberalism*. Londres: Sage, 2018.

fazem distinção explícita entre os setores econômicos. As mudanças nas taxas de juros, reservas bancárias e fluxos de capital geralmente visam estabilizar a inflação, melhorar as expectativas e sustentar os preços dos ativos *em geral*. Estas são prioridades para as instituições financeiras, que, nesse caso, mantêm o controle sobre a alocação de recursos no neoliberalismo. Em resumo, as EEDs exigem o restabelecimento da primazia da política fiscal e das políticas industriais "verticais", preservando também a autonomia da política monetária (ou seja, a capacidade de definir as variáveis da política monetária de forma independente), que é severamente cerceada pela liberalização das finanças e dos fluxos internacionais de capital.

Na maioria dos países, especialmente as ED ricas em recursos naturais, as políticas fiscais de apoio às EEDs só se tornarão viáveis se o sistema tributário for modernizado e a base tributária for ampliada e tornada mais progressiva.[179] É simplesmente impossível financiar as iniciativas necessárias com taxas de impostos frequentemente inferiores a 20% do PIB, como é comum no Sul Global, ou com tributação regressiva, como tem sido a tendência sob o neoliberalismo.[180] Isto exigirá leis tributárias mais rigorosas e a redução das deduções, isenções e brechas que favorecem as grandes corporações e os ricos. Também será necessário aumentar as taxas de impostos para os ricos, e taxar a riqueza, grandes propriedades, casas de veraneio, renda não originada do trabalho, ganhos de capital, transações financeiras e as principais atividades

179 OSSOWSKI, Rolando; HALLAND, Havard. "Key Aspects of Fiscal Management in Resource-Rich Countries". *In*: HUURDEMAN, Alexander; ROZHKOVA, Anastasiya (Coord.). *Balancing Petroleum Policy*. Washington: World Bank, 2019.

180 Para uma visão geral dos impostos em diferentes países, ver ORTIZ-OSPINA, Esteban; ROSER, Max. "Taxation". *Our Wolrd in Data*, set. 2016. Disponível em: https://ourworldindata.org/taxation. Acessado em: 28.10.2024.

emissoras de CO2e, com foco nas cadeias de produção e consumo.[181] Ao mesmo tempo, os pobres devem ser protegidos através de descontos nos tributos, créditos e transferências.[182] Em países muito pobres, os recursos fiscais disponíveis podem ser insuficientes

---

181 "Cortar os subsídios e aumentar os impostos sobre os combustíveis é politicamente difícil, mas o recente aumento seguido pela queda nos preços do petróleo e do gás tornam o momento oportuno para isso. De fato, os países europeus usaram a crise do petróleo de 1974 para introduzir altos impostos sobre os combustíveis (...). Os preços ajudam a explicar por que as emissões europeias *per capita* (10 toneladas de CO2e) são menos da metade dos Estados Unidos (23 toneladas). Os subsídios globais à energia nos países em desenvolvimento foram estimados em US$ 310 bilhões em 2007, beneficiando desproporcionalmente as populações de renda mais alta (...). Mas a precificação é apenas uma ferramenta para o avanço da agenda de eficiência energética, que sofre com falhas de mercado, altos custos de transação e restrições de financiamento. Normas, reforma regulatória e incentivos financeiros também são necessários – e menos custosos (...). E como as concessionárias são canais de distribuição potencialmente eficazes para tornar residências, prédios comerciais e indústrias mais eficientes em termos de energia, é preciso criar incentivos para que as concessionárias conservem energia. Isso pode ser feito desvinculando os lucros de uma concessionária de serviços públicos de suas vendas brutas, com os lucros aumentando com o sucesso da conservação de energia" (*World Development Report*: Development and Climate Change. Washington: World Bank, 2010, pp. 14/15). Para obter estimativas atualizadas dos subsídios aos combustíveis fósseis, ver COADY, David; PARRY, Ian W. H.; LE, Nghia-Piotr; SHANG, Baoping. "Global Fossil Fuel Subsidies Remain Large: An Update Based on Country-Level Estimates". *International Monetary Fund*, 2019. Disponível em: https://www.imf.org/en/Publications/WP/Issues/2019/05/02/Global-Fossil-Fuel-Subsidies-Remain-Large-An-Update-Based-on-Country-Level-Estimates-46509. Acessado em: 09.08.2024.

182 ETC. "Mission Possible: Reaching Net-Zero Carbon Emissions from Harder-to-Abate Sectors". *Mid-Century*, 2018. Disponível em: https://www.energy-transitions.org/publications/mission-possible/. Acessado em: 09.08.2024; IMF. "Fiscal Monitor: How to Mitigate Climate Change". *IMF*, 2019. Disponível em: https://www.imf.org/en/Publications/FM/Issues/2019/10/16/Fiscal-Monitor-October-2019-How-to-Mitigate-Climate-Change-47027. Acessado em: 15.10.2024; SCHWERHOFF, Gregor; EDENHOFER, Ottmar; FLEURBAEY, Marc. "Taxation of Economic Rents". *Journal of Economic Surveys*, vol. 34, nº 2, 2020.

para financiar a diversificação e as metas democráticas.[183] Nesse caso, as EEDs podem precisar ser complementadas por impostos globais, ajuda internacional, outras transferências não reembolsáveis e perdões de dívidas.

O argumento acima implica a rejeição da liberalização financeira e dos chamados sistemas financeiros "baseados no mercado" (isto é, no estilo estadunidense ou britânico), que promovem um relacionamento distante entre os bancos e as empresas.[184] Esse tipo de relacionamento é desestabilizador, pois fomenta um comportamento curtoprazista e focado no interesse próprio imediato. Por exemplo, quando as empresas estão indo bem, elas não têm lealdade com os seus bancos e, inversamente, durante uma crise, os bancos tendem a limitar suas perdas negando crédito às empresas, o que ajuda a propagar as falências e o desemprego. Isto é indesejável para uma estratégia econômica democrática. Além disso, na maioria dos casos, as liberalizações financeiras não conseguiram aumentar as taxas de poupança, de investimento ou de crescimento do PIB, ou melhorar a qualidade do investimento, e frequentemente elas levaram à piora da distribuição da renda.[185] A liberalização financeira também tende

---

183 IZVORSKI, Ivailo V.; COULIBALY, Souleymane; DOUMBIA, Djeneba. *Reinvigorating Growth in Resource-Rich Sub-Saharan Africa*. Washington: World Bank Group, 2018.

184 ZYSMAN, John. *Governments, Markets and Growth*. Londres: Cornell University Press, 1983.

185 BUMANN, Silke; LENSINK, Robert. *Financial liberalization and income inequality*: channels and cross-country evidence, 2013. Disponível em: https://assets.publishing.service.gov.uk/media/57a08a3de5274a31e00004d2/61070_BaumannLensink.pdf. Acessado em: 08.10.2024; HAMDAOUI, Mekki; MAKTOUF, Samir. "Overall Effects of Financial Liberalization: Financial Crisis versus Economic Growth". *International Review of Applied Economics*, vol. 33, nº 4, 2019. Disponível em: https://www.tandfonline.com/doi/full/10.1080/02692171.2018.1515898. Acessado em: 15.10.2024; PALMA, José Gabriel. "Three and a Half Cycles of 'Mania, Panic and [Asymmetric] Crash': East Asia and Latin America Compared". *Cambridge Journal of Economics*, vol. 22, 1998; STUDART, Rogério. "The State, the markets and development financing". *Cepal Review*, vol. 85, 2005.

a elevar as taxas de juros, alimentar a especulação com ativos externos, incentivar o endividamento externo e interno e gerar ameaças recorrentes de colapso econômico caso as políticas governamentais divirjam dos interesses imediatos das instituições financeiras.[186]

O peso e a influência do setor financeiro, o seu inerente curto-prazismo e o impacto desestabilizador das crises financeiras tornam essencial a regulamentação financeira para alinhar as operações do setor com as prioridades da EED e para financiar a diversificação, a sustentabilidade e a distribuição. Essas regulamentações são relevantes independentemente da propriedade das instituições financeiras (por exemplo, se são estatais ou privadas). Em geral, a realização dos objetivos estratégicos das EEDs será limitada se o sistema financeiro for excessivamente concentrado ou internacionalizado, se o crédito for escasso (exceto para a elite) e se as instituições financeiras tenderem a concentrar seus ativos em papéis líquidos, empréstimos ao consumidor e especulação financeira.

Em vez de relações instáveis baseadas no mercado, as EEDs exigem laços estreitos entre as empresas e os bancos, mediados por políticas públicas ao invés dos mercados de capital. Essas demandas podem ser atendidas, em parte, por bancos estatais e bancos de desenvolvimento grandes e eficientes, que não sejam movidos pela maximização de lucros a curto prazo. Esses bancos podem introduzir preços competitivos nos mercados financeiros e limitar o viés dos grandes bancos e dos bancos transnacionais em favor de transações especulativas de alto valor que trazem poucos benefícios para os pobres. Em geral, os bancos estatais e

---

186 JALILIAN, Hossein; KIRKPATRICK, Colin. "Does Financial Development Contribute to Poverty Reduction?" *Journal of Development Studies*, vol. 41, nº 4, 2005. A relação bidirecional entre a estrutura do setor financeiro e a diversificação econômica é examinada por Manganelli e Popov (MANGANELLI, Simone; POPOV, Alexander. "Finance and Diversification". European Central Bank, 2010; MANGANELLI, Simone; POPOV, Alexander. "Financial Development, Sectoral Reallocation, and Volatility: International Evidence". *Journal of International Economics*, vol. 96, nº 2, 2015).

de desenvolvimento podem implementar mais facilmente políticas anticíclicas, tais como a acumulação de reservas em tempos favoráveis e os empréstimos em tempos difíceis. Além disso, eles tornarão mais fácil o direcionamento do crédito para objetivos socialmente desejáveis, incluindo as indústrias estratégicas, as pequenas e médias empresas e a infraestrutura. Esses usos dos recursos podem gerar externalidades positivas importantes, mas eles tendem a ser ignorados pelas instituições financeiras privadas. Esse arranjo pode apoiar as prioridades das EEDs, incluindo a política industrial, o desenvolvimento regional, a diversificação econômica, a sustentabilidade ambiental e a redistribuição de renda. Os exemplos da Alemanha, Japão, Coreia do Sul e Taiwan durante seus períodos de crescimento acelerado podem servir de inspiração para esse tipo de estrutura financeira.[187]

Por fim, sugestões atualmente na moda, por exemplo, de que os países pobres devem dar prioridade às microfinanças e ao microcrédito, devem ser rejeitadas.[188] Por um lado, não há evidência de que essas iniciativas apoiem o desenvolvimento econômico ou promovam a sustentabilidade, muito menos que apoiem investimentos de relevância em setores estratégicos. Por outro lado, a experiência mostra que as microfinanças utilizam poupanças escassas para promover a informalização da produção e a desestruturação dos mercados de trabalho. Ao fazer isso, elas

---

187 AMSDEN, Alice. *The Rise of the Rest*: Challenges to the West from Late Industrializing Economies. Oxford: Oxford University Press, 2001; REINERT, Erik; GHOSH, Jayati; KATTEL, Rainer (Coord.). *Handbook of Alternative Theories of Economic Development*. Cheltenham: Edward Elgar, 2018.

188 Ver BATEMAN, Milford. *Why Doesn't Microfinance Work?* The Destructive Rise of Local Neoliberalism. Londres: Zed Press, 2010; BATEMAN, Milford. "South Africa's Post-Apartheid Microcredit Driven Calamity". *Law, Democracy and Development*, vol. 18, 2014. Disponível em: http://www.scielo.org.za/pdf/ldd/v18/06.pdf. Acessado em: 08.10.2024; BATEMAN, Milford; BLANKENBURG, Stephanie; KOZUL-WRIGHT, Richard (Coord.). *The Rise and Fall of Global Microcredit*: Development, Debt and Disillusion. Londres: Routledge, 2018.

incentivam a proliferação de atividades aleatórias e de baixa produtividade, por exemplo, o comércio de rua, a venda de alimentos em pequena escala, os quiosques e a produção de subsistência. Seu financiamento consome recursos que poderiam apoiar projetos de maior escala e com capacidade para criar empregos com melhor qualidade; adotar tecnologias que elevem a produtividade e que podem diversificar a economia; promover *linkages* e gerar maior sustentabilidade ambiental. Consequentemente, embora o microfinanciamento possa trazer benefícios de curto prazo para algumas pessoas mais pobres, ele fomenta uma espiral macroeconômica de fragmentação dos sistemas de provisão, declínio da produtividade e concentração de recursos no comércio ao invés da produção. Isso não contribui para a sustentabilidade ambiental, o crescimento sustentado ou o desenvolvimento de novas vantagens competitivas. Esses resultados são incompatíveis com as EEDs.

6.2 Investimento

É sabido que o investimento é a força motriz do crescimento. Ao mesmo tempo, o crescimento é a força motriz do investimento porque o crescimento rápido e sustentado gera a demanda que viabiliza os projetos de investimento e que pode reduzir as tensões políticas e distributivas resultantes da reestruturação econômica.[189] Para dar início ao círculo virtuoso incluindo investimento, crescimento, melhorias tecnológicas, crescimento da demanda, maior igualdade, sustentabilidade do balanço de pagamentos e (quando necessário) diversificação econômica, é necessário identificar os setores e iniciativas que podem impulsionar cada um desses aspectos das EEDs. Sua expansão deve ser fomentada através de políticas

---

189 Ver McKINLEY, Terry. "Introduction". *In*: _____ (Coord.). *Macroeconomic Policy, Growth and Poverty Reduction*. Londres: Palgrave, 2001. Essa linha de causalidade é enfatizada pela literatura evolucionária e institucional sobre o "milagre do Leste Asiático"; ver, por exemplo, AMSDEN, Alice. "Bringing production back in". *World Development*, vol. 25, nº 4, 1997.

industriais direcionadas (verticais), investimentos públicos e incentivos focalizados visando à expansão da capacidade e do produto:

> O conceito de incentivos "focalizados" exclui o tipo tradicional de incentivos amplos ao investimento, frequentemente empregados pelos governos – incentivos fiscais para investimentos de qualquer tipo ou proteções gerais contra a concorrência estrangeira. Ao moldar uma estratégia alternativa de desenvolvimento econômico, um governo não quer simplesmente mais investimento; quer mais investimento de um certo tipo. Isto exige que os incentivos sejam focalizados.[190]

Investimentos direcionados, especialmente aqueles liderados pelo setor público, podem atingir várias metas simultaneamente.[191] Eles podem aumentar a oferta de bens e serviços estrategicamente importantes, apoiar programas ambientais, financiar a diversificação, impulsionar novas indústrias, criar bons empregos em áreas prioritárias, aliviar a restrição do balanço de pagamentos, ampliar as possibilidades de consumo e reduzir a pobreza, especialmente em economias operando abaixo da sua capacidade potencial.[192] O investimento público é o elo crítico entre a estabilização de curto prazo e os resultados econômicos de longo prazo. Na ausência de investimentos direcionados e de crescimento econômico acelerado – impulsionados por políticas fiscais, monetárias e financeiras eficientes e, se necessário, apoiados por transferências estrangeiras, incluindo ajuda internacional e perdão da dívida externa –, a diversificação e a

---

190 MacEWAN, A. "Debt and Democracy: Can Heavily Indebted Countries Pursue Democratic Economic Programs?" *Paper presented at the symposium on Common Defense Against Neoliberalism*, Istambul, 2003.

191 VERCELLI, Alessandro. *Crisis and Sustainability*: The Delusion of Free Markets. Londres: Palgrave, 2017, cap. VII.

192 HOEXTER, Michael F. "Governments Can and Must Lead Climate Action via Public Investment". *Global Institute for Sustainable Prosperity*, 2014. Disponível em: http://www.global-isp.org/wp-content/uploads/PN-103.pdf. Acessado em: 15.10.2024.

resistência contra as mudanças climáticas serão muito mais difíceis. Além disso, a redução da pobreza se tornaria fortemente dependente da redistribuição, o que pode intensificar as tensões políticas.

Embora a teoria econômica dominante geralmente insista que o investimento público é menos eficiente e desloca ("*crowds out*") o investimento privado, os estudos empíricos não apoiam essa conclusão. Muito pelo contrário: o investimento público pode atrair ("*crowd in*") investimentos na cadeia produtiva, como aqueles que fornecem insumos e serviços, incluindo limpeza, manutenção e segurança, comércio e finanças, treinamento de mão de obra e assim por diante.[193]

---

193 BERG, Andrew *et al. Some Misconceptions about Public Investment Efficiency and Growth*. Washington: International Monetary Fund, 2015. Disponível em: https://www.imf.org/external/pubs/ft/wp/2015/wp15272.pdf. Acessado em: 08.10.2024; BLOCH, Debra *et al.* "Trends in Public Finances: Insights from a New Detailed Dataset". *OECD Economics Departament Working Papers*, 2016. Disponível em: https://ideas.repec.org/p/oec/ecoaaa/1345-en.html. Acessado em: 08.10.2024; FOURNIER, Jean-Marc. "The Positive Effect of Public Investment on Potential Growth". *OECD Economics Department Working Papers*, 2016. Disponível em: https://www.oecd-ilibrary.org/economics/the-positive-effect-of-public-investment-on-potential-growth_15e400d4-en?crawler=true. Acessado em: 09.08.2024; FOURNIER, Jean-Marc; JOHANSSON, Asa. "The Effect of the Size and the Mix of Public Spending on Growth and Inequality". *OECD Economics Department Working Papers*, 2016. Disponível em: https://www.oecd-ilibrary.org/economics/the-effect-of-the-size-and-the-mix-of-public-spending-on-growth-and-inequality_f99f6b36-en. Acessado em: 09.08.2024; SAIA, Alessandro; ANDREWS, Dan; ALBRIZIO, Silvia. "Productivity Spillovers from the Global Frontier and Public Policy: Industry-Level Evidence". *OECD Economics Department Working Papers*, 2015. Disponível em: https://www.oecd-ilibrary.org/economics/spillovers-from-the-global-productivity-frontier-and-public-policy_5js03hkvxhmr-en. Acessado em: 10.10.2024; SLEMROD, Joel. "What Do Cross-Country Studies Teach about Government Involvement, Prosperity and Economic Growth?" *Brookings Papers on Economic Activity*, 1995. Disponível em: https://www.brookings.edu/wp-content/uploads/2016/07/1995b_bpea_slemrod_gale_easterly.pdf. Acessado em: 10.10.2024; WARNER, Andrew M. "Public Investment as an Engine of Growth". *IMF Working Paper 14/148*, 2014. Para uma reviravolta simbólica, ver IMF. "The Macroeconomics of Managing Increased Aid Inflows: Experiences of Low-Income Countries and Policy Implications, August 8 draft". *Policy Development and Review Department*, Washington, IMF, 2005.

O investimento público também pode apoiar o investimento privado e o crescimento da produção quando ele expande diretamente a infraestrutura física, aumenta a produtividade do trabalho e incentiva a poupança privada. A infraestrutura é especialmente importante, pois a sua expansão tende a utilizar recursos domésticos (ou seja, ela gera pressões reduzidas no balanço de pagamentos frente ao crescimento adicional do PIB). A expansão da infraestrutura, especialmente se estiver ligada a projetos de integração regional, pode melhorar o padrão de vida dos pobres e apoiar a expansão da produção em várias áreas e setores ao mesmo tempo, e com um impacto diferenciado geograficamente. As implicações distributivas dessa modalidade de crescimento podem ser maximizadas se ela se basear em programas de obras públicas e se for combinada com a expansão dos programas de aposentadoria e outras transferências. A evidência histórica mostra, em primeiro lugar, que o investimento público teve um papel essencial na promoção do crescimento e na redução da pobreza em várias economias dinâmicas da Ásia, da América Latina e da África e, em segundo lugar, que quando falham os investimentos públicos, os lucros agregados diminuem, reduzindo os incentivos (e os recursos disponíveis) para o investimento privado. Por fim, o investimento público também pode apoiar investimentos estrangeiros de qualidade, melhorias na tecnologia e sustentabilidade econômica.

Em vez de alocar investimentos com base em estruturas e processos financeiros "cegos" e baseados no curtoprazismo e na maximização de lucros, as escolhas entre objetivos alternativos e suas respectivas necessidades de recursos devem reconhecer os interesses opostos e buscar construir a coesão social em torno dos valores centrais da democracia, da sustentabilidade, do gerenciamento da natureza e da responsabilidade pelas gerações futuras.[194] Os inevitáveis debates sobre prioridades concorrentes

194 "Como a democracia e o envolvimento público são geralmente considerados fundamentais para a sustentabilidade, as desigualdades sociais existentes baseadas em gênero e etnia devem ser abordadas como parte de qualquer

podem ser embasados em uma "taxa de retorno democrática", que ajudaria a decidir entre projetos alternativos conforme seu impacto no bem-estar social, na renda dos mais pobres e nos direitos democráticos, e com base em sua viabilidade financeira, sustentabilidade ecológica, externalidades e apoio à diversificação. Para se qualificar, os projetos deveriam normalmente gerar valor presente positivo, mas não há necessidade de selecionar aqueles que geram lucro máximo, especialmente se estes (como é habitual) não incorporarem as externalidades sociais e ambientais.[195]

6.3 Balanço de pagamentos e política cambial

A moeda da maioria dos países não é meio de circulação internacional ou reserva de valor a nível global. Essas limitações impõem a esses países uma restrição de balanço de pagamentos, que é provavelmente "a mais importante restrição à acumulação de capital e ao crescimento".[196] Problemas no balanço de pagamentos podem desencadear crises cambiais, inflação, desemprego e outros processos desestabilizadores, com graves consequências para os pobres. As EAs geralmente têm uma restrição de balanço de pagamentos mais frouxa do que as ED e seus problemas de oferta podem geralmente ser contornados através de importações financiadas em sua própria moeda ou por moeda estrangeira atraída por

---

transição econômica" (PERKINS, Patricia E. "Feminist Ecological Economics and Sustainability". *Journal of Bioeconomics*, vol. 9, 2007, p. 234).

195 Para uma abordagem semelhante com foco nos resultados em favor dos pobres, ver MAH-HUI, Lim; LIM, Joseph A. *Asian Initiatives at Monetary and Financial Integration*: A Critical Review, 2012 (manuscrito não publicado). A escolha de prioridades em vista da necessidade de descarbonização rápida é examinada por MILLWARD-HOPKINS, Joel *et al.* "Providing Decent Living with Minimum Energy: A Global Scenario". *Global Environmental Change*, vol. 65, 2020. Disponível em: https://doi.org/10.1016/j.gloenvcha.2020.102168. Acessado em: 15.10.2024.

196 UNCTAD. *Trade and Development Report*. Genebra: UNCTAD, 2012, p. 32.

pequenos movimentos nas taxas de juro, ou através de mudanças marginais na regulamentação do setor financeiro.

A restrição do balanço de pagamentos tem dois níveis, um referente ao comércio (a conta corrente) e outro sobre os fluxos de capital (a conta de capital e financeira). As estratégias econômicas convencionais invariavelmente recomendam a liberalização das importações a fim de fomentar a concorrência e o crescimento da produtividade e para transferir recursos para os setores econômicos com vantagens comparativas (por suposto, dadas e inalteráveis). Essas políticas não contribuem para a diversificação, o desenvolvimento de novas capacidades produtivas, o aumento da produtividade, a estabilidade macroeconômica, a sustentabilidade, a mitigação das mudanças climáticas ou as melhorias na distribuição e no bem-estar dos pobres. Ao invés disso, as políticas comerciais e financeiras deveriam fazer parte de uma EED integrada, com quatro aspectos fundamentais.

Primeiro, a promoção e a diversificação das exportações, sujeitas à restrição de que as emissões *globais* de carbono devem diminuir. Uma vez satisfeita essa condição, as exportações podem desempenhar um papel essencial na geração de excedentes comerciais e no acúmulo de reservas cambiais, que são importantes para minimizar a vulnerabilidade do balanço de pagamentos, a volatilidade macroeconômica e as flutuações cambiais. Na ausência de reservas cambiais consideráveis obtidas através de excedentes comerciais, as ED teriam que buscar, periodicamente, formas mais voláteis de financiamento internacional (especialmente empréstimos de curto prazo e os influxos de capital de portfólio) ou empréstimos junto às IFIs, cujas condicionalidades limitariam sua capacidade de implementar políticas democráticas. As exportações também podem contribuir para o crescimento da produtividade, pois expõem os produtores locais ao duro teste da concorrência nos mercados estrangeiros.

O crescimento das exportações exige uma taxa de câmbio real competitiva e estável (ver abaixo), bem como iniciativas coordenadas de política industrial para desenvolver as vantagens competitivas do país em setores estrategicamente importantes e para promover novas indústrias verdes e com capacidade de exportação. Essas áreas prioritárias exigem o envolvimento do governo na tarefa de "escolher os vencedores" (*pick winners*) e apoiar sua expansão – o que foi feito com sucesso por vários países do leste asiático e da América Latina e, mais recentemente, pela China.[197] Essas experiências podem apoiar políticas que estimulem a criação, o fomento e o crescimento de empresas capazes de elevar as exportações, assim como melhorar a distribuição, a diversificação e a sustentabilidade. Não é preciso dizer que essas iniciativas devem evitar o viés excessivo dos incentivos rumo aos produtos comercializáveis. Embora o crescimento sustentado da renda exija a expansão do setor de bens comercializáveis, os bens não comercializáveis também são importantes porque têm um grande potencial de geração de empregos e tendem a empregar tecnologias mais simples e menos intensivas em recursos estrangeiros. Os países em desenvolvimento também devem estar cientes de que os ganhos advindos do comércio externo podem se concentrar em setores que são competitivos apenas no curto prazo, ou em enclaves ambientalmente destrutivos, ou em setores que oferecem altos retornos por atividades ou bens socialmente indesejáveis, insustentáveis ou fora do alcance dos pobres. Isto tenderia a aumentar as desigualdades de renda e de riqueza, levando a economia a uma posição indesejável do ponto

---

197 AMSDEN, Alice. "Bringing Production Back In". *World Development*, vol. 25, nº 4, 1997; AMSDEN, Alice. *The Rise of the Rest*: Challenges to the West from Late Industrializing Economies. Oxford: Oxford University Press, 2001; CHANG, Ha-Joon; GRABEL, Ilene. *Reclaiming Development*: An Alternative Economic Policy Manual. Londres: Zed Books, 2004; REINERT, Erik; GHOSH, Jayati; KATTEL, Rainer (Coord.). *Handbook of Alternative Theories of Economic Development*. Cheltenham: Edward Elgar, 2018. Os benefícios da diversificação comercial para o crescimento são examinados por KEEN, Steve. "Trade and the Gains from Diversity". *Globalizations*, vol. 14, nº 6, 2017 e LEDERMAN, Daniel; MALONEY, William F. *Does What You Export Matter?* Washington: World Bank, 2012.

de vista democrático e igualitário e, possivelmente, contribuindo para intensificar as mudanças climáticas.

Em segundo lugar, a gestão das restrições de importação do país. Apesar das alegações contrárias da teoria convencional, "a abertura e a integração comercial, separadamente ou em conjunto, *não* têm um impacto mensurável no crescimento a longo prazo".[198] As importações devem ser liberalizadas de forma cautelosa e seletiva devido ao seu potencial impacto adverso sobre os pobres, as desigualdades existentes, a sustentabilidade ambiental, as emissões de carbono e os setores estratégicos.[199] A seletividade comercial é ainda mais complicada nos países pobres dependentes da exportação de petróleo, que tendem a depender de grandes volumes de bens importados que não podem ser imediatamente produzidos no local. A liberalização das importações também pode aumentar a concorrência predatória, reduzindo o crescimento econômico, os salários e as oportunidades de emprego dos pobres. Por fim, as exportações subsidiadas dos países ricos (por exemplo, grãos, açúcar, algodão, frutas, carne, laticínios etc.) podem comprometer a viabilidade da

---

198 WELLER, Christian E.; HERSH, Adam. "The Long and Short of It: Global Liberalization and The Incomes of The Poor". *Journal of Post Keynesian Economics*, vol. 26, 2004, p. 492; ver também ABBAS, Shujaat. "Trade liberalization and its economic impact on developing and least developed countries". *Journal of International Trade Law and Policy*, 9 set. 2014. Disponível em: https://www.emerald.com/insight/content/doi/10.1108/JITLP-06-2013-0018/full/html. Acessado em: 06.10.2024.

199 ITF. "The Carbon Footprint of Global Trade". *International Transport Forum*: Global dialogue for better transport, 2015. Disponível em: https://www.itf-oecd.org/carbon-footprint-global-trade. Acessado em: 15.10.2024; HARRISON, Ann; McLAREN, John; McMILLAN, Margaret. "Recent Perspectives on Trade and Inequality". *Annual Review of Economics*, vol. 3, 2011; LE GOFF, Maëlan; SINGH, Raju J. "Does Trade Reduce Poverty?" *World Bank Policy Research Working Paper 6.327*, nº 114, 2013. Disponível em: http://siteresources.worldbank.org/EXTPREMNET/Resources/EP114.pdf. Acessado em: 15.10.2024; SIDDIQUI, Kalim. "Trade Liberalization and Economic Development". *International Journal of Political Economy*, vol. 44, 2015.

agricultura em pequena escala e a subsistência de milhões de pessoas de baixa renda, ou promover padrões de consumo incompatíveis com a estabilidade do meio-ambiente. Em suma:

> é incorreto assumir que a liberalização do comércio produzirá automaticamente resultados favoráveis aos pobres, favoráveis aos empregos e favoráveis ao crescimento. (...) *[A]bertura comercial é mais um resultado do desenvolvimento do que um pré-requisito para ele.* À medida que os países se enriquecem, eles gradualmente aproveitam as novas oportunidades oferecidas pelo comércio global. O comércio acompanha o desenvolvimento; raramente lidera o desenvolvimento.[200]

De maneira semelhante, em seu estudo pioneiro sobre a abertura comercial, Weller e Hersh[201] concluem que:

> a parcela de renda dos mais pobres é menor nos países com conta corrente e conta de capital desregulamentadas, em comparação com os países mais regulamentados. Isto não acontece porque o comércio é diretamente prejudicial para os pobres, mas por causa do desenho institucional no qual o comércio [internacional] acontece. (...) [O]s efeitos adversos a curto prazo da desregulamentação da conta corrente e de capital sobre a fatia de renda dos pobres não são compensados por um crescimento mais rápido da renda no longo prazo (...) [porque] a liberalização não tem um impacto robusto sobre as taxas de crescimento. Mas (...) o comércio pode ter um efeito benéfico sobre a fatia de renda dos pobres no curto prazo em um ambiente regulado. (...)

---

200 VANDEMOORTELE, J. *Can the MDGs Foster a New Partnership for Pro-Poor Policies?*, 2004, p. 14, grifo nosso (manuscrito não publicado).

201 WELLER, Christian E.; HERSH, Adam. "The Long and Short of It: Global Liberalization and The Incomes of The Poor". *Journal of Post Keynesian Economics*, vol. 26, 2004, pp. 499/500.

> [Em suma,] países onde o comércio e os fluxos de capital são regulamentados (...) beneficiam os mais pobres.

Terceiro, a diversificação econômica em geral e as EEDs especificamente exigem a regulamentação da conta capital e financeira do balanço de pagamentos, bem como controles de capital para limitar os fluxos de entrada e saída em busca de lucros fáceis. Movimentos de capital desregulados podem fomentar a acumulação de dívida externa, promover fluxos especulativos para financiar padrões insustentáveis de produção e consumo, facilitar a fuga de capital, desalinhar a taxa de câmbio real e aumentar a vulnerabilidade do país a crises cambiais:

> os ciclos de expansão e recessão associados à rápida entrada e saída de capital sob regimes de conta de capital aberto tendem a aprofundar a pobreza não apenas minando o investimento e o crescimento, mas também levando a uma distribuição regressiva da renda. Os aumentos nos influxos de capital frequentemente levam a um desvio dos principais agregados macroeconômicos, como poupança, investimento, saldos fiscais e externos, taxas de câmbio, emprego e salários de seus níveis sustentáveis no longo prazo. A rápida saída de capital e as crises financeiras, por outro lado, tendem a levar a um excesso na direção oposta. O processo de recuperação, que restabelece a renda agregada aos níveis pré-crise, geralmente resulta em uma configuração diferente das variáveis macroeconômicas chave em relação àquelas prevalecentes anteriormente, resultando frequentemente em grandes mudanças na distribuição de renda e aumento da pobreza, que só pode ser corrigida após muitos anos de crescimento. (...) As reduções da renda e do emprego nos mercados de trabalho organizados e informais são o principal

> conduto social do impacto adverso das crises financeiras sobre a pobreza e a igualdade.[202]

Os controles de capital são também necessários para proteger a autonomia da política monetária e para permitir ao Estado direcionar os investimentos e outros fluxos de recursos rumo à promoção do crescimento, à redução da pobreza e à sustentabilidade ambiental, que podem entrar em conflito com os interesses de curto prazo do setor financeiro. Esses objetivos podem ser apoiados pela desvalorização da moeda e pelo uso criterioso das reservas cambiais e dos fundos soberanos, para compensar o impacto macroeconômico das entradas e saídas de recursos reais.[203] Por fim, os controles de capital podem ajudar a conter a evasão fiscal, uma vez que os impostos necessários para financiar a diversificação e as metas distributivas e de sustentabilidade serão quase sempre mais altas do que no exterior. As implicações adversas da liberalização dos fluxos internacionais de capital são especialmente prejudiciais para os pobres:

> A ligação entre os fluxos de capital e a renda dos pobres surge de uma maior probabilidade de crises financeiras em um ambiente liberalizado. Maiores fluxos de capital, especialmente fluxos de carteira no curto prazo, estão frequentemente associados a uma maior probabilidade de crises financeiras. (...) [O] peso da crise financeira é

---

202 UNCTAD. *Trade and Development Report*. Genebra: UNCTAD, 2012, p. 33; ver também ALBEROLA, Enrique; BENIGNO, Gianluca. "Revisiting the commodity curse: a financial perspective". *Journal of International Economics*, vol. 108, 2017.

203 Os exemplos da Etiópia e de Gana são examinados em IMF. "The Macroeconomics of Managing Increased Aid Inflows: Experiences of Low-Income Countries and Policy Implications, August 8 draft". *Policy Development and Review Department*, Washington, IMF, 2005; o caso da Noruega é analisado por AKRAM, Qaisar Farooq. "Oil Wealth and Real Exchange Rates: The FEER for Norway". *Money Macro and Finance*, 2004. Disponível em: https://ideas.repec.org/p/mmf/mmfc04/33.html. Acessado em: 08.10.2024.

> desproporcionalmente suportado pelos pobres de um país (...). Apesar de os trabalhadores de alta renda terem maior probabilidade de deter ativos financeiros e, portanto, serem prejudicados por uma crise devido ao declínio do valor dos ativos, os trabalhadores de baixa renda podem ser mais afetados pelo declínio da demanda à medida que o desemprego aumenta. (...) Os pobres são os primeiros a perder sob tais contrações fiscais, e os últimos a ganhar quando as crises diminuem e os gastos fiscais se expandem.[204]

Várias modalidades de controle sobre movimentos de capitais especulativos e de curto prazo foram utilizadas no Brasil, Chile, China, Japão, Malásia, Coreia do Sul, Suécia e outros países.[205] Nesses países,

---

204 WELLER, Christian E.; HERSH, Adam. "The Long and Short of It: Global Liberalization and The Incomes of The Poor". *Journal of Post Keynesian Economics*, vol. 26, 2004, pp. 478/479.

205 ALAMI, Ilias. "Post-Crisis Capital Controls in Developing Countries: Regaining Policy Space?" *Progress in Political Economy*, 2020. Disponível em: http://ppesydney.net/post-crisis-capital-controls-in-developing-economies-regaining-policy-space/. Acessado em: 08.10.2024; BUSH, Georgia. "Financial Development and the Effects of Capital Controls". *Open Economics Review*, vol. 30, 2019; CHANG, Ha-Joon; GRABEL, Ilene. *Reclaiming Development*: An Alternative Economic Policy Manual. Londres: Zed Books, 2004, cap. IX; COZZI, Giovanni; NISSANKE, Machiko. "Capital Controls and the Current Financial Crisis: Revisiting the Malaysian Experience". *Centre for Development Policy and Research*, 2009. Disponível em: https://www.soas.ac.uk/cdpr/publications/dv/file53082.pdf. Acessado em: 09.08.2024; EICHENGREEN, Barry; ROSE, Andrew. "Capital Controls in the 21st Century". *Journal of International Money and Finance*, vol. 48, 2014. Disponível em: https://www.sciencedirect.com/science/article/abs/pii/S0261560614001235. Acessado em: 09.08.2024 EPSTEIN, Gerald A. (Coord.). *Capital Flight and Capital Controls in Developing Countries*. Cheltenham: Edward Elgar, 2005; GRABEL, Ilene. "Trip Wires and Speed Bumps: Managing Financial Risks and Reducing the Potential for Financial Crises in Developing Economies". *Discussion Papers*, 2004. Disponível em: https://ideas.repec.org/p/unc/g24pap/33.html. Acessado em: 09.08.2024; VERSTEEG, Road J. "Capital Controls and Economic Growth: How Controls on Inflows and Outflows are Different". *SSRN Electronic Journal*,

> O uso de controles não resultou em interrupções do crescimento econômico; pelo contrário, quando os controles foram removidos, como no México, no início dos anos 1990, e no leste asiático, no final dos anos 1990, os resultados foram crises financeiras e graves recessões econômicas. (...) Qualquer que seja sua forma, *os controles sobre o movimento de fundos através das fronteiras de um país são parte necessária de qualquer programa geral de mudança econômica*; sem tais controles, o governo cede a regulamentação de sua economia às forças do mercado internacional, o que muitas vezes significa as forças de grandes empresas que operam internacionalmente e os poderosos governos de outros países.[206]

Os controles de capital podem incluir restrições sobre as contas bancárias em moeda estrangeira e sobre transferências de moeda; impostos ou limites administrativos sobre as saídas de investimentos diretos e em carteira; restrições sobre os pagamentos estrangeiros para "assistência técnica" entre empresas ligadas; "quarentenas" sem juros para fluxos de investimentos; controles sobre os empréstimos estrangeiros e taxas de câmbio múltiplas conforme a prioridade do tipo de investimento. A administração desses controles sobrecarregará as autoridades monetárias, mas a experiência mostra que essa tarefa não está além da capacidade da maioria dos Bancos Centrais, que já regulamentam as finanças domésticas e supervisionam os pagamentos internacionais regularmente. Em outras palavras, o obstáculo mais significativo aos controles de capital não é técnico: ele é político.

2018. Disponível em: https://www.researchgate.net/publication/228177387_Capital_Controls_and_Economic_Growth_How_Controls_on_Inflows_and_Outflows_are_Different. Acessado em: 10.10.2024.

206 MacEWAN, A. "Debt and Democracy: Can Heavily Indebted Countries Pursue Democratic Economic Programs?" *Paper presented at the symposium on Common Defense Against Neoliberalism*, Istambul, 2003, p. 6.

Por fim, um regime de câmbio compatível com uma EED pode optar entre a dolarização completa (ou "euroização" etc.), as taxas de câmbio fixas ou ajustáveis, a flutuação administrada com intervenções rotineiras, ou regimes de livre flutuação (que são demasiado instáveis para serem considerados seriamente, especialmente pelas ED). A dolarização é o sistema mais restritivo (Equador, Zimbábue) e deve ser evitada sempre que possível. Por sua vez, países pequenos com extensa substituição de moeda podem ter que adotar sistemas de câmbio fixo (Bósnia-Herzegovina, Iraque, Jordânia, EAU). Isto não é ideal, pois o imperativo de preservar a taxa de câmbio necessariamente restringe as políticas fiscais e monetárias, mas ele pode ser inevitável a curto prazo. Nesse caso, as políticas fiscais se tornam ainda mais importantes (ver acima). Outros países podem ser capazes de adotar um regime de câmbio flutuante administrado (Argentina, Brasil, África do Sul, Zâmbia) ou, melhor ainda, um regime de câmbio ajustável (China), que maximiza o espaço para uma política cambial discricionária.

Qualquer que seja o regime cambial, ele deve ser administrado cuidadosamente. Embora a sobrevalorização possa oferecer benefícios imediatos através de importações mais baratas e inflação mais baixa, as EEDs devem evitar o "populismo cambial". A sobrevalorização pode ser destrutiva para a produção interna e o emprego e pode induzir artificialmente o consumo e criar bolhas de ativos que podem ser difíceis de neutralizar. A experiência sugere que a diversificação econômica e o crescimento da produtividade, das exportações e do emprego são mais facilmente obtidos com restrições seletivas à importação, incentivos à exportação, controles de capital e uma taxa de câmbio moderadamente subvalorizada.[207]

---

207 AGOSÍN, Manuel R.; TUSSIE, Diana (Coord.). *Trade and Growth*: New Dilemmas in Trade Policy. Londres: Macmillan, 1993; GEREFFI, Gary; WYMAN, Donald L. (Coord.). *Manufacturing Miracles*: Paths of Industrialization in Latin America and East Asia. Princeton: Princeton University Press, 1990; LEIBOVICI, Fernando; CREWS, Jonas. "Trade Liberalization and Economic Development". *Economic Synopsis*, nº 13,

Isto pode ser conseguido de diferentes maneiras, incluindo taxa de câmbio relativamente baixa, políticas monetárias expansionistas, regulação cambial, controles de capital e intervenções regulares nos mercados de divisas.

6.4 Políticas sociais

Os economistas *mainstream* geralmente alegam que os processos de mercado, o *trickle down* e os programas sociais direcionados podem assegurar o pleno emprego, distribuir os ganhos de produtividade de forma justa, erradicar a pobreza extrema, eliminar as desigualdades resultantes de fatores não econômicos[208] e proporcionar a sustentabilidade. Contudo, na realidade, as políticas sociais sob o neoliberalismo tendem a ser, no melhor dos casos, insuficientes, uma vez que se concentram na *gestão* da pobreza e da privação criadas pelo próprio sistema de acumulação, ao invés de buscarem a eliminação da pobreza e a conquista da sustentabilidade social e ambiental. Elas são também altamente vulneráveis a flutuações econômicas e colapsos: se a estratégia macroeconômica do país promove a estagnação e a reprodução da pobreza, os programas sociais direcionados e as exíguas redes de segurança são insuficientes para reverter a tendência geral.[209]

2018. Disponível em: https://research.stlouisfed.org/publications/economic-synopses/2018/04/20/trade-liberalization-and-economic-development. Acessado em: 15.10.2024; LUKAUSKAS, Arvid; STERN, Robert M.; ZANINI, Gianni (Coord.). *Handbook of Trade Policy for Development*. Oxford: Oxford University Press, 2013; RAJAGOPAL; ZLATEV, Vladimir. *Business Dynamics in North America*. Londres: Palgrave Macmillan, 2018.

208 LAZEAR, Edward. P. "Economic Imperialism". *Quarterly Journal of Economics*, vol 115, nº 1, 2000.

209 KIDD, Stephen. "Citizenship or Charity: the two paradigms of social protection". *Pathways' Perspectives on Social Policy in International Development*, Issue nº 25, 2017. Disponível em: http://www.developmentpathways.co.uk/wp-content/uploads/2017/11/Citizenship-or-Charity-PP25-1-1.pdf. Acessado em: 14.11.2024.

As políticas sociais neoliberais são tipicamente direcionadas e condicionais, mas essa abordagem é limitada por várias razões: essas políticas tendem a ser relativamente caras, deixam de alcançar muitos potenciais beneficiários, são propensas à corrupção, e a alocação é sempre arbitrária na margem.[210] Vandemoortele[211] nota, corretamente, que

> programas com objetivos restritos são cada vez mais prescritos por razões de eficiência e economia de custos – pois afirmam minimizar o vazamento para os não pobres (...). No entanto, no que diz respeito aos serviços básicos, a focalização restrita pode ter enormes custos ocultos, (...) [porque] muitas vezes é difícil identificar os pobres e alcançá-los, pois os não pobres (...) raramente deixam de captar uma grande parte dos subsídios destinados à pessoas mais carentes. Além disso, a administração de programas estritamente direcionados é pelo menos duas vezes mais cara do que a administração de programas não direcionados. Os pobres também precisam frequentemente documentar sua elegibilidade – o que envolve despesas como tarifas de ônibus, além do estigma social que geram. (...) O mais importante, porém, é o fato de que uma vez que os não pobres deixam de ter participação em programas estritamente direcionados, o compromisso político de sustentar seu escopo e qualidade está em risco. A voz dos pobres geralmente é fraca demais para manter um forte apoio público.

As transferências também tendem a ser insuficientes para reduzir a pobreza quando a distribuição de renda e de ativos é altamente desigual. Nessas circunstâncias, reformas políticas mais ambiciosas, incluindo a distribuição de ativos, tornam-se essenciais.

---

210 SAAD-FILHO, Alfredo. "Social Policy for Neoliberalism: The Bolsa Família Programme in Brazil". *Development and Change*, vol. 46, nº 6, 2015.

211 VANDEMOORTELE, J. *Can the MDGs Foster a New Partnership for Pro-Poor Policies?*, 2004, p. 12 (manuscrito não publicado).

As estratégias econômicas democráticas têm uma agenda muito mais ambiciosa e transformadora: elas procuram construir sociedades inclusivas e economias diversificadas e sustentáveis. Isto requer políticas para melhorar os padrões de vida, ampliar o bem-estar social, proteger os mais pobres, reduzir as desigualdades em múltiplas dimensões (por exemplo, no emprego, gênero, região e origem étnica) e construir uma cultura baseada na cidadania, na solidariedade e no respeito mútuo. A fim de maximizar seu impacto, os programas sociais democráticos devem se concentrar em políticas universais (disponíveis para todos com base em sua participação na sociedade, independentemente de profissão, renda, cidadania ou qualquer outra condição). Essas políticas tendem a ter maior impacto distributivo, custos gerenciais mínimos e melhoram diretamente o padrão de vida dos pobres.[212] Elas incluem o fornecimento de bens e serviços públicos (o salário social) – por exemplo, educação pública, treinamento, saúde, moradia, transporte, água, saneamento, segurança alimentar, roupas e calçados, parques e equipamentos públicos e preservação ambiental:

> Esses programas atendem às necessidades básicas das pessoas, contribuindo para a redução da pobreza e para a equalização da distribuição de renda; assim, geram benefícios imediatos. Muitos desses programas (...) contribuem para a produtividade das pessoas, estabelecendo uma base para uma expansão econômica bem sucedida e de longo prazo. O processo de produção para criar e operar programas sociais é

---

212 LAWSON, Max *et al.* "Public Good or Private Wealth?" *Oxfam International*, 21 jan. 2019. Disponível em: https://www.oxfam.org/en/research/public-good-or-private-wealth. Acessado em: 15.10.2024; LEUBOLT, Bernhard; FISCHER, Karin; SAHA, Debdulal. *Targeting and Universalism*: Complementary or Competing Paradigms in Social Policy? Insights from Brazil, India and South Africa, 2013 (manuscrito não publicado); SAAD-FILHO, Alfredo. "There is Life beyond the Washington Consensus: An Introduction to Pro-Poor Macroeconomic Policies". *Review of Political Economy*, vol. 19, nº 4, 2007; SAAD-FILHO, Alfredo. "Social Policy for Neoliberalism: The Bolsa Família Programme in Brazil". *Development and Change*, vol. 46, nº 6, 2015.

> frequentemente trabalhoso, e assim sua implementação tende a utilizar o recurso mais abundante nos países de baixa e média renda, (...) tendendo a ser gerador de empregos. (...) Muitas vezes esses programas podem ser moldados de forma a contribuir direta e indiretamente para o desenvolvimento da participação democrática, o que é valioso por si só e fortalece a base da mudança.[213]

As transferências de dinheiro – preferidas pela corrente dominante – geralmente são menos desejáveis por razões de custo, eficiência e equidade, exceto para apoio de emergência a grupos muito pobres e assistência a longo prazo a idosos, crianças e doentes crônicos e deficientes, que têm poucas fontes alternativas de renda. Por exemplo, geralmente é mais barato fornecer bens

213 MacEWAN, A. "Debt and Democracy: Can Heavily Indebted Countries Pursue Democratic Economic Programs?" *Paper presented at the symposium on Common Defense Against Neoliberalism*, Istambul, 2003, pp. 6/7. Ver também: DANSON, Mike *et al.* "The Case for Universalism: Assessing the Evidence of the Effectiveness and Efficiency of the Universal Welfare State". *The Jimmy Reid Foundation*, 2012. Disponível em: http://classonline.org.uk/pubs/item/the-case-for-universalism. Acessado em: 09.08.2024; GROSSE, Melanie; HARTTGEN, Kenneth; KLASEN, Stephan. "Measuring Pro-Poor Growth in Non-Income Dimensions". *World Development*, vol. 36, nº 6, 2008. Por exemplo, Vandemoortele observa que, "embora a focalização restrita, as taxas de uso e os fundos de investimento social possam desempenhar um papel importante, eles nunca poderão ser a base da estratégia de combate à pobreza de um país. Na maioria dos contextos, é provável que eles produzam economias que não são boas, mas ruins. (...) Apesar da quantia muito modesta de dinheiro que geram, as taxas de usuário invariavelmente levam a uma redução na demanda por serviços, principalmente entre os pobres. As tentativas de proteger os pobres – por meio de isenções ou renúncias – raramente são eficazes, embora muitas vezes sejam caras. A introdução de taxas de usuário também tende a agravar a discriminação de gênero (...) [A abolição das] taxas escolares em Malaui, Uganda e (...) Quênia (...) foi seguida por um aumento nas matrículas em todos os três países, sendo as meninas as principais beneficiadas. Essas experiências positivas ilustram que mesmo uma pequena taxa nominal pode ser um obstáculo formidável para as famílias pobres" (VANDEMOORTELE, J. *Can the MDGs Foster a New Partnership for Pro-Poor Policies?*, 2004, p. 12) (manuscrito não publicado).

públicos de forma centralizada, através de instituições estatais, do que privadamente através de transferências de dinheiro (a menos que o sistema financeiro doméstico seja relativamente sofisticado e os cartões bancários sejam amplamente utilizados).[214] Além disso, as transferências de dinheiro fomentam a concorrência e a mercantilização da vida social, o que vai contra a solidariedade social ambicionada pelas EEDs. Em contraste, os bens públicos e os programas de salário social garantem o fornecimento de bens e serviços fundamentais para todos, contribuem para a desmercantilização das trocas sociais e fomentam as relações comunitárias.

As políticas universais têm um impacto fortemente progressivo sobre o gênero, a origem étnica e outras marcas de "diferença", o que é importante em si mesmo e que pode ajudar a reduzir as desigualdades nas famílias e na sociedade em geral.[215] Por exemplo, as políticas de salário mínimo, compensação equitativa por trabalho semelhante e pensões por velhice tendem a beneficiar mais as mulheres do que os homens, e mais os negros do que os brancos, porque eles tendem a estar sobrerrepresentados nas profissões mais mal remuneradas, trabalham em mercados de trabalho informais (que geralmente carecem de proteção, aposentadoria e seguro-saúde), e, no caso das mulheres, elas geralmente vivem mais do que os homens.[216] A construção da igualdade é especialmente importante diante das mudanças climáticas, que exigirão níveis

---

214 LAVINAS, Lena. *The Brazilian Paradox*: The Takeover of Social Policy by Financialization. Londres: Palgrave, 2017.

215 ELSON, Diane; CAGATAY, Nilufer. "The Social Content of Macroeconomic Policies". *World Development*, vol. 28, nº 7, 2000; PERRONS, Diane. "Gendering the Inequality Debate". *Gender and Development*, vol. 23, nº 2, 2015.

216 BHATTACHARYA, Tithi (Coord.). *Social Reproduction Theory*. Londres: Pluto Press, 2017; CHANT, Sylvia; PEDWELL, Carolyn. "Women, gender and the informal economy". *International Labour Office*, 2008. Disponível em: http://www.cpahq.org/cpahq/cpadocs/wcms091228.pdf. Acessado em: 09.08.2024; ELSON, Diane. *Male Bias in the Development Process*. Manchester: Manchester University Press, 1991.

sem precedentes de coesão social para apoiar as políticas necessárias de adaptação e mitigação, e para compensar os pobres pelas inevitáveis privações que estão por vir.

Em muitos países, a infraestrutura administrativa para executar programas universais já está instalada, ou pode ser criada a um custo relativamente baixo.[217] Essas políticas e programas também podem ser implementadas gradualmente (por exemplo, um produto, um serviço, uma diversificação ou uma iniciativa "verde" de cada vez); elas também podem ser limitadas a regiões selecionadas, tornando-as relativamente simples na prática. Mesmo onde a provisão é universal, esses programas podem incorporar várias vantagens das iniciativas direcionadas, o que pode ser chamado de "direcionamento inteligente": os programas são *universais* porque estão disponíveis para todos, seja para reivindicar ou para contribuir, e são *direcionados* porque grupos sociais distintos, gêneros, grupos de idade etc., serão afetados de forma diferente por cada projeto.[218] Da mesma forma, os programas de conservação e diversificação podem se concentrar nos ganhos para os pobres. Por exemplo, os programas de criação de empregos podem visar áreas carentes, os projetos de desenvolvimento regional podem

---

217 MacEWAN, A. "Debt and Democracy: Can Heavily Indebted Countries Pursue Democratic Economic Programs?" *Paper presented at the symposium on Common Defense Against Neoliberalism*, Istambul, 2003; SAAD-FILHO, Alfredo. "There is Life beyond the Washington Consensus: An Introduction to Pro-Poor Macroeconomic Policies". *Review of Political Economy*, vol. 19, nº 4, 2007; SAAD-FILHO, Alfredo. "Growth, Poverty and Inequality: Policies and Debates from the (Post-) Washington Consensus to Inclusive Growth". *Indian Journal of Human Development*, vol. 5, vol. 2, 2011.

218 Por exemplo, as experiências na Índia e no Brasil demonstram que lojas de alimentos subsidiadas e "restaurantes populares" podem ser abertos a todos e, ao mesmo tempo, direcionados aos pobres por meio da seleção de produtos para venda (somente alimentos básicos) e da disponibilidade dos pontos de venda (somente em áreas pobres). Os não pobres se excluem voluntariamente: um indiano de classe média não irá até uma favela para comprar arroz comum, e seu colega brasileiro dificilmente comerá uma feijoada na companhia de seus inferiores sociais, por mais barata que ela seja.

criar mercados para produtos locais, e essas iniciativas podem estar ligadas à expansão da infraestrutura e à diversificação das fontes de crescimento, por exemplo, através de obras públicas.[219] Em outro nível, os governos podem subsidiar motocicletas elétricas de baixa potência que serão compradas principalmente pelos pobres, restaurar a vegetação em zonas áridas ou de montanha onde vivem os pobres, eletrificar ferrovias utilizadas principalmente por trabalhadores pobres, ou levar voluntários a trabalhar em projetos ambientais beneficiando diretamente os mais pobres.[220] Essas iniciativas podem ser articuladas com grandes programas públicos de investimento e habitação, apoio à agricultura de pequena escala e a pequenas empresas e assim por diante. Em cada caso, o equilíbrio entre os aspectos direcionados e universais da provisão depende de decisões políticas sobre o impacto, as metas, o acesso e o custo dos projetos.

As políticas universais de proteção social e promoção das igualdades de gênero, origem, cultura e assim por diante foram rejeitadas pela teoria econômica dominante devido a seus custos supostamente elevados, falta de foco, direcionamento inadequado e incentivos ao consumo excessivo (por exemplo, serviços de saúde gratuitos poderiam incentivar consultas desnecessárias ou o uso exagerado de medicamentos).[221] Por sua vez, os programas

---

219 CHATEAU, Jean; BIBAS, Ruben; LANZI, Elisa. "Impacts of Green Growth Policies on Labour Markets and Wage Income Distribution". *OECD Environment Working Papers*, 2018. Disponível em: https://www.oecd-ilibrary.org/environment/impacts-of-green-growth-policies-on-labour-markets-and-wage-income-distribution_ea3696f4-en. Acessado em: 09.08.2024.

220 BHADURI, Amit; BANERJEE, Kaustav; MOUGHARI, Zahra Karimi. "Fight against Unemployment: Rethinking Public Works Programs". *Real-World Economics Review*, nº 72, 2015. Disponível em: http://rwer.wordpress.com/comments-on-rwer-issue-no-72/. Acessado em: 08.10.2024.

221 Ver, por exemplo, OECD. "In It Together: Why Less Inequality Benefits All". *OECD*, 21 maio 2015. Disponível em: https://www.oecd.org/social/in-it-together-why-less-inequality-benefits-all-9789264235120-en.htm. Acessado em: 15.10.2024.

ambientais podem gerar desperdícios (por exemplo, esquemas de sucateamento de automóveis mais antigos e poluentes são notoriamente vulneráveis a distorções, favorecendo as grandes montadoras), enquanto as iniciativas de diversificação econômica podem ser capturadas por interesses particulares ou políticos corruptos. Por fim, os programas universais diferem do foco tradicional sobre a redução das desigualdades através da compressão de diferenças salariais, por exemplo, entre homens e mulheres.[222] Embora esse foco seja importante, ele pode ocultar realidades domésticas de grande desigualdade e excesso de trabalho, especialmente para as mulheres de baixa renda, devido a suas responsabilidades em seus empregos formais (ou, muitas vezes, informais) fora de casa.[223] Isto sugere que uma abordagem mais ampla pode ter um maior potencial para enfrentar a discriminação e as diferenças e atingir as metas de promoção da igualdade nas EEDs.[224] Por exemplo, além

---

222 GEBREWOLDE, Tewodros Makonnen. "The Global Gender Gap in Labor Income". *University of Leicester*, 2017. Disponível em: https://econpapers.repec.org/RePEc:lec:leecon:17/14. Acessado em: 09.08.2024.

223 PERKINS, Patricia E. "Feminist Ecological Economics and Sustainability". *Journal of Bioeconomics*, vol. 9, 2007; SEGUINO, Stephanie. "Engendering Macroeconomic Theory and Policy". *Feminist Economics*, 2019. Disponível em: https://doi.org/10.1080/13545701.2019.1609691. Acessado em: 10.10.2024; ver também a edição especial da *Feminist Economics*, vol. 26, 2020.

224 "[O] problema com a 'igualdade de gênero' está relacionado ao que ela disfarça: a especificidade das demandas das mulheres, seja por igualdade de salários ou direitos reprodutivos (...) 'mulheres' é um termo descritivo, que pode ser preenchido com uma diversidade de significados e mobilizado para fins políticos por diversos atores, desde promotores neoconservadores de 'valores familiares' até feministas radicais (...) [Da mesma forma,] programas de combate à pobreza que estão sendo cada vez mais mencionados como 'empoderadores' podem acabar reforçando papéis estereotipados para as mulheres como mães" (CORNWALL, Andrea. "Revisiting the Gender Agenda". *IDS Bulletin*, vol. 38, nº 2, 2007, p. 75). Da mesma forma, a partir de uma perspectiva ecofeminista, "[uma] análise compartilhada, reunindo preocupações com a 'natureza' e preocupações com a equidade (incluindo equilíbrio intraespécie, interespécie e intergeracional) há muito tempo está atrasada" (PERKINS, Patricia E. "Feminist Ecological Economics and Sustainability". *Journal of Bioeconomics*, vol. 9, 2007, p. 228).

das desvantagens bem conhecidas, as mulheres também sofrem desproporcionalmente com os limites sobre seu tempo disponível e outros recursos pessoais básicos e com a falta de oportunidades econômicas.[225] Um número crescente de estudos sobre o impacto de gênero sobre o acesso à energia, focalizando principalmente o Sul Global, chega a conclusões semelhantes.[226]

Ignorar essas diferenças nas populações-alvo e as implicações diferenciais da política econômica levaria a entendimentos inadequados ou defeituosos da pobreza, da desigualdade e de suas implicações estruturais, e poderia ser propício à seleção de políticas ineficazes ou mesmo perversas.[227] Em contraste, políticas

---

225 DEMAEGT, Flora. "From Victims to Actors: Women's Inclusion in The Energy Transition". *Graduate Institute of International and Development Studies*, Genebra, 2017.

226 JOHNSON, Oliver W.; GERBER, Vanessa; MUHOZA, Cassilde. "Gender, Culture and Energy Transitions in Rural Africa". *Energy Research & Social Science*, vol. 49, 2018. Disponível em: https://doi.org/10.1016/j.erss.2018.11.004. Acessado em: 15.10.2024; KELKAR, Govind; NATHAN, Dev. "Gender Relations and the Energy Transition in Rural Asia". *UNIFEM*, South Asia Regional Office, New Delhi, 2005. Disponível em: http://citeseerx.ist.psu.edu/viewdoc/download?doi=10.1.1.856.7578&rep=rep1&type=pdf. Acessado em: 15.10.2024; OPARAOCHA, Sheila; DUTTA, Soma. "Gender and Energy for Sustainable Development". *Energy Research & Social Science*, vol. 3, nº 4, 2011. Disponível em: https://doi.org/10.1016/j.cosust.2011.07.003. Acessado em: 15.10.2024; PACHAURI, Shonali; RAO, Narasimha D. "Gender Impacts and Determinants of Energy Poverty: Are We Asking the Right Questions?" *Current Opinion in Environmental Sustainability*, vol. 5, nº 2, 2013. Disponível em: https://doi.org/10.1016/j.cosust.2013.04.006. Acessado em: 15.10.2024; RYAN, Sarah E. "Rethinking gender and identity in energy studies". *Energy Research & Social Science*, vol. 1, 2014. Disponível em: https://doi.org/10.1016/j.erss.2014.02.008. Acessado em: 10.10.2024.

227 ELSON, Diane; CAGATAY, Nilufer. "The Social Content of Macroeconomic Policies". *World Development*, vol. 28, nº 7, 2000; GAMMAGE, Sarah; JOSHI, Shareen; RODGERS, Yana van der Meulen. "The Intersections of Women's Economic and Reproductive Empowerment". *Feminist Economics*, vol. 26, 2020; ROSS, Michael L. "Oil, Islam, and Women". *American Political Science Review*, vol. 102, nº 1, 2008.

e programas sociais universais selecionados e monitorados adequadamente podem ter um impacto fortemente redistributivo, promover a igualdade e apoiar a diversificação econômica e a sustentabilidade.[228] Eles também podem oferecer uma contribuição importante para mitigar o impacto das mudanças climáticas.[229] É semelhante com o fornecimento de energia, que pode promover a igualdade de gênero, reduzir a pobreza e melhorar a posição das mulheres na sociedade.[230] Em outras palavras, uma transição energética sustentável fundamentada em princípios democráticos

---

228 UN WOMEN. *Progress of the World's Women*, 2015-2016. Disponível em: https://progress.unwomen.org/en/2015/. Acessado em: 10.10.2024; UNDP. *Humanity Divided*: Confronting Inequality in Developing Countries. Nova York: United Nations Development Programme, Bureau for Development Policy, 2013. Disponível em: https://www.undp.org/content/undp/en/home/librarypage/poverty-reduction/humanity-divided--confronting-inequality-in--developing-countries.html. Acessado em: 10.10.2024.

229 HUJO, Katja. *Mineral Rents and the Financing of Social Policy*. Londres: Palgrave, 2012; SOLATI, Fariba. *Women, Work, and Patriarchy in the Middle East and North Africa*. Londres: Palgrave, 2017; UNFCCC. *Entry Points for Integrating Gender Considerations into UNFCCC Workstreams*, 2018. Disponível em: https://unfccc.int/sites/default/files/resource/TP%20overview_Gender%20Dialogue.pdf. Acessado em: 10.10.2024.

230 FATHALLAH, Judith; PYAKUREL, Parakram. "Addressing Gender in Energy Studies". *Energy Research & Social Science*, vol. 65, 2020. Disponível em: https://doi.org/10.1016/j.erss.2020.101461. Acessado em: 09.08.2024; JOHNSON, Oliver W.; GERBER, Vanessa; MUHOZA, Cassilde. "Gender, Culture and Energy Transitions in Rural Africa". *Energy Research & Social Science*, vol. 49, 2018. Disponível em: https://doi.org/10.1016/j.erss.2018.11.004. Acessado em: 15.10.2024; LIEU, Jenny *et al.* "Three Sides to Every Story: Gender Perspectives in Energy Transition Pathways in Canada, Kenya and Spain". *Energy Research & Social Science*, vol. 68, 2020. Disponível em: https://doi.org/10.1016/j.erss.2020.101550. Acessado em: 15.10.2024; LISTO, Romy. "Gender Myths in Energy Poverty Literature: A Critical Discourse Analysis". *Energy Research & Social Science*, vol. 38, 2018. Disponível em: https://doi.org/10.1016/j.erss.2018.01.010. Acessado em: 15.10.2024; PACHAURI, Shonali; RAO, Narasimha D. "Gender Impacts and Determinants of Energy Poverty: Are We Asking the Right Questions?" *Current Opinion in Environmental Sustainability*, vol. 5, nº 2, 2013. Disponível em: https://doi.org/10.1016/j.cosust.2013.04.006. Acessado em: 15.10.2024; RYAN, Sarah E. "Rethinking gender and identity in energy

requer a identificação dos ciclos de *feedback* relevantes, através dos quais as PEDs podem ter maior eficácia, bem como intervenções focalizadas, inclusivas e sensíveis aos diferenciais de gênero, étnicos e outros. Da mesma forma, sabe-se que a consideração das diferenças de gênero e outros tipos de diversidade na tomada de decisões políticas tende a redistribuir o poder e a encorajar mudanças culturais e socioeconômicas mais amplas.[231] Em resumo e voltando às desigualdades de gênero como significantes em si mesmas e também como sintomáticas de desigualdades mais amplas na sociedade:

> [Se] a "agenda de gênero" é, em última análise, sobre a reparação do que é injusto e desigual e desafiar os privilégios, então (...) é hora de remover o manto do eufemismo aceitável que o "gênero" proporcionou e falar muito mais diretamente sobre igualdade, os direitos e o poder. (...) [O] que é necessário é uma nova narrativa: uma que possa abraçar (...) preocupações com os direitos das mulheres, mas que se mantenha longe dos essencialismos que acompanharam os apelos ao empoderamento das mulheres; uma que possa ir além das restrições das políticas de identidade e fornecer a base para alianças amplas entre aqueles que se identificam com a busca do fim da injustiça de remuneração injusta, direitos desiguais, discriminação e violência; e, finalmente, uma que possa transmitir as questões que interessam em termos claros e inequívocos, em vez de empacotá-las em palavras-chave.[232]

---

studies". *Energy Research & Social Science*, vol. 1, 2014. Disponível em: https://doi.org/10.1016/j.erss.2014.02.008. Acessado em: 10.10.2024.

231 JOHNSON, Oliver W.; GERBER, Vanessa; MUHOZA, Cassilde. "Gender, Culture and Energy Transitions in Rural Africa". *Energy Research & Social Science*, vol. 49, 2018.

232 CORNWALL, Andrea. "Revisiting the Gender Agenda". *IDS Bulletin*, vol. 38, nº 2, 2007, pp. 76/77.

Um caminho sustentável para o desenvolvimento econômico inspirado em valores democráticos exige que ninguém fique para trás; por sua vez, a complexidade do problema da pobreza e das desigualdades relacionadas a ela implicam a necessidade de compreender as relações complexas aí existentes para que políticas mais sensatas sejam elaboradas. Essa abordagem aplica-se a todo o espectro de desigualdades socialmente construídas, que devem ser enfrentadas pelas EEDs – por exemplo, aquelas baseadas em “raça”, orientação sexual, classe social, linguagem, sotaque, “prestígio” e outros parâmetros inaceitáveis de desigualdade e discriminação. Essa é uma lista de problemas ambiciosa, mas é essencial se envolver com ela, a fim de superar desigualdades arraigadas na sociedade.

CAPÍTULO VII

FINANCIANDO A TRANSIÇÃO PARA UMA ECONOMIA INCLUSIVA, DIVERSIFICADA E SUSTENTÁVEL

Um dos principais desafios para uma estratégia democrática de desenvolvimento econômico será o financiamento. Este capítulo examina possíveis fontes de financiamento em apoio a uma abordagem alternativa ao desenvolvimento, que supere o neoliberalismo e possa enfrentar o desastre climático iminente. O estudo enfoca, em sequência, as fontes internas e externas de financiamento, as transferências e a distribuição de custos e ganhos entre ricos e pobres, tanto dentro dos países como entre eles.

7.1 Financiando consumo e investimento

As finanças provavelmente imporão limites às EEDs, à diversificação econômica e à mitigação das mudanças climáticas.[233]

---

233 ACKERMAN, Frank; KOZUL-WRIGHT, Richard; VOS, Rob. *Climate Protection and Development*. Nova York: Bloomsbury Academic, 2012,

Em outras palavras, os necessários projetos industriais, sociais e ambientais serão caros, e as limitações orçamentárias não devem ser subestimadas, especialmente nas ED.

As abordagens convencionais para financiar a mitigação das mudanças climáticas assumem que a produção corrente é dividida em (a) consumo, que determina o bem-estar da geração atual, e (b) investimento em novas instalações produtivas, tecnologia e conhecimento, que expandirá as possibilidades de consumo das gerações futuras. Por essa lógica, investimentos em EEDs, projetos de diversificação e mitigação das mudanças climáticas podem ser financiados através da compressão do consumo (por exemplo, por meio de impostos e taxas), ou através de cortes nos investimentos convencionais, financiados por renda atual, empréstimos domésticos, empréstimos internacionais ou transferências externas. A análise convencional da mitigação concentra-se no consumo. Por exemplo:

> De acordo com o Painel Intergovernamental sobre Mudanças Climáticas (IPCC) (...) o custo de reduzir as emissões globais de gases de efeito estufa em 50% até 2050 poderia estar na faixa de 1-3% do PIB. Esse é o corte mínimo que a maioria dos cientistas acredita ser necessário para ter uma

---

cap. VI; GOUVELLO, Christophede; ZELENKO, Ivan; AMBROSI, Philippe. "A Financing Facility For Low-Carbon Development". *World Bank Group*, 2010. Disponível em: https://elibrary.worldbank.org/doi/abs/10.1596/978-0-8213-8521-0. Acessado em: 09.08.2024; KHOR, Martin. "Risks and Uses of the Green Economy Concept in the Context of Sustainable Development, Poverty and Equity". *South Center Research Papers 40*, 2011. Disponível em: chrome-extension://efaidnbmnnnibpcajpcglclefindmkaj/https://www.greenpolicyplatform.org/sites/default/files/downloads/resource/Risks_and_uses_of_the_GE_concept_South%20Centre.pdf. Acessado em: 15.10.2024; UNFCCC. *Review of the Experience of International Funds, Multilateral Financial Institutions and Other Sources of Funding Relevant to the Current and Future Investment and Financial Needs of Developing Countries*, 2007. Disponível em: https://digitallibrary.un.org/record/614170?ln=ar. Acessado em: 10.10.2024.

> chance razoável de limitar o aquecimento global próximo a 2°C acima das temperaturas pré-industriais.[234]

Os impostos e taxas deverão aumentar o preço da energia intensiva em carbono e, consequentemente, reduzir a renda real e o consumo corrente, a fim de financiar investimentos que beneficiarão as gerações futuras. O problema político, nesse caso, é como atingir a máxima compressão do consumo a fim de mobilizar o maior volume possível de recursos para investimentos "verdes".[235] Será natural que essas iniciativas encontrem resistência, pois, nas palavras atribuídas a Groucho Marx, "por que eu deveria me importar com as gerações futuras – o que eles já fizeram por mim?"

Essa abordagem tem sido completamente insuficiente para financiar os investimentos necessários para enfrentar as mudanças climáticas, diversificar as economias pobres ou distribuir renda. Por exemplo, dada a meta de 450ppm de CO2 na atmosfera,

> os níveis atuais de financiamento climático ficam muito aquém das necessidades previsíveis. (...) Os custos de mitigação nos países em desenvolvimento podem chegar de US$ 140 a US$ 175 bilhões por ano até 2030, com necessidades de financiamento associadas de US$ 265 a US$ 565 bilhões. Os fluxos atuais de financiamento da mitigação são, em

---

234 *World Development Report*: Development and Climate Change. Washington: World Bank, 2010, p. 259.

235 BRUIN, Kelly de; DELLINK, Rob; AGRAWALA, Shardul. "Economic Aspects of Adaptation to Climate Change: Integrated Assessment Modelling of Adaptation Costs and Benefits". *OECD Environment Working Papers*, 2009. Disponível em: https://www.oecd-ilibrary.org/environment/economic-aspects-of-adaptation-to-climate-change_225282538105. Acessado em: 09.08.2024; FOLEY, Duncan K. "The Economic Fundamentals of Global Warming". *SFI Working Paper*, 2007; NERSISYAN, Yeva; WRAY, L. Randall. "How to Pay for the Green New Deal". *Levy Economics Institute of Bard College*, 2019. Disponível em: http://www.levyinstitute.org/publications/how-to-pay-for-the-green-new-deal. Acessado em: 15.10.2024.

> média, de cerca de US$ 8 bilhões por ano até 2012, o que é insignificante. E os estimados 30 a 100 bilhões de dólares que poderiam ser necessários anualmente [entre 2010 e 2050] para a adaptação nos países em desenvolvimento são muito maiores que os menos de US$ 1 bilhão por ano agora disponíveis. (...) Esses números podem ser comparados com a atual ajuda ao desenvolvimento de cerca de US$ 100 bilhões por ano. No entanto, os esforços para levantar fundos para mitigação e adaptação têm sido terrivelmente inadequados, representando menos de 5% das necessidades projetadas.[236]

Não há dúvida de que serão necessários cortes no consumo – por exemplo, através da tributação –, tanto para liberar recursos quanto para reduzir as emissões de CO2e. Isto deve ser feito a fim de colocar o ônus dos cortes de emissões diretamente sobre os ricos e as EAs, já que seus níveis de consumo *per capita* são muito mais altos e mais intensivos em carbono do que os dos pobres e dos países pobres.[237] Sempre que possível, essas prioridades devem ser financiadas principalmente por fontes internas e por fundos públicos internacionais regulamentados, pois a poupança e o investimento estrangeiro privado tendem a ser voláteis, difíceis de serem direcionados e, muitas vezes, contradizem objetivos democráticos.

---

236 *World Development Report*: Development and Climate Change. Washington: World Bank, 2010, pp. 22 e 257.

237 BEURET, Nicholas. "Emissions Inequality: There is A Gulf Between Global Rich and Poor". *The Conversation*, 2019. Disponível em: https://theconversation.com/emissions-inequality-there-is-a-gulf-between-global-rich-and-poor-113804. Acessado em: 08.10.2024; COLAROSSI, Jess. "The World's Richest People Emit the Most Carbon". *Our World*, 2015. Disponível em: https://ourworld.unu.edu/en/the-worlds-richest-people-also-emit-the-most-carbon. Acessado em: 09.08.2024; GORE, Tim. "Extreme Carbon Inequality". *Oxfam*, 2015. Disponível em: https://www.oxfam.org/en/research/extreme-carbon-inequality. Acessado em: 09.08.2024; TURNER, Adair. "Are Rich Countries Shirking Their Carbon Responsibilities?" *World Economic Forum*, 2020. Disponível em: https://www.weforum.org/agenda/2020/02/rich-world-responsibility-carbon-footprint-climate-change/. Acessado em: 10.10.2024.

Por exemplo, os investidores estrangeiros em países pobres frequentemente produzem bens e serviços de luxo ao invés de bens de consumo básicos e insumos para produção e frequentemente adotam tecnologias prejudiciais ao meio ambiente.[238]

Levantar os recursos necessários internamente exigirá um esforço coordenado nos países pobres, já que as poupanças disponíveis tendem a ser insuficientes para apoiar programas de desenvolvimento ambiciosos. Na maioria dos países, a receita tributária precisará aumentar para ajudar a financiar esses programas, o que exigirá um sistema tributário mais progressivo, a tributação dos ativos e das transações financeiras, a taxação de parte dos ganhos do crescimento econômico e a redistribuição dos impostos globais sobre os danos ao meio ambiente (ver capítulo VI). Também será necessário criar ou expandir iniciativas de poupança público-privada de longo prazo (por exemplo, através de bancos de desenvolvimento, como no Brasil e no Chile), a fim de financiar infraestrutura, habitação, programas de educação e treinamento, aposentadorias e outros projetos dispendiosos de distribuição renda, e para financiar projetos focados na mitigação e adaptação climática.[239] Em contraste, em países muito pobres, as poupanças domésticas podem ser insuficientes para o atingimento das metas de desenvolvimento democrático, mesmo sob a melhor combinação de políticas. Nesse caso, as EEDs exigirão recursos adicionais através de impostos globais e investimentos direcionados, ajuda

---

238 A sugestão de que os países de renda média devem se basear principalmente na poupança interna em vez da externa é apoiada pelo trabalho pioneiro de Feldstein e Horioka e de Calvo, Leiderman e Reinhart. Para uma interpretação heterodoxa de seus resultados, ver PALMA, José Gabriel. "Three and a Half Cycles of 'Mania, Panic and [Asymmetric] Crash': East Asia and Latin America Compared". *Cambridge Journal of Economics*, vol. 22, 1998.

239 MAH-HUI, Lim; LIM, Joseph A. *Asian Initiatives at Monetary and Financial Integration*: A Critical Review, 2012 (manuscrito não publicado); MAROIS, Thomas. *Public Banks*: Decarbonisation, Definancialisation and Democratisation. Cambridge: Cambridge University Press, 2021; UNCTAD. *State of Commodity Dependence*. Genebra: UNCTAD, 2019, cap. VI.

internacional, transferências (tais como remessas de trabalhadores no estrangeiro) e perdão de dívidas.[240]

Essa abordagem progressista para as emissões de CO2e, a mitigação e o financiamento pode ser implementada por meio de impostos de renda e sobretaxas "verdes" progressistas; impostos de emergência sobre ganhos de capital e dividendos; esquemas de poupança compulsória; impostos elevados sobre os bens de luxo com alto impacto ambiental (por exemplo, férias no exterior, viagens em classe executiva, veículos utilitários etc.).[241] Eles podem ser complementados por impostos do tipo Tobin sobre as transações financeiras e os fluxos internacionais de capital (ou seja, pequenas taxas sobre cada transação realizada nos bancos ou outras instituições financeiras). Esses impostos seriam difíceis de se evitar e, como um benefício adicional, iriam contra o processo de financeirização.[242]

Recursos adicionais para apoiar o crescimento guiado pelas EEDs e pela diversificação econômica podem ser obtidos através de empréstimos domésticos. É amplamente aceito que investimentos financiados por novos créditos bancários em economias operando

---

240 "[A] maior parte do investimento adicional em serviços básicos e programas de combate à pobreza terá que vir de recursos internos, e não de fontes externas. Entretanto, isso não diminui o valor marginal da AOD (Assistência Oficial ao Desenvolvimento). De fato, a ajuda externa pode desempenhar um papel fundamental na superação de obstáculos na fase transitória em direção às políticas em favor dos pobres, uma vez que estas certamente enfrentarão forte resistência de diversos setores" (VANDEMOORTELE, J. *Can the MDGs Foster a New Partnership for Pro-Poor Policies?*, 2004, p. 16 (manuscrito não publicado).

241 DAVIS, Steven J.; CALDEIRA, Ken. "Consumption-Based Accounting of CO2 Emissions". *Proceedings of the National Academy of Sciences of the United States of America*, vol. 107, nº 12, 2010. Disponível em: https://www.pnas.org/content/107/12/5687. Acessado em: 09.08.2024.

242 GRAHL, John; LYSANDROU, Photis. "Sand in the Wheels or Spanner in the Works? The Tobin Tax and Global Finance". *Cambridge Journal of Economics*, vol. 27, 2003; WACHTEL, Howard M. "Tobin and Other Global Taxes". *Review of International Political Economy*, vol. 7, nº 2, 2000.

abaixo da plena capacidade não necessariamente reduzem o consumo ou outros investimentos, pois os empréstimos podem criar empregos e apoiar as políticas industriais e metas de mitigação das EEDs (ver acima). O financiamento através de empréstimos também pode transferir os custos para as gerações futuras, que se beneficiarão desses investimentos.[243] O ganho adicional pelo financiamento da diversificação e da mitigação por meio de empréstimos é que estes ajudam a mover a economia rumo ao pleno emprego, criando escassez de mão de obra e elevando os salários, o que beneficia os pobres. Por sua vez, o aumento paralelo das taxas de juros tenderia a deslocar os investimentos convencionais de baixo retorno (obviamente, os gastos adicionais devem diminuir à medida que a economia se aproxime da plena ocupação da capacidade). Como os investimentos tradicionais tenderiam a ser baseados nas vantagens comparativas já existentes (por exemplo, no setor petrolífero) ou no consumo convencional (intensivo em petróleo), seu deslocamento apoiaria a diversificação econômica e a mitigação das mudanças climáticas.[244]

A fim de financiar a parte doméstica dos necessários programas de investimento público, os governos devem eliminar as políticas fiscais restritivas impostas pelo CW e PCW. Isto não será necessariamente inflacionário porque, apesar dos argumentos contrários, não existe

---

243 "[Há uma] crença generalizada, mas errônea, de que as políticas para reduzir a emissão de gases de efeito estufa imporão um custo à geração atual, que deve ser ponderado em relação aos benefícios que as gerações futuras terão com a mitigação (...). [No entanto, como] as emissões de gases de efeito estufa são uma externalidade econômica não precificada, essa crença é incorreta (...). A percepção errônea de que o controle do aquecimento global é caro baseia-se na suposição equivocada de que a alocação de investimentos da economia mundial sem medidas de mitigação é eficiente, mas, na presença de uma externalidade, a economia mundial não está em sua fronteira de eficiência" (FOLEY, Duncan K. "The Economic Fundamentals of Global Warming". *SFI Working Paper*, 2007, pp. 1/2).

244 FOLEY, Duncan K. "The Economic Fundamentals of Global Warming". *SFI Working Paper*, 2007, pp. 8-10.

uma relação clara ou forte entre déficits fiscais e inflação, exceto em casos extremos.[245] Como foi mencionado acima, os programas de investimento público podem ser financiados por déficits se a economia estiver operando abaixo da capacidade, se não houver uma restrição severa do balanço de pagamentos e se os déficits fiscais puderem ser financiados de forma sustentável (por exemplo, se o serviço da dívida adicional do setor público puder ser pago pelas receitas fiscais geradas pelo crescimento futuro, ou coberta por transferências externas seguras). Nesses casos, os déficits públicos não devem ter impacto inflacionário. Entretanto, se o governo precisar monetizar seus déficits regularmente, por exemplo, caso os mercados financeiros locais sejam pouco desenvolvidos, a expansão da demanda deve ser limitada devido às suas potenciais implicações para a inflação, a taxa de câmbio e o balanço de pagamentos.

7.2 Fontes externas de financiamento

Os projetos de investimento e seus custos regulares, especialmente em setores-chave para reduzir a dependência de estruturas intensivas em carbono (transporte, energia etc.), podem ser

245 Ver, por exemplo: BORDO, Michael D.; LEVY, Mickey D. "Do Enlarged Fiscal Deficits Cause Inflation: The Historical Record". *Hoover Institutuion*, 2020. Disponível em: https://www.hoover.org/sites/default/files/research/docs/20124-bordo-levy.pdf. Acessado em: 08.10.2024; FISCHER, Stanley; SAHAY, Ratna; VÉGH, Carlos. "Modern Hyper- and High Inflations". *International Monetary Fund*, nov. 2002. Disponível em: https://www.imf.org/external/pubs/ft/wp/2002/wp02197.pdf. Acessado em: 14.11.2024; TERRONES, Marco; CATÃO, Luis. "Fiscal Deficits and Inflation". *International Monetary Fund*, 2001. Disponível em: https://www.elibrary.imf.org/view/IMF001/02476-9781451849592/02476-9781451849592/02476-9781451849592_A001.xml?language=en&print. Acessado em: 10.10.2024; VIEIRA, Carlos. "Are Fiscal Deficits Inflationary? Evidence for the EU". *Economic Research Paper 00/7*, 2000. Disponível em: https://www.researchgate.net/publication/2638323_Are_Fiscal_deficits_inflationary_Evidence_for_the_EU. Acessado em: 10.10.2024.

financiados por empréstimos e transferências externas.[246] Por exemplo, em primeiro lugar, impostos globais sobre transações financeiras, transporte internacional (especialmente aviação e transporte marítimo), consumo de luxo e outras importantes fontes de emissões e, em particular, impostos sobre as emissões de CO2e, com implementação baseada na RCPD:

> Uma abordagem equitativa para limitar as emissões globais de gases de efeito estufa tem que reconhecer que os países em desenvolvimento têm necessidades legítimas de desenvolvimento, que seu desenvolvimento pode ser prejudicado pelas mudanças climáticas e que eles têm contribuído pouco, historicamente, para o problema.[247]

Em segundo lugar, os países pobres poderiam se beneficiar da expansão da ajuda internacional ao desenvolvimento. Isto poderia ser complementado pela alocação de quotas de extração (a serem introduzidas) aos países pobres com maior dependência da exportação de combustíveis fósseis, como parte da expansão do orçamento global de ajuda internacional (para além da atual meta global de 0,7% do PIB). A realocação de licenças de extração para os países mais pobres pode ser justificada porque eles são pequenos (Guiné Equatorial), sua produção é mínima em relação à demanda global (Sudão do Sul), e alguns desses países (Líbia) não dispõem de fontes alternativas de divisas, o que implica que cortes rápidos nas exportações de petróleo criariam grandes dificuldades e exigiriam compensação através de ajuda internacional. Por sua vez, os países maiores, com economias mais diversificadas e renda *per capita* mais alta (Noruega, Rússia, Arábia Saudita, EUA) devem

---

246 HALLEGATTE, Stephane *et al*. *Shock Waves*: Managing the Impacts of Climate Change on Poverty. Washington: World Bank, 2016.

247 *World Development Report*: Development and Climate Change. Washington: World Bank, 2010, p. 257.

aceitar quotas menores de petróleo para acomodar o direito ao desenvolvimento dos países menores e mais pobres.[248]

Terceiro, os países pobres poderiam se beneficiar de licenças de emissão em conformidade com a RCPD, leilões, ou a tributação das unidades de quantidade atribuída (UQA), ou seja, a quantidade de carbono que cada país pode emitir conforme o Protocolo de Kyoto.[249] Outra via possível de apoio às ED envolve a transferência de tecnologias verdes, incluindo o estabelecimento de fundos globais, idealmente gerenciados por consórcios ou organizações internacionais.[250] Eles podem ser financiados por transferências diretas, ajuda internacional, ou através de impostos globais, e eles poderiam acelerar a difusão de tecnologias apropriadas em apoio à transição energética, bem como a modernização do estoque de capital e das construções.[251]

7.3 Seguindo adiante

Três objeções são possíveis contra a abordagem de financiamento delineada neste capítulo. Em primeiro lugar, o argumento tradicional é que os recursos necessários reduziriam o crescimento econômico. Foi demonstrado acima que isso é incorreto: a mitigação e a diversificação financiadas através de empréstimos podem mudar

---

248 Para uma abordagem semelhante, ver LAHN, Glada; BRADLEY, Sîan. "Left Stranded? Extractives-Led Growth in a Carbon-Constrained World". *Research Paper*, Chatham House, The Royal Institute of International Affairs, Londres, 2016.

249 *World Development Report*: Development and Climate Change. Washington: World Bank, 2010, p. 270.

250 KHOR, Martin *et al.* "Promoting Sustainable Development by Addressing the Impacts of Climate Change Response Measures on Developing Countries". *South Center Research Papers 81*, 2017.

251 EWG. "Global Energy System Based on 100% Renewable Energy". *Energy Watch Group*, 2019. Disponível em: https://energywatchgroup.org/wp/en/2019/04/12/new-study-global-energy-system-based-100-renewable-energy/. Acessado em: 09.08.2024.

a composição dos investimentos, mas, em economias operando abaixo da capacidade, não há razão para supor que isso reduziria o investimento total ou o consumo agregado. Em segundo lugar, poderia ser argumentado que os empréstimos adicionais terminarão por comprimir os investimentos convencionais por meio do aumento da taxa de juros, quando a economia se aproximar da plena capacidade (*crowding out*). No entanto, nos casos de mitigação das mudanças climáticas e diversificação das economias dependentes dos combustíveis fósseis, a exclusão dos investimentos convencionais é exatamente o que precisa acontecer. Em terceiro lugar, pode-se argumentar que não há vontade política suficiente na maioria dos países para implementar iniciativas agressivas para reduzir as emissões e diversificar os fundos. Isto é verdade; entretanto, dada a inércia do clima da Terra, qualquer atraso no tratamento das mudanças climáticas e dos desafios da diversificação serão castigados com o aumento acentuado dos custos quando a ação finalmente se tornar inevitável.

Em resumo, as EEDs requerem políticas fiscais mais expansionistas, financiadas por uma maior base tributária. No entanto, é importante evitar exagerar o relaxamento da política fiscal – mas não por causa de temores infundados de *crowding out* ou inflação. A flexibilização simultânea das políticas fiscal, monetária e cambial é potencialmente arriscada por três razões. Primeiro, o apoio a essas políticas agressivamente expansionistas se baseia em uma interpretação equivocada da experiência dos EUA e das grandes economias da Europa Ocidental entre o início do século XX e meados da década de 1970. Esses países podiam imprimir moeda internacional (especialmente o Reino Unido antes da Primeira Guerra Mundial e os EUA após a Segunda Guerra Mundial), ou tinham fácil acesso às moedas estrangeiras. Isto é pouco relevante para a maioria das ED, cujo balanço de pagamentos é mais restrito (ver capítulo III). Em segundo lugar, políticas fiscais, monetárias e cambiais excessivamente frouxas poderiam gerar expansões econômicas insustentáveis e desestabilizadoras tanto econômica quanto politicamente. Isto é especialmente verdadeiro para economias que, inicialmente, estão presas em armadilhas de estabilização – isto é, privadas de investimentos por longos períodos e onde o elevado desemprego coexiste com baixa capacidade ociosa em setores-chave (ver capítulo V). Nesses casos, uma mudança repentina das políticas econômicas poderia desencadear rápida aceleração da inflação e acentuadas desvalorizações cambiais. Exatamente os mesmos resultados poderiam ocorrer nos casos em que a restrição ambiental seja rígida, se o país tiver sido privado de investimentos por um longo período e se o governo lançar subitamente um grande programa de "crescimento verde". Em terceiro lugar, a opção expansionista nem sempre é politicamente viável. Uma mudança repentina da postura fiscal poderia se tornar um símbolo conveniente para os críticos da estratégia do governo, provocando uma reação negativa do FMI, do Banco Mundial e do Departamento do Tesouro dos EUA, bem como das finanças locais e da grande mídia. Isso poderia minar o apoio ao governo, desencadear especulação adversa com moeda estrangeira ou títulos do tesouro, fuga de capitais, inflação, e uma crise no balanço de pagamentos mesmo antes dos impactos expansionistas, distributivos e ambientais das políticas do governo se tornarem aparentes. Para alcançar os resultados desejados, a política fiscal deve ser calibrada para produzir o que as políticas monetárias e cambiais não podem oferecer, especialmente em países pobres: programas de investimento direcionados, incentivos ao apoio do setor privado à estratégia de desenvolvimento democrático e estabilização econômica quando isso for necessário.

CONCLUSÃO

Este livro delineou o contexto da crise climática e ofereceu um menu de políticas progressistas para tratar da diversificação econômica, da redistribuição de renda, riqueza e poder, e da sustentabilidade ambiental. Foi demonstrado que, através de todos os canais de transmissão, o impacto das mudanças climáticas será sentido principalmente pela população mais pobre e pelos países mais pobres, em virtude de sua maior vulnerabilidade a qualquer tipo de perturbação econômica.

As sociedades podem ser tentadas a enfrentar as tarefas pendentes em sequência (presumivelmente, primeiro, diversificar; depois, crescer; depois, redistribuir), mas é pouco provável que isso funcione na prática. Por um lado, a estrutura produtiva e distributiva imposta pelo neoliberalismo global vincula a economia mundial estreitamente à produção e ao consumo de combustíveis fósseis: os interesses economicamente dominantes estão presos a uma lógica de extração de lucros financeiros de curto prazo que é incompatível com mudanças estruturais caras e incertas, coordenação de longo prazo da atividade econômica, surgimento de novos vetores de acumulação e novas fontes de lucro e melhorias na redistribuição da renda. *O neoliberalismo e a financeirização levarão a economia mundial para o abismo do colapso ambiental e das extinções em massa.*

Por outro lado, as tentativas de reequilibrar a economia global e redistribuir renda, riqueza e poder dentro dos países e entre eles, ignorando o desafio ambiental, também levarão o mundo para além dos limites. É impossível produzir mais e consumir mais em toda parte e igualar os padrões de vida em níveis elevados ("convergência global"), com base nas tecnologias existentes e naquelas que podem ser realisticamente desenvolvidas no tempo disponível antes que as mudanças climáticas tenham consequências catastróficas: os seres humanos não estarão no mundo por tempo suficiente para desfrutar desse futuro. Por razões de eficiência, consistência e legitimidade, nossa civilização deve enfrentar o neoliberalismo, a financeirização e as mudanças climáticas *de forma conjunta*, através de uma estratégia econômica democrática.

Essa abordagem é necessariamente internacional: como o meio ambiente é global, é essencial que nos afastemos do nacionalismo na formulação, na implementação e no monitoramento das políticas econômicas. Da mesma forma, os países não têm mais escopo para escolher as políticas que sejam apenas convenientes para si próprios, ao mesmo tempo que externalizam os custos e danos de suas decisões. Inevitavelmente, o Sul Global terá que arcar com uma parcela significativa do fardo da diversificação e da mitigação das mudanças climáticas, e esses países devem buscar o autofinanciamento e desenvolver novas tecnologias apropriadas até o máximo possível. Entretanto, o princípio da RCPD implica que o Norte Global deve assumir a responsabilidade primária pelo financiamento da transição mundial, incluindo os custos de diversificação alternativos ao petróleo.

Embora essas tarefas complexas tenham se tornado inevitáveis, as políticas delineadas neste livro não serão implementadas facilmente, dados o *lobby* das empresas petrolíferas, os interesses das grandes corporações, a timidez da maioria dos políticos e as preferências dos privilegiados. Eles lucraram com a atual estrutura (neoliberal e financeirizada) da economia mundial e acreditam que a riqueza os protegerá contra a devastação a ser causada pela mudança climática.

No entanto, os seres humanos nunca experimentaram um desafio comparável. Embora o Norte Global possa escapar da devastação em massa a médio prazo, os deslocamentos no Sul serão enormes, com consequências imediatas para incontáveis vidas. As medidas necessárias podem encontrar legitimidade e apoio de massa somente se elas forem associadas a melhorias na distribuição e eliminação da lógica concentradora do neoliberalismo. Assim como a promessa de um futuro mais igual deu força e legitimidade ao esforço de guerra contra o nazifascismo nos anos 1940, o mundo de hoje só pode encontrar a força para enfrentar as mudanças climáticas através de um compromisso compartilhado de transcender o neoliberalismo.

Abordar as mudanças climáticas será difícil não apenas por razões técnicas, ou mesmo por causa de preconceitos ideológicos. A principal restrição é a estrutura da economia global, que se baseia no abuso implacável da natureza, tanto para recursos, como para o descarte dos resíduos da produção e do consumo. As raízes da crise climática indicam que políticas eficazes para a combater serão custosas, complexas e enfrentarão resistência, uma vez que essas políticas precisam transformar o próprio processo de reprodução econômica. As sociedades financeirizadas de hoje não estão meramente "despreparadas" para enfrentar a crise climática: elas a precipitaram e, ao mesmo tempo, desmantelaram as estruturas institucionais que poderiam proteger as atuais condições de vida na Terra. Em outras palavras, o capitalismo neoliberal expôs os seres humanos e outras espécies a perigos e riscos que ele é incapaz de enfrentar, ou de conter.

O processo político é central para o sucesso das EEDs, em três níveis. Primeiro, só será possível implementar políticas democráticas removendo o controle político das elites tradicionais, que são comprometidas com a desigualdade, os padrões insustentáveis de produção, o consumo e o crescimento econômico, e desenvolvendo políticas sustentáveis fundamentadas em uma cidadania universal. Em segundo lugar, a colaboração política dentro dos países, e entre eles, é essencial para gerir os conflitos entre interesses seccionais e o bem público. Terceiro, a fraqueza política dos pobres e dos países pobres só pode ser superada através de sua mobilização em torno de causas importantes, e nada é mais importante do que a sobrevivência coletiva. Nesse sentido, as ED e os pobres podem liderar a transformação da economia mundial para além do neoliberalismo e afastar a ameaça do desastre ambiental sobre o planeta.

A mobilização política dos pobres deve ser apoiada, pois ela expressará diretamente os interesses da maioria, ajudará a neutralizar os vieses políticos dos ricos e poderosos que se beneficiaram do neoliberalismo por várias décadas e dará apoio aos governos comprometidos com as EEDs. Enquanto os custos e ineficiências potenciais das políticas públicas são frequentemente utilizados para justificar a preservação de um *status quo* insustentável, o contrário deve agora se tornar verdade: a maioria da população na maioria dos países deve se mobilizar para tornar proibitivamente altos os custos de *evitar* a redistribuição, a diversificação, a mitigação e a sustentabilidade.[252] Isto não é novidade. A mobilização política dos pobres no Reino Unido, no final do século XIX, ajudou a reduzir as desigualdades naquele país, e as mobilizações na Europa Ocidental e na Ásia Oriental após a Segunda Guerra Mundial trouxeram ganhos significativos para a maioria.

Hoje, a *única* maneira legítima de selecionar as metas e as ferramentas políticas governamentais é através do envolvimento da sociedade civil na escolha, implementação e avaliação das políticas macroeconômicas. Isto é especialmente importante porque os desafios e os resultados desejados são complexos, diversos e controversos, e porque a política macroeconômica é limitada por múltiplas restrições. Diversas ferramentas potenciais estão disponíveis para ajudar a atingir cada objetivo, e existe uma relação não linear entre as circunstâncias econômicas e políticas e os resultados

---

252 Para um argumento semelhante, ver McKINLEY, Terry. "Revisiting the Dynamics of Growth, Inequality and Poverty Reduction". *SOAS Discussion Paper 25/09*, Centre for Development Policy and Research, 2009, p. 19.

desejados. Os debates sobre as metas e as ferramentas de política macroeconômica devem ser bem-vindos, pois ajudarão a romper o monopólio dos interesses financeiros, políticos profissionais, lobistas e acadêmicos comprometidos na seleção, na implementação e na avaliação das políticas econômicas. Parafraseando Milton Friedman, e muitos outros antes dele, *a política econômica é importante demais para ser deixada para os policymakers.*

A expansão da democracia requer a extensão da esfera política e a reconstrução da capacidade de elaboração de políticas públicas e de gestão, em resposta às "reformas" associadas ao neoliberalismo e ao CW. Isto exigirá, entre outras coisas, o desmantelamento das estruturas administrativas e políticas (parcial ou totalmente privatizadas) que atualmente rivalizam com as instituições estatais e a redução da interferência de governos estrangeiros, ONGs e organizações internacionais na seleção, na gestão e na avaliação de programas de investimento, mesmo que sejam financiados com ajuda internacional. A expansão do domínio político não implica que o Estado deva visar "confiscar" ativos ou "tomar conta" da economia: as EEDs são distintas não porque o Estado administra empresas individuais, mas devido à forma como o Estado coordena a atividade econômica para fins democráticos, distributivos e sustentáveis. A propriedade estatal de bens específicos é uma questão secundária; o que importa são os objetivos da política governamental e como as instituições estatais interagem entre si e com as atividades privadas. Esse é um argumento pela *especificidade* nas EEDs. A diversidade de experiências dos países, e ao longo do tempo, sugere que as políticas públicas não podem ser selecionadas ou analisadas no abstrato. Da mesma forma, não se pode esperar que as políticas possam ser copiadas com os mesmos efeitos. As instâncias históricas de sucesso e fracasso devem ser avaliadas em seu contexto, reconhecendo que seus resultados são específicos a cada país e cada momento histórico.

Apesar da urgência dessas tarefas, a maioria dos países, empresas e famílias tendem a evitar ações decisivas, o que só serve para aumentar a severidade do problema e a urgência da correção de curso que se tornará inevitável no futuro próximo. Ainda há tempo, mas, ao que parece, bem pouco. A hora de agir é agora.

ABREVIATURAS

ADE: Assistência ao desenvolvimento no exterior.

CCD: Comissão para o Crescimento e Desenvolvimento.

CFG: Crise financeira global.

CI: Crescimento inclusivo.

CO2e: Equivalente a CO2.

CQNUMC: Convenção-Quadro das Nações Unidas sobre Mudança Climática.

CW: Consenso de Washington.

DD: Direito ao desenvolvimento.

DFP: Desenvolvimento a favor dos pobres.

EAs: Economias capitalistas avançadas.

ED: Economias em desenvolvimento.

EEDs: Estratégias econômicas democráticas.

EUA: Estados Unidos da América.

FMI: Fundo Monetário Internacional.

IFIs: Instituições financeiras internacionais.

IPCC: Painel Intergovernamental sobre Mudança Climática.

NEInst: Nova Economia Institucional.

NEIs: Novas economias industrializadas.

ODM: Objetivos de desenvolvimento do milênio.

ODS: Objetivos para o desenvolvimento sustentável.

OMMA: Organização Mundial do Meio Ambiente.

ONGs: Organizações não governamentais.

PCW: Pós-Consenso de Washington.

PEDs: Políticas econômicas democráticas.

RCPDs: Responsabilidades comuns, porém diferenciadas.

RU: Reino Unido.

UQA: Unidades de quantidade atribuída.

REFERÊNCIAS BIBLIOGRÁFICAS

ABBAS, Shujaat. "Trade liberalization and its economic impact on developing and least developed countries". *Journal of International Trade Law and Policy*, 9 set. 2014. Disponível em: https://www.emerald.com/insight/content/doi/10.1108/JITLP-06-2013-0018/full/html. Acessado em: 06.10.2024.

ACEMOGLU, Daron; ROBINSON, James A. *Economic Origins of Dictatorship and Democracy*. Cambridge: Cambridge University Press, 2006.

ACKERMAN, Frank; KOZUL-WRIGHT, Richard; VOS, Rob. *Climate Protection and Development*. Nova York: Bloomsbury Academic, 2012.

ADAM, Christopher. "Dutch Disease and Foreign Aid". *In*: DURLAUF, Steven N.; BLUME, Lawrence E. (Coord.). *The New Palgrave Dictionary of Economics*. Londres: Macmillan, 2013.

AGOSÍN, Manuel R.; TUSSIE, Diana (Coord.). *Trade and Growth*: New Dilemmas in Trade Policy. Londres: Macmillan, 1993.

AHMADOV, Anar. *Political Determinants of Economic Diversification in Natural Resource-Rich Developing Countries*, 2012. Disponível em: https://www.academia.edu/12449300/Political_Determinants_of_Economic_Diversification_in_Natural_Resource-Rich_Developing_Countries. Acessado em: 09.10.2024.

AHREND, Rudiger. "Strategies for Economic Diversification in the Resource-Rich Countries?" *OECD Economics Department*, 2008. Disponível em: https://www.un.org/en/development/desa/policy/publications/general_assembly/eitconference/4apram_ahrend.pdf. Acessado em: 08.10.2024.

AIT-LAOUSSINE, Nordine; GAULT, John. "Nationalization, Privatization and Diversification". *Journal of World Energy Law and Business*, vol. 10, 2017.

AKRAM, Qaisar Farooq. "Oil Wealth and Real Exchange Rates: The FEER for Norway". *Money Macro and Finance*, 2004. Disponível em: https://ideas.repec.org/p/mmf/mmfc04/33.html. Acessado em: 08.10.2024.

ALAMI, Ilias. "Post-Crisis Capital Controls in Developing Countries: Regaining Policy Space?" *Progress in Political Economy*, 2020. Disponível em: http://ppesydney.net/post-crisis-capital-controls-in-developing-economies-regaining-policy-space/. Acessado em: 08.10.2024.

ALBEROLA, Enrique; BENIGNO, Gianluca. "Revisiting the commodity curse: a financial perspective". *Journal of International Economics*, vol. 108, 2017.

ALEXEEV, Michael; CONRAD, Robert. "The Elusive Curse of Oil". *Review of Economics and Statistics*, vol. 91, nº 3, 2009.

ALFANO, Maria Rosaria; BARALDI, Anna Laura. "Democracy, Political Competition and Economic Growth". *Journal of International Development*, vol. 28, 2016.

ALSHARIF, Nouf. *Three Essays on Growth and Economic Diversification in Resource-Rich Countries*. Falmer: University of Sussex, 2017. (Tese de Doutorado).

ALSHARIF, Nouf; BHATTACHARYYA, Sambit; INTARTAGLIA, Maurizio. "Economic Diversification in Resource Rich Countries". *Resources Policy*, vol. 52, 2017.

ALVAREDO, Facundo; CHANCEL, Lucas; PIKETTY, Thomas; SAEZ, Emmanuel; ZUCMAN, Gabriel. *World Inequality Report*, 2018. Disponível em: https://wir2018.wid.world/files/download/wir2018-summary-english.pdf. Acessado em: 08.10.2024.

AMSDEN, Alice. "Bringing Production Back In". *World Development*, vol. 25, nº 4, 1997.

_____. *The Rise of the Rest*: Challenges to the West from Late Industrializing Economies. Oxford: Oxford University Press, 2001.

ANDERSON, Edward; D'OREY, Maria Ana Jalles; DUVENDACK, Maren; ESPOSITO, Lucio. "Does Government Spending Affect Income Inequality? A Meta-Regression Analysis". *Journal of Economic Surveys*, vol. 31, nº 4, 2016.

ANDERSON, Kevin; BRODERICK, John F.; STODDART, Isak. "A Factor of Two: How The Mitigation Plans of 'Climate Progressive' Nations Fall Far Short of Paris-Compliant Pathways". *Climate Policy*, vol. 20, nº 10, 2020. Disponível em: https://doi.org/10.1080/14693062.2020.1728209. Acessado em: 08.10.2024.

ANSARI, Dawud; HOLZ, Franziska. "Between stranded assets and green transformation". *World Development*, vol. 130, 2020. Disponível em: https://doi.org/10.1016/j.worlddev.2020.104947. Acessado em: 08.10.2024.

ARRIGHI, Giovanni. *The Long Twentieth Century*. Londres: Verso, 1994.

ARSEL, Murat; HOGENBOOM, Barbara; PELLEGRINI, Lorenzo. "The Extractive Imperative in Latin America". *The Extractive Industries and Society*, vol. 3, nº 4, 2016.

ASHMAN, Samantha; FINE, Ben. "Neo-liberalism, varieties of capitalism, and the shifting contours of South Africa's financial system". *Transformation Critical Perspectives on Southern Africa*, vol. 81, nº 1, 2013.

AUTY, R. M. *Economic Development and Industrial Policy*: Korea, Brazil, Mexico, India and China. Londres: Mansell, 1991.

BAER, Hans A. *Global Capitalism and Climate Change*: The Need for an Alternative World System. Lanham: AltaMira Press, 2012.

BALAKRISHNAN, Radhika; ELSON, Diane; PATEL, Raj. "Rethinking Macro Economic Strategies from a Human Rights Perspective". *MMC*, 2010. Disponível em: https://www.cwgl.rutgers.edu/docman/economic-and-social-rights-publications/20-whymeswithhumanrights2-pdf/file. Acessado em: 08.10.2024.

BARROWCLOUGH, Diana V.; KOZUL-WRIGHT, Richard. "Institutional Geometry of Industrial Policy in Sustainable Development". *In*: YÜLEK, Murat A. (Coord.). *Industrial Policy and Sustainable Growth*. Singapura: Springer, 2018.

______. "Integrated Industrial Policy". *In*: YÜLEK, Murat A. (Coord.). *Industrial Policy and Sustainable Growth*. Singapura: Springer, 2018.

BATEMAN, Milford. "South Africa's Post-Apartheid Microcredit Driven Calamity". *Law, Democracy and Development*, vol. 18, 2014. Disponível em: http://www.scielo.org.za/pdf/ldd/v18/06.pdf. Acessado em: 08.10.2024.

BATEMAN, Milford. *Why Doesn't Microfinance Work?* The Destructive Rise of Local Neoliberalism. Londres: Zed Press, 2010.

BATEMAN, Milford; BLANKENBURG, Stephanie; KOZUL-WRIGHT, Richard (Coord.). *The Rise and Fall of Global Microcredit*: Development, Debt and Disillusion. Londres: Routledge, 2018.

BAUNSGAARD, Thomas; VILLAFUERTE, Maurício; POPLAWSKI-RIBEIRO, Marcos; RICHMOND, Christine. *Fiscal Frameworks for Resource Rich Developing Countries*. Washington: International Monetary Fund, 2012. Disponível em: https://www.imf.org/external/pubs/ft/sdn/2012/sdn1204.pdf. Acessado em: 08.10.2024.

BEAVERSTOCK, Jonathan; HALL, Sarah; WAINWRIGHT, Thomas. "Servicing the Super-Rich: New Financial Elites and the Rise of the Private Wealth Management Retail Ecology". *Regional Studies*, vol. 47, nº 6, 2013.

BENDELL, Jem. "Deep Adaptation: a Map for Navigating Climate Tragedy". *IFLAS Occasional Paper*, 2018. Disponível em: http://insight.cumbria.ac.uk/id/eprint/4166/. Acessado em: 08.10.2024.

BERG, Andrew *et al. Some Misconceptions about Public Investment Efficiency and Growth*. Washington: International Monetary Fund, 2015. Disponível em: https://www.imf.org/external/pubs/ft/wp/2015/wp15272.pdf. Acessado em: 08.10.2024.

BESLEY, Timothy; CORD, Louise J. (Coord.). *Delivering on the Promise of Pro-Poor Growth*: Insights and Lessons from Country Experiences. Washington: World Bank Group, 2007. Disponível em: http://go.worldbank.org/IV26CMV9S0. Acessado em: 08.10.2024.

BEURET, Nicholas. "Emissions Inequality: There is A Gulf Between Global Rich and Poor". *The Conversation*, 2019. Disponível em: https://theconversation.com/emissions-inequality-there-is-a-gulf-between-global-rich-and-poor-113804. Acessado em: 08.10.2024.

BHADURI, Amit; BANERJEE, Kaustav; MOUGHARI, Zahra Karimi. "Fight against Unemployment: Rethinking Public Works Programs". *Real-World Economics Review*, nº 72, 2015. Disponível em: http://rwer.wordpress.com/comments-on-rwer-issue-no-72/. Acessado em: 08.10.2024.

BHATTACHARYA, Tithi (Coord.). *Social Reproduction Theory*. Londres: Pluto Press, 2017.

BLOCH, Debra; FOURNIER, Jean-Marc; GONÇALVES, Duarte; PINA, Álvaro. "Trends in Public Finances: Insights from a New Detailed Dataset". *OECD Economics Departament Working Papers*, 2016. Disponível em: https://ideas.repec.org/p/oec/ecoaaa/1345-en.html. Acessado em: 08.10.2024.

BORDO, Michael D.; LEVY, Mickey D. "Do Enlarged Fiscal Deficits Cause Inflation: The Historical Record". *Hoover Institutuion*, 2020. Disponível em: https://www.hoover.org/sites/default/files/research/docs/20124-bordo-levy.pdf. Acessado em: 08.10.2024.

BOS, Kyra; GUPTA, Joyeeta. "Stranded assets and stranded resources: implications for climate change mitigation and global sustainable development". *Energy Research and Social Science*, vol. 56, 2019. Disponível em: https://www.sciencedirect.com/science/article/pii/S2214629618305383?via%3Dihub. Acessado em: 08.10.2024.

BOYCE, James K. "Green and Brown? Globalization and the Environment". *PERI Working Paper 78*, 2004.

BRANCO, Manuel Couret. "Economics against Democracy". *Review of Radical Political Economics*, vol. 44, nº 1, 2012.

BRENTON, Paul; GILLSON, Ian; SAUVÉ, Pierre. "Economic Diversification: Lessons from Practice". *In*: OECD; WTO. *Aid for Trade at a Glance 2019*: Economic Diversification and Empowerment. Paris: OECD, 2019.

BRUIN, Kelly de; DELLINK, Rob; AGRAWALA, Shardul. "Economic Aspects of Adaptation to Climate Change: Integrated Assessment Modelling of Adaptation Costs and Benefits". *OECD Environment Working Papers*, 2009. Disponível em: https://www.oecd-ilibrary.org/environment/economic-aspects-of-adaptation-to-climate-change_225282538105. Acessado em: 09.08.2024.

BRUSZT, Laszlo. "Making Capitalism Compatible with Democracy: Tentative Reflections from the 'East'". *In*: CROUCH, Colin; STREECK, Wolfgang (Coord.). *The Diversity of Democracy*. Cheltenham: Edward Elgar, 2006.

BUMANN, Silke; LENSINK, Robert. *Financial liberalization and income inequality*: channels and cross-country evidence, 2013. Disponível em: https://assets.publishing.service.gov.uk/media/57a08a3de5274a31e00004d2/61070_BaumannLensink.pdf. Acessado em: 08.10.2024.

BUSH, Georgia. "Financial Development and the Effects of Capital Controls". *Open Economics Review*, vol. 30, 2019.

CALLEN, Tim *et al*. "Economic Diversification in the GCC: Past, Present, and Future". *International Monetary Fund*, 2014. Disponível em: https://www.imf.org/external/pubs/ft/sdn/2014/sdn1412.pdf. Acessado em: 10.08.2024.

CAMMACK, Paul. "What The World Bank Means by Poverty Reduction, and Why It Matters". *New Political Economy*, vol. 9, nº 2, 2004.

CAMPOS-VÁZQUEZ, Raymundo; CHAVEZ, Emmanuel; ESQUIVEL, Gerardo. "Growth Is (Really) Good for The (Really) Rich". *The World Economy*, vol. 40, nº 12, 2017.

CANADELL, Pep *et al*. "Eighteen Countries Showing The Way to Carbon Zero". *The Conversation*, 25 fev. 2019. Disponível: https://theconversation.com/eighteen-countries-showing-the-way-to-carbon-zero-112295. Acessado em: 15.10.2024.

CARMIGNANI, Fabrizio; MANDEVILLE, Thomas. "Never Been Industrialized: A Tale of African Structural Change". *Structural Change and Economic Dynamics*, vol. 31, 2014.

CASELLI, Francesco; KOREN, Miklós; LISICKY, Milan; TENREYRO, Silvana. "Diversification through Trade". *National Bureau of Economic Research*, 2015. Disponível em: https://www.nber.org/papers/w21498. Acessado em: 09.08.2024.

CGD. *The Growth Report*: Strategies for Sustained Growth and Inclusive Development. Washington: World Bank, 2008. Disponível em: http://cgd.s3.amazonaws.com/GrowthReportComplete.pdf. Acessado em: 09.08.2024.

CHANG, Ha-Joon. *The political economy of industrial policy*. Londres: Macmillan, 1994.

CHANG, Ha-Joon; GRABEL, Ilene. *Reclaiming Development*: An Alternative Economic Policy Manual. Londres: Zed Books, 2004.

CHANT, Sylvia; PEDWELL, Carolyn. "Women, gender and the informal economy". *International Labour Office*, 2008. Disponível em: http://www.cpahq.org/cpahq/cpadocs/wcms091228.pdf. Acessado em: 09.08.2024.

CHATEAU, Jean; BIBAS, Ruben; LANZI, Elisa. "Impacts of Green Growth Policies on Labour Markets and Wage Income Distribution". *OECD Environment Working Papers*, 2018. Disponível em: https://www.oecd-ilibrary.org/environment/impacts-of-green-growth-policies-on-labour-markets-and-wage-income-distribution_ea3696f4-en. Acessado em: 09.08.2024.

CHESNAIS, François. *Finance Capital Today*. Leiden: Brill, 2016.

CHRISTOPHERS, Brett; FINE, Ben. "The Value of Financialisation and the Financialisation of Value". *In*: MADER, Philip; MERTENS, Daniel; ZWAN, Natascha van der (Coord.). *International Handbook of Financialisation*. Londres: Routledge, 2019.

COADY, David; PARRY, Ian W. H.; LE, Nghia-Piotr; SHANG, Baoping. "Global Fossil Fuel Subsidies Remain Large: An Update Based on Country-Level Estimates". *International Monetary Fund*, 2019. Disponível em: https://www.imf.org/en/Publications/WP/Issues/2019/05/02/Global-Fossil-Fuel-Subsidies-Remain-Large-An-Update-Based-on-Country-Level-Estimates-46509. Acessado em: 09.08.2024.

COLAROSSI, Jess. "The World's Richest People Emit the Most Carbon". *Our World*, 2015. Disponível em: https://ourworld.unu.edu/en/the-worlds-richest-people-also-emit-the-most-carbon. Acessado em: 09.08.2024.

COLLIER, Paul; HOEFFLER, Anke. "Resource Rents, Governance, and Conflict". *Journal of Conflict Resolution*, vol. 49, nº 4, 2005.

CONSOLI, Christopher P.; WILDGUST, Neil. "Current Status of Global Storage Resources". *Energy Procedia*, vol. 114, 2017.

CORBERA, Esteve; COSTEDOAT, Sébastien; EZZINE-DE-BLAS, Driss; HECKEN, Gert Van. "Troubled Encounters: Payments for Ecosystem Services in Chiapas, Mexico". *Development and Change*, vol. 51, nº 1, 2019.

CORDEN, W. Max; NEARY, J. Peter. "Booming Sector and Deindustrialization in a Small Open Economy". *Economic Journal*, vol. 92, 1982.

CORNIA, Giovanni (Coord.). *Pro-Poor Macroeconomics*: Potential and Limitations. Houndmills: Palgrave, 2006.

CORNIA, Giovanni; MARTORANO, Bruno. "Development Policies and Income Inequality in Selected Developing Regions, 1980-2010". *United Nations Conference on Trade and Development*, 2012. Disponível em: https://unctad.org/en/PublicationsLibrary/osgdp20124_en.pdf. Acessado em: 09.08.2024.

CORNWALL, Andrea. "Revisiting the Gender Agenda". *IDS Bulletin*, vol. 38, nº 2, 2007.

COWELL, Frank A.; KERM, Philippe van. "Wealth Inequality: A Survey". *Journal of Economic Surveys*, vol. 29, nº 4, 2015.

COZZI, Giovanni; NISSANKE, Machiko. "Capital Controls and the Current Financial Crisis: Revisiting the Malaysian Experience". *Centre for Development Policy and Research*, 2009. Disponível em: https://www.soas.ac.uk/cdpr/publications/dv/file53082.pdf. Acessado em: 09.08.2024.

CRAIG, David; PORTER, Doug. "Poverty Reduction Strategy Papers: a New Convergence". *World Development*, vol. 31, nº 1, 2003.

______. *Development beyond Neoliberalism?* Abingdon: Routledge, 2006.

DAGDEVIREN, Hulya; HOEVEN, Rolph van der; WEEKS, John. "Poverty Reduction with Growth and Redistribution". *Development and Change*, vol. 33, 2002.

DANSON, Mike; MCALPINE, Robin; SPICKER, Paul; SULLIVAN, Willie. "The Case for Universalism: Assessing the Evidence of the Effectiveness and Efficiency of the Universal Welfare State". *The Jimmy Reid Foundation*, 2012. Disponível em: http://classonline.org.uk/pubs/item/the-case-for-universalism. Acessado em: 09.08.2024.

DAVIS, Graham A. "Learning to Love The Dutch Disease: Evidence From The Mineral Economies". *World Development*, vol. 23, nº 10, 1995.

DAVIS, Steven J.; CALDEIRA, Ken. "Consumption-Based Accounting of CO2 Emissions". *Proceedings of the National Academy of Sciences of the United States of America*, vol. 107, nº 12, 2010. Disponível em: https://www.pnas.org/content/107/12/5687. Acessado em: 09.08.2024.

DEMAEGT, Flora. "From Victims to Actors: Women's Inclusion in The Energy Transition". *Graduate Institute of International and Development Studies*, Genebra, 2017.

DEMARIA, Federico; SCHNEIDER, François; SEKULOVA, Filka; MARTINEZ-ALIER, Joan. "What is Degrowth?" *Environmental Values*, vol. 22, 2013.

DERCON, Stefan. "Is Green Growth Good for the Poor". *University of Oxford*, 2014. Disponível em: http://www.espa.ac.uk/files/espa/Greengrowth.pdf. Acessado em: 09.08.2024.

DETCHON, Reid; LEEUWEN, Richenda Van. "Bring sustainable energy to the developing world". *Nature*, nº 508, 2014.

DHIR, Swati; DHIR, Sanjay. "Diversification: Literature Review and Issues". *Strategic Change*, vol. 24, 2015.

DING, Ning; FIELD, Barry C. "Natural Resource Abundance and Economic Growth". *Land Economics*, vol. 81, nº 4, 2005.

DIOP, Ndiame; MAROTTA, Daniela; MELO, Jaime de. *Natural Resource Abundance, Growth & Diversification in MENA*. Washington: World Bank Group, 2012. Disponível em: http://documents.worldbank.org/curated/en/362691468278937113/Natural-resource-abundance-growth-and-diversification-in-the-Middle-East-and-North-Africa-the-effects-of-natural-resources-and-the-role-of-policies. Acessado em: 09.08.2024.

DORN, Florian; SCHINKE, Christoph. "Top income shares in OECD Countries: the role of government ideology and globalisation". *The World Economy*, vol. 41, nº 9, 2018.

DREHER, Axel. "IMF and economic growth: the effects of programs, loans, and compliance with conditionality". *World Development*, vol. 34, nº 5, 2006.

ECLAC. "Economic Diversification". *Focus*, nº 2, abr./jun. 2017. Disponível em: https://repositorio.cepal.org/bitstream/handle/11362/42399/FOCUSIssue2Apr-Jun2017.pdf. Acessado em: 09.08.2024.

EICHENGREEN, Barry; ROSE, Andrew. "Capital Controls in the 21st Century". *Journal of International Money and Finance*, vol. 48, 2014. Disponível em: https://www.sciencedirect.com/science/article/abs/pii/S0261560614001235. Acessado em: 09.08.2024.

ELSON, Diane. *Male Bias in the Development Process*. Manchester: Manchester University Press, 1991.

ELSON, Diane; CAGATAY, Nilufer. "The Social Content of Macroeconomic Policies". *World Development*, vol. 28, nº 7, 2000.

EPSTEIN, Gerald A. (Coord.). *Capital Flight and Capital Controls in Developing Countries*. Cheltenham: Edward Elgar, 2005.

ERIXON, Lennart. "Progressive supply-side economics: an explanation and update of the Rehn-Meidner model". *Cambridge Journal of Economics*, vol. 42, nº 3, 2018.

ESANOV, Akram. "Diversification in Resource-Dependent Countries: Its Dynamics and Policy Issues". *Revenue Watch Institute*, 2012. Disponível em: https://resourcegovernance.org/analysis-tools/publications/diversification-resource-dependent-countries. Acessado em: 09.08.2024.

ESCAITH, Hubert; TAMENU, Bekele. "Surfing on the Tide? Least-Developed Countries Trade during the Great Global Transition". *Theoretical and Practical Research in Economic Field*, vol. 1, nº 9, 2014.

ETC. "Mission Possible: Reaching Net-Zero Carbon Emissions from Harder-to-Abate Sectors". *Mid-Century*, 2018. Disponível em: https://www.energy-transitions.org/publications/mission-possible/. Acessado em: 09.08.2024.

EWG. "Global Energy System Based on 100% Renewable Energy". *Energy Watch Group*, 2019. Disponível em: https://energywatchgroup.org/wp/en/2019/04/12/new-study-global-energy-system-based-100-renewable-energy/. Acessado em: 09.08.2024.

FARDMANESH, Mohsen. "Dutch Disease Economics and The Oil Syndrome: An Empirical Study". *World Development*, vol. 19, nº 6, 1991.

FATHALLAH, Judith; PYAKUREL, Parakram. "Addressing Gender in Energy Studies". *Energy Research & Social Science*, vol. 65, 2020. Disponível em: https://doi.org/10.1016/j.erss.2020.101461. Acessado em: 09.08.2024.

FICKLIN, Lisa; STRINGER, Lindsay C.; DOUGILL, Andrew J.; SALLU, Susannah M. "Climate Compatible Development Reconsidered: Calling For a Critical Perspective". *Climate and Development*, vol. 10, nº 3, 2018.

FINE, Ben. "Financialisation From a Marxist Perspective". *International Journal of Political Economy*, vol. 42, nº 4, 2013-2014.

FINE, Ben; LAPAVITSAS, Costas; PINCUS, Jonathan (Coord.). *Development Policy in the Twenty-first Century*: Beyond the Post-Washington Consensus. Londres: Routledge, 2001.

FINE, Ben; SAAD-FILHO, Alfredo. "Politics of Neoliberal Development: Washington Consensus and post-Washington Consensus". *In*: WEBER, Heloise (Coord.). *The Politics of Development*: A Survey. Londres: Routledge, 2014.

______. "Thirteen Things You Need to Know About Neoliberalism". *Critical Sociology*, vol. 43, nº 4-5, 2017.

FINE, Ben; WAEYENBERGE, Elisa Van "Correcting Stiglitz: From Information to Power in the World of Development". *Socialist Register*, 2006.

FISCHER, Stanley; SAHAY, Ratna; VÉGH, Carlos. "Modern Hyper- and High Inflations". *International Monetary Fund*, nov. 2002. Disponível em: https://www.imf.org/external/pubs/ft/wp/2002/wp02197.pdf. Acessado em: 14.11.2024.

FOLEY, Duncan K. "The Economic Fundamentals of Global Warming". *SFI Working Paper*, 2007.

FONTANA, Giuseppe; SAWYER, Malcolm. "Towards Post-Keynesian Ecological Macroeconomics". *Ecological Economics*, vol. 121, 2016.

FOSTER, John Bellamy; CLARK, Brett. *The Robbery of Nature*: Capitalism and the Ecological Rift. Nova York: Monthly Review Press, 2020.

FOURNIER, Jean-Marc. "The Positive Effect of Public Investment on Potential Growth". *OECD Economics Department Working Papers*, 2016. Disponível em: https://www.oecd-ilibrary.org/economics/the-positive-effect-of-public-investment-on-potential-growth_15e400d4-en?crawler=true. Acessado em: 09.08.2024.

FOURNIER, Jean-Marc; JOHANSSON, Asa. "The Effect of the Size and the Mix of Public Spending on Growth and Inequality". *OECD Economics Department Working Papers*, 2016. Disponível em: https://www.oecd-ilibrary.org/economics/the-effect-of-the-size-and-the-mix-of-public-spending-on-growth-and-inequality_f99f6b36-en. Acessado em: 09.08.2024.

FREIRE, Clovis. "Economic Diversification: Explaining The Pattern of Diversification in The Global Economy and Its Implications For Fostering Diversification in Poorer Countries". *Working Papers*, United Nations, Department of Economics and Social Affairs, 2017. Disponível em: https://ideas.repec.org/p/une/wpaper/150.html. Acessado em: 09.08.2024.

FURMAN, Jason; PODESTA, John. "New Report: The Cost of Delaying Action to Stem Climate Change". *The White House*, 2014. Disponível em: https://obamawhitehouse.archives.gov/blog/2014/07/29/new-report-cost-delaying-action-stem-climate-change. Acessado em: 09.08.2024.

GALBRAITH, James K. "Inequality and economic and political change: a comparative perspective". *Cambridge Journal of Regions, Economy and Society*, vol. 4, 2011.

GAMMAGE, Sarah; JOSHI, Shareen; RODGERS, Yana van der Meulen. "The Intersections of Women's Economic and Reproductive Empowerment". *Feminist Economics*, vol. 26, 2020.

GAULIN, Nicolas; BILLON, Philippe Le. "Climate change and fossil fuel production cuts: assessing global supply-side constraints and policy implications". *Climate Policy*, 2020. Disponível em: https://www.tandfonline.com/doi/full/10.1080/14693062.2020.1725409. Acessado em: 09.08.2024.

GEBREWOLDE, Tewodros Makonnen. "The Global Gender Gap in Labor Income". *University of Leicester*, 2017. Disponível em: https://econpapers.repec.org/RePEc:lec:leecon:17/14. Acessado em: 09.08.2024.

GELB, Alan. "Economic Diversification in Resource Rich Countries". *International Monetary Fund*, 2010. Disponível em: https://www.imf.org/external/np/seminars/eng/2010/afrfin/pdf/Gelb2.pdf. Acessado em: 09.08.2024.

GENÇSÜ, Ipek; WHITLEY, Shelagh; TRILLING, Markus; BURG, Laurie van der; MCLYNN, Maeve; WORRALL, Leah. "Phasing out public financial flows to fossil fuel production in Europe". *Climate Policy*, 2020.

GERBER, Jean-David; GERBER, Julien-François. "Decommodification as a Foundation for Ecological Economics". *Ecological Economics*, vol. 131, 2017.

GEREFFI, Gary; WYMAN, Donald L. (Coord.). *Manufacturing Miracles*: Paths of Industrialization in Latin America and East Asia. Princeton: Princeton University Press, 1990.

GERMAIN, Marc. "Optimal versus Sustainable Degrowth Policies". *Ecological Economics*, vol. 136, 2017.

GERSCHENKRON, Alexander. *Economic Backwardness in Historical Perspective*. Cambridge: Harvard University Press, 1962.

GHOSH, Jayati. "Beyond the Millenium Development Goals: a Southern Perspective on a Global New Deal". *Journal of International Development*, vol. 27, 2015.

______. "Redefining Development and Quality of Life". *Economic and Political Weekly*, vol. 47, nº 7, 2012.

GODA, Thomas; LYSANDROU, Photis. "The Contribution of Wealth Concentration to the Subprime Crisis: a Quantitative Estimation". *Cambridge Journal of Economics*, vol. 38, nº 2, 2013.

GOLDSTEIN, Adam. "What is the Link Between Carbon Emissions and Poverty?" *WEF*, 15 dez. 2015. Disponível em: https://www.weforum.org/agenda/2015/12/what-is-the-link-between-carbon-emissions-and-poverty/. Acessado em: 10.10.2024.

GOLUB, Stephen; PRASAD, Varun. "Promoting Economic Diversification and International Competitiveness in Angola". *Swarthmore College*, 2016. Disponível em: https://www.swarthmore.edu/sites/default/files/assets/documents/user_profiles/sgolub1/AngolaStudyTrade2016.rev2_.pdf. Acessado em: 09.08.2024.

GORE, Tim. "Extreme Carbon Inequality". *Oxfam*, 2015. Disponível em: https://www.oxfam.org/en/research/extreme-carbon-inequality. Acessado em: 09.08.2024.

GOUVELLO, Christophede; ZELENKO, Ivan; AMBROSI, Philippe. "A Financing Facility For Low-Carbon Development". *World Bank Group*, 2010. Disponível em: https://elibrary.worldbank.org/doi/abs/10.1596/978-0-8213-8521-0. Acessado em: 09.08.2024.

GOWAN, Peter. *The Global Gamble*: America's Faustian Bid for World Dominance. Londres: Verso, 1999.

GRABEL, Ilene. "Trip Wires and Speed Bumps: Managing Financial Risks and Reducing the Potential for Financial Crises in Developing

Economies". *Discussion Papers*, 2004. Disponível em: https://ideas.repec.org/p/unc/g24pap/33.html. Acessado em: 09.08.2024.

GRAHL, John; LYSANDROU, Photis. "Sand in the Wheels or Spanner in the Works? The Tobin Tax and Global Finance". *Cambridge Journal of Economics*, vol. 27, 2003.

GRANADOS, José A. Tapia. "Inexorable March Toward Utter Climate Disaster?" *Capitalism Nature Socialism*, vol. 29, nº 4, 2018.

GRANT, Andrew. "Handbtrake Turn: The cost of failing to anticipate an Inevitable Policy Response to climate change". *Carbon Tracker*, 2020. Disponível em: https://carbontracker.org/reports/handbrake-turn/. Acessado em: 09.08.2024.

GREENLEAF, Maron. "Rubber and Carbon: Opportunity Costs, Incentives and Ecosystem Services in Acre, Brazil". *Development and Change*, vol. 51, nº 1, 2019.

GROSSE, Melanie; HARTTGEN, Kenneth; KLASEN, Stephan. "Measuring Pro-Poor Growth in Non-Income Dimensions". *World Development*, vol. 36, nº 6, 2008.

GUNTER, Bernhard G.; COHEN, Marc J.; LOFGREN, Hans. "Analysing Macro-Poverty Linkages: An Overview". *Development Policy Review*, vol. 23, nº 3, 2005.

HAGLUND, Dan. "Blessing Or Curse?: The Rise of Mineral Dependence Among Low-and Middle-Income Countries". *Oxford Policy Management*, 2011. Disponível em: https://eiti.org/document/opm-study-blessing-curse-rise-of-mineral-dependence-among-low-middleincome-countries. Acessado em: 09.08.2024.

HAHNEL, Robin. "Left Clouds Over Climate Change Policy". *Review of Radical Political Economics*, vol. 44, nº 2, 2012.

HAILU, Degol; KIPGEN, Chinpihoi. "The Extractives Dependence Index (EDI)". *Resources Policy*, vol. 51, 2017.

HALL, Anthony. "Extractive Reserves: Building Natural Assets in the Brazilian Amazon". *Working Papers 74*, Political Economy Research Institute, University of Massachusetts at Amherst, 2004. Disponível em: https://www.researchgate.net/publication/23693767_Extractive_Reserves_Building_Natural_Assets_in_the_Brazilian_Amazon. Acessado em: 15.10.2024.

HALLEGATTE, Stephane *et al. Shock Waves*: Managing the Impacts of Climate Change on Poverty. Washington: World Bank, 2016.

HAMDAOUI, Mekki; MAKTOUF, Samir. "Overall Effects of Financial Liberalization: Financial Crisis versus Economic Growth". *International Review of Applied Economics*, vol. 33, nº 4, 2019. Disponível em: https://www.tandfonline.com/doi/full/10.1080/02692171.2018.1515898. Acessado em: 15.10.2024.

HANSEN, J. *et al.* "Target Atmospheric CO2: Where Should Humanity Aim?" *In*: McKIBBEN, Bill (Coord.). *The Global Warming Reader*: A Century of Writing about Climate Change. Londres: Penguin, 2011.

HARRABIN, Roger. "Paris Agreement: Trump Confirms US Will Leave Climate Accord". *BBC*, 24 out. 2019. Disponível em: https://www.bbc.co.uk/news/world-us-canada-50165596. Acessado em: 24.10.2024.

HARRISON, Ann; McLAREN, John; McMILLAN, Margaret. "Recent Perspectives on Trade and Inequality". *Annual Review of Economics*, vol. 3, 2011.

HARRISS-WHITE, Barbara. "Poverty and Capitalism". *Economic and Political Weekly*, vol. 41, 2006. Disponível em: https://www.researchgate.net/publication/24119508_Poverty_and_Capitalism. Acessado em: 15.10.2024.

HAUSMANN, Ricardo; HIDALGO, Cesar A. "The Network Structure of Economic Output". *Journal of Economic Growth*, vol. 16, nº 4, 2011.

HAUSMANN, Ricardo; KLINGER, Bailey. "The Structure of the Product Space and the Evolution of Comparative Advantage". *Working Papers 146*, Center for International Development, Harvard University, 2007.

HDR. *Human Development Report*: Deepening Democracy in a Fragmented World, 2002. Disponível em: http://hdr.undp.org/sites/default/files/reports/263/hdr_2002_en_complete.pdf. Acessado em: 15.10.2024.

HE, Jun. "Situated Payments for Ecosystem Services: Local Agencies in the Implementation of the Sloping Land Conversion Programme in Southwest China". *Development and Change*, vol. 51, nº 1, 2019.

HELTBERG, Rasmus. "The Growth Elasticity of Poverty". *In*: SHORROCKS, Anthony; HOEVEN, Rolph van der (Coord.). *Growth, Inequality, and Poverty*: Prospects for Pro-Poor Economic Development. Oxford: Oxford University Press, 2004.

HENDRIX, Cullen S. "Kicking a Crude Habit: Diversifying Away from Oil and Gas in the 21st Century". *Peterson Institute for International Economics Working Paper 17-2*, 2017. Disponível em: https://www.ssrn.com/abstract=2912333. Acessado em: 15.10.2024.

HESSE, Heiko. "Export Diversification and Economic Growth". *Commission on Growth and Development Working Paper 21*, World Bank, 2008. Disponível em: https://openknowledge.worldbank.org/handle/10986/28040. Acessado em: 15.10.2024.

HEYNEN, Nik *et al.* (Coord.). *Neoliberal Environments*: False Promises and Unnatural Consequences. Abingdon: Routledge, 2007.

HICKEL, Jason. "A Response To McAfee: No, The 'Environmental Kuznets Curve' Won't Save Us". *Jason Hickel Blog*, 2020. Disponível em: https://www.jasonhickel.org/blog/2020/10/9/response-to-mcafee. Acessado em: 15.10.2024.

HIMMELWEIT, Susan. *Changing Norms of Social Reproduction in an Age of Austerity*, 2017 (manuscrito não publicado).

HIRSCHMAN, Albert. *The Strategy of Economic Development*. New Haven: Yale University Press, 1958.

HOEXTER, Michael F. "Governments Can and Must Lead Climate Action via Public Investment". *Global Institute for Sustainable Prosperity*, 2014. Disponível em: http://www.global-isp.org/wp-content/uploads/PN-103.pdf. Acessado em: 15.10.2024.

HOFFMANN, Ulrich. "Can Green Growth Really Work and What are the True (Socio-)Economics of Climate Change?" *United Nations Conference on Trade and Development*, 2015. Disponível em: https://unctad.org/en/PublicationsLibrary/osgdp2015d4_en.pdf. Acessado em: 15.10.2024.

______. "Some Reflections on Climate Change, Green Growth Illusions and Development Space". *United Nations Conference on Trade and Development*, 2011. Disponível em: https://unctad.org/en/PublicationsLibrary/osgdp2011d5_en.pdf. Acessado em: 15.10.2024.

HUDSON, Michael. "From Marx to Goldman Sachs: The Fictions of Fictitious Capital, and the Financialization of Industry". *Critique*, vol. 38, nº 3, 2010.

HUJO, Katja. *Mineral Rents and the Financing of Social Policy*. Londres: Palgrave, 2012.

IANCHOVICHINA, Elena; GABLE, Susanna L. "What is Inclusive Growth?" *In*: AREZKI, Rabah *et al.* (Coord.). *Commodity Prices and Inclusive Growth in Low-Income Countries*. Washington: International Monetary Fund, 2012.

IER. "Exploring the Dangers of the Keep It In the Ground Campaign, Institute for Energy Research". *IER Press Releases*, abr. 2016. Disponível em: https://www.instituteforenergyresearch.org/fossil-fuels/coal/dangers-keep-ground-campaign/. Acessado em: 15.10.2024.

IMF. "Fiscal Monitor: How to Mitigate Climate Change". *IMF*, 2019. Disponível em: https://www.imf.org/en/Publications/FM/Issues/2019/10/16/Fiscal-Monitor-October-2019-How-to-Mitigate-Climate-Change-47027. Acessado em: 15.10.2024.

IMF. "The Macroeconomics of Managing Increased Aid Inflows: Experiences of Low-Income Countries and Policy Implications, August 8 draft". *Policy Development and Review Department*, Washington, IMF, 2005.

IPCC WORKING GROUP I. "Global Warming of 1.5°C, 2018". *Intergovernmental Panel on Climate Change*, 2019. Disponível em: https://www.ipcc.ch/site/assets/uploads/sites/2/2019/06/SR15_Full_Report_High_Res.pdf. Acessado em: 15.10.2024.

______. "Summary for Policymakers: The Science of Climate Change, 1995". *In*: McKIBBEN, Bill (Coord.). *The Global Warming Reader*: A Century of Writing about Climate Change. Londres: Penguin, 2011.

ITF. "The Carbon Footprint of Global Trade". *International Transport Forum*: Global dialogue for better transport, 2015. Disponível em: https://www.itf-oecd.org/carbon-footprint-global-trade. Acessado em: 15.10.2024.

IZVORSKI, Ivailo V.; COULIBALY, Souleymane; DOUMBIA, Djeneba. *Reinvigorating Growth in Resource-Rich Sub-Saharan Africa*. Washington: World Bank Group, 2018.

JAKOB, Michael; HILAIRE, Jérôme. "Unburnable Fossil-Fuel Reserves". *Nature*, n° 517, 2015.

JALILIAN, Hossein; KIRKPATRICK, Colin. "Does Financial Development Contribute to Poverty Reduction?" *Journal of Development Studies*, vol. 41, n° 4, 2005.

JOHANSSON, Asa. “Public Finance, Economic Growth and Inequality: A Survey of the Evidence”. *OECD Economics Department Working Papers 1346*, 2016. Disponível em: https://ideas.repec.org/p/oec/ecoaaa/1346-en.html. Acessado em: 15.10.2024.

JOHNSON, Oliver W.; GERBER, Vanessa; MUHOZA, Cassilde. “Gender, Culture and Energy Transitions in Rural Africa”. *Energy Research & Social Science*, vol. 49, 2018. Disponível em: https://doi.org/10.1016/j.erss.2018.11.004. Acessado em: 15.10.2024.

JOMO, Kwame S.; FINE, Ben (Coord.). *The New Development Economics*: After the Washington Consensus. Delhi: Tulika; Londres: Zed Press, 2006.

JORGENSON, Andrew K. “Economic Development and the Carbon Intensity of Human Well-Being”. *Nature Climate Change*, nº 4, 2014.

JOSLIN, Audrey. “Translating Water Fund Payments for Ecosystem Services in the Ecuadorian Andes”. *Development and Change*, vol. 51, nº 1, 2019.

JOYA, Omar. “Growth and Volatility in Resource-Rich Countries: Does Diversification Help?” *Structural Change and Economic Dynamics*, vol. 35, 2015.

KAKWANI, Nanak. “Pro-Poor Growth and Policies”. *UNDP Asia-Pacific Regional Programme on the Macroeconomics of Poverty Reduction*, UNDP website, 2002.

______. *Pro-Poor Growth and Policies*. Manila: Asian Development Bank, 2001.

KAKWANI, Nanak; PERNIA, Ernesto. “What is Pro-Poor Growth?” *Asian Development Review*, vol. 18, 2000.

KALLIS, Giorgos; KERSCHNER, Christian; MARTINEZ-ALIER, Joan. “The Economics of Degrowth”. *Ecological Economics*, vol. 84, 2012.

KARTHA, Silvan *et al.* “The Carbon Inequality Era”. *Joint Research Report, SEI and Oxfam*, set. 2020. Disponível em: https://www.sei.org/publications/the-carbon-inequality-era/. Acessado em: 15.10.2024.

KEEN, Steve. “Trade and the Gains from Diversity”. *Globalizations*, vol. 14, nº 6, 2017.

KELKAR, Govind; NATHAN, Dev. “Gender Relations and the Energy Transition in Rural Asia”. *UNIFEM*, South Asia Regional Office, New Delhi, 2005. Disponível em: http://citeseerx.ist.psu.edu/viewdoc/

download?doi=10.1.1.856.7578&rep=rep1&type=pdf. Acessado em: 15.10.2024.

KEMP, René; NEVER, Babette. "Green Transition, Industrial Policy, and Economic Development". *Oxford Review of Economic Policy*, vol. 33, nº 1, 2017.

KHOR, Martin *et al.* "Promoting Sustainable Development by Addressing the Impacts of Climate Change Response Measures on Developing Countries". *South Center Research Papers 81*, 2017.

KHOR, Martin. "Risks and Uses of the Green Economy Concept in the Context of Sustainable Development, Poverty and Equity". *South Center Research Papers 40*, 2011. Disponível em: chrome-extension://efaidnbmnnnibpcajpcglclefindmkaj/https://www.greenpolicyplatform.org/sites/default/files/downloads/resource/Risks_and_uses_of_the_GE_concept_South%20Centre.pdf. Acessado em: 15.10.2024.

KIDD, Stephen. "Citizenship or Charity: the two paradigms of social protection". *Pathways' Perspectives on Social Policy in International Development*, Issue nº 25, 2017. Disponível em: http://www.developmentpathways.co.uk/wp-content/uploads/2017/11/Citizenship-or-Charity-PP25-1-1.pdf. Acessado em: 14.11.2024.

KINDER MORGAN. *The Need for Fossil Fuels*, 2020. Disponível em: http://www2.kindermorgan.com/getAttachment/4c844b12-9ecd-4948-a44f-ee3ebef02173/White_Fossil_Fuels.pdf. Acessado em: 15.10.2024.

KUZNETS, Simon. "Economic Growth and Income Inequality". *American Economic Review*, vol. 45, nº 1, 1955.

LAHN, Glada; BRADLEY, Sîan. "Left Stranded? Extractives-Led Growth in a Carbon-Constrained World". *Research Paper*, Chatham House, The Royal Institute of International Affairs, Londres, 2016.

LANGLEY, Paul; MELLOR, Mary. '"Economy', Sustainability and Sites of Transformative Space". *New Political Economy*, vol. 7, nº 1, 2002.

LAVINAS, Lena. *The Brazilian Paradox*: The Takeover of Social Policy by Financialization. Londres: Palgrave, 2017.

LAVOIE, Marc. "Financialization, Neo-liberalism, and Securitization". *Journal of Post Keynesian Economics*, vol. 35, nº 2, 2014.

LAWSON, Max *et al.* "Public Good or Private Wealth?" *Oxfam International*, 21 jan. 2019. Disponível em: https://www.oxfam.org/en/research/public-good-or-private-wealth. Acessado em: 15.10.2024.

LAZEAR, Edward. P. "Economic Imperialism". *Quarterly Journal of Economics*, vol 115, nº 1, 2000.

LE GOFF, Maëlan; SINGH, Raju J. "Does Trade Reduce Poverty?" *World Bank Policy Research Working Paper 6.327*, nº 114, 2013. Disponível em: http://siteresources.worldbank.org/EXTPREMNET/Resources/EP114.pdf. Acessado em: 15.10.2024.

LE QUÉRÉ, Corinne *et al.* "Temporary Reduction in Daily Global CO2 Emissions during the COVID-19 Forced Confinement". *Nature Climate Change*, 2020.

LEDERMAN, Daniel; MALONEY, William F. *Does What You Export Matter?* Washington: World Bank, 2012.

LEIBOVICI, Fernando; CREWS, Jonas. "Trade Liberalization and Economic Development". *Economic Synopsis*, nº 13, 2018. Disponível em: https://research.stlouisfed.org/publications/economic-synopses/2018/04/20/trade-liberalization-and-economic-development. Acessado em: 15.10.2024.

LEUBOLT, Bernhard; FISCHER, Karin; SAHA, Debdulal. *Targeting and Universalism*: Complementary or Competing Paradigms in Social Policy? Insights from Brazil, India and South Africa, 2013 (manuscrito não publicado).

LIEU, Jenny *et al.* "Three Sides to Every Story: Gender Perspectives in Energy Transition Pathways in Canada, Kenya and Spain". *Energy Research & Social Science*, vol. 68, 2020. Disponível em: https://doi.org/10.1016/j.erss.2020.101550. Acessado em: 15.10.2024.

LIST, Friedrich. *The National System of Political Economy*. Londres: Longmans, Green and Co., [1841] 1885.

LISTO, Romy. "Gender Myths in Energy Poverty Literature: A Critical Discourse Analysis". *Energy Research & Social Science*, vol. 38, 2018. Disponível em: https://doi.org/10.1016/j.erss.2018.01.010. Acessado em: 15.10.2024.

LOHMANN, Larry. "Climate as Investment". *Development and Change*, vol. 40, nº 6, 2009.

LOUREIRO, Pedro; SAAD-FILHO, Alfredo. "The Limits of Pragmatism: The Rise and Fall of the Brazilian Workers' Party (2002-2016)". *Latin American Perspectives*, vol. 46, nº 1, 2019.

LUKAUSKAS, Arvid; STERN, Robert M.; ZANINI, Gianni (Coord.). *Handbook of Trade Policy for Development*. Oxford: Oxford University Press, 2013.

LYSANDROU, Photis. "The Causal Primacy of Global Inequality in the Financial Crisis". *Theory and Struggle*, vol. 119, 2018. Disponível em: https://online.liverpooluniversitypress.co.uk/doi/pdf/10.3828/ts.2018.4. Acessado em: 15.10.2024.

MacEWAN, A. "Debt and Democracy: Can Heavily Indebted Countries Pursue Democratic Economic Programs?" *Paper presented at the symposium on Common Defense Against Neoliberalism*, Istambul, 2003.

MAH-HUI, Lim; LIM, Joseph A. *Asian Initiatives at Monetary and Financial Integration*: A Critical Review, 2012 (manuscrito não publicado).

MAHROUM, Sami; AL-SALEH, Yasser. *Economic Diversification in Natural Resource Rich Economies*. Nova York: Routledge, 2016.

MANGANELLI, Simone; POPOV, Alexander. "Finance and Diversification". *European Central Bank*, 2010. Disponível em: https://www.ecb.europa.eu/pub/pdf/sPCWps/ecbwp1259.pdf. Acessado em: 15.10.2024.

______. "Financial Development, Sectoral Reallocation, and Volatility: International Evidence". *Journal of International Economics*, vol. 96, nº 2, 2015.

MANLEY, David; CUST, James; CECCHINATO, Giorgia. "Stranded Nations? The Climate Policy Implications for Fossil Fuel-Rich Developing Countries". *SSRN Electronic Journal*, 2017. Disponível em: https://www.economics.ox.ac.uk/images/Documents/OxCarre_Policy_Papers/OxCarrePP201634.pdf. Acessado em: 15.10.2024.

MAROIS, Thomas. *Public Banks*: Decarbonisation, Definancialisation and Democratisation. Cambridge: Cambridge University Press, 2021.

McCULLOCH, Neil; BAULCH, Bob. "Assessing the Poverty Bias of Growth: Methodology and an Application to Andhra Pradesh and Uttar Pradesh". *IDS Working Paper 98*, 1999.

McELWEE, Pamela; HUBER, Bernhard; NGUYỄN, Thi H. V. "Hybrid Outcomes of Payments for Ecosystem Services Policies in Vietnam: Between Theory and Practice". *Development and Change*, vol. 51, nº 1, 2019.

McGLADE, Christophe; EKINS, Paul. "The Geographical Distribution of Fossil Fuels Unused When Limiting Global Warming to 2°C". *Nature*, nº 517, 2015.

McKIBBEN, Bill. "A World at War". *The New Republic*, 15 ago. 2016. Disponível em: https://newrepublic.com/article/135684/declare-war-climate-change-mobilize-wwii. Acessado em: 23.10.2024.

______. *The Global Warming Reader*: A Century of Writing about Climate Change. Londres: Penguin, 2011.

McKINLEY, Terry. "Introduction". *In*: ______ (Coord.). *Macroeconomic Policy, Growth and Poverty Reduction*. Londres: Palgrave, 2001.

______. *MDG-Based PRSPs Need More Ambitious Economic Policies*, 2004 (manuscrito não publicado).

______. "Revisiting the Dynamics of Growth, Inequality and Poverty Reduction". *SOAS Discussion Paper 25/09*, Centre for Development Policy and Research, 2009.

______. *The Macroeconomics of Poverty Reduction*: Initial Findings of the UNDP Asia-Pacific Regional Programme. Nova York: UNDP, 2003.

McKINNON, Hannah; MUTTITT, Greg; TROUT, Kelli. *The Sky's Limit*: Why Norway Should Lead the Way in a Managed Decline of Oil and Gas Extraction. Washington: Oil Change International, 2017.

MECHLING, George; MILLER, Stephen; KONECNY, Ron. "Do Piketty and Saez Misstate Income Inequality?" *Review of Political Economy*, vol. 29, nº 1, 2017.

MIKESELL, Raymond. "Explaining the Resource Curse, with Special Reference to Mineral-Exporting Countries". *Resources Policy*, vol. 23, nº 4, 1997.

MILANOVIC, Branko. *Global Inequality*: A New Approach for the Age of Globalization. Cambridge: Belknap Press, 2016.

MILLWARD-HOPKINS, Joel *et al.* "Providing Decent Living with Minimum Energy: A Global Scenario". *Global Environmental Change*, vol. 65, 2020. Disponível em: https://doi.org/10.1016/j.gloenvcha.2020.102168. Acessado em: 15.10.2024.

MORRISSEY, James. "Who Should Sell the Last of the Fossil Fuels: Stranded Assets, Equity and Climate Change". *Oxfam*, 2016. Disponível em: https://politicsofpoverty.oxfamamerica.org/2016/05/

who-should-sell-the-last-of-the-fossil-fuels-stranded-assets-equity-and-climate-change/. Acessado em: 15.10.2024.

MURADIAN, Roldan *et al.* "Payments for Ecosystem Services and the Fatal Attraction of Win-Win Solutions". *Conservation Letters*, vol. 6, nº 4, 2013.

MUTTITT, Georg. *Off Track*: How the International Energy Agency Guides Energy Decisions Towards Fossil Fuel Dependence and Climate Change. Washington: Oil Change International, 2018. Disponível em: http://priceofoil.org/content/uploads/2018/04/OFF-TRACK-the-IEA-Climate-Change.pdf. Acessado em: 15.10.2024.

NASCHOLD, Felix. "Growth, Distribution, and Poverty Reduction: LDCs are Falling Further Behind". *In*: SHORROCKS, Anthony; HOEVEN, Rolph van der (Coord.). *Growth, Inequality, and Poverty*: Prospects for Pro-Poor Economic Development. Oxford: Oxford University Press, 2004.

NAYYAR, Deepak. "Globalization and Democracy". *Brazilian Journal of Political Economy*, vol. 35, nº 140, 2015.

NELSON, Sara H. *et al.* "The Political Life of Natural Infrastructure: Water Funds and Alternative Histories of Payments for Ecosystem Services in Valle del Cauca, Colombia". *Development and Change*, vol. 51, nº 1, 2019.

NERSISYAN, Yeva; WRAY, L. Randall. "How to Pay for the Green New Deal". *Levy Economics Institute of Bard College*, 2019. Disponível em: http://www.levyinstitute.org/publications/how-to-pay-for-the-green-new-deal. Acessado em: 15.10.2024.

NEWELL, Peter; SIMMS, Andrew. "Towards a Fossil Fuel Non-Proliferation Treaty". *Climate Policy*, vol. 20, 2019. Disponível em: https://www.tandfonline.com/doi/full/10.1080/14693062.2019.1636759. Acessado em: 15.10.2024.

NUROGLU, Elif; KUNST, Robert M. "Kuznets and Environmental Kuznets Curves for Developing Countries". *In*: YÜLEK, Murat A. (Coord.). *Industrial Policy and Sustainable Growth*. Singapura: Springer, 2018.

OECD. "In It Together: Why Less Inequality Benefits All". *OECD*, 21 maio 2015. Disponível em: https://www.oecd.org/social/in-it-together-why-less-inequality-benefits-all-9789264235120-en.htm. Acessado em: 15.10.2024.

______. *Economic Diversification in Africa*. Paris: OECD, 2011.

ONARAN, Özlem; GUSCHANSKI, Alexander. "The Causes of Falling Wage Share". *University of Greenwich*, 2018. Disponível em: https://gala.gre.ac.uk/id/eprint/19373/. Acessado em: 15.10.2024.

OPARAOCHA, Sheila; DUTTA, Soma. "Gender and Energy for Sustainable Development". *Energy Research & Social Science*, vol. 3, nº 4, 2011. Disponível em: https://doi.org/10.1016/j.cosust.2011.07.003. Acessado em: 15.10.2024.

ORTIZ-OSPINA, Esteban; ROSER, Max. "Taxation". *Our Wolrd in Data*, set. 2016. Disponível em: https://ourworldindata.org/taxation. Acessado em: 28.10.2024.

OSMANI, Siddiqur R. "Growth Strategies and Poverty Reduction". *Asia and Pacific Forum on Poverty*: Reforming Policies and Institutions for Poverty Reduction, Manila, Asian Development Bank, 2001.

OSSOWSKI, Rolando; HALLAND, Havard. "Key Aspects of Fiscal Management in Resource-Rich Countries". *In*: HUURDEMAN, Alexander; ROZHKOVA, Anastasiya (Coord.). *Balancing Petroleum Policy*. Washington: World Bank, 2019.

OSTRY, Jonathan David; BERG, Andrew; KOTHARI, Siddharth. "Growth-Equity Trade-offs in Structural Reforms". *International Monetary Fund*, 2018. Disponível em: https://www.imf.org/en/Publications/WP/Issues/2018/01/05/Growth-Equity-Trade-offs-in-Structural-Reforms-45540. Acessado em: 15.10.2024.

OUEDRAOGO, Nadia. "Transition Pathways for North Africa to Meets Its (Intended) Nationally Determined Contributions under the Paris Agreement". *Climate Policy*, vol. 20, nº 1, 2020.

PACHAURI, Shonali; RAO, Narasimha D. "Gender Impacts and Determinants of Energy Poverty: Are We Asking the Right Questions?" *Current Opinion in Environmental Sustainability*, vol. 5, nº 2, 2013. Disponível em: https://doi.org/10.1016/j.cosust.2013.04.006. Acessado em: 15.10.2024.

PAGE, John. "Rowing Against the Current: The Diversification Challenges in Africa's Resource Rich Economies". *WIDER Working Paper*, 2018. Disponível em: https://www.wider.unu.edu/publication/rowing-against-current. Acessado em: 15.10.2024.

PALANIVEL, T. *Report of the Regional Workshop on Macroeconomics of Poverty Reduction*. Nova York: UNDP, 2003.

PALMA, José Gabriel. "Three and a Half Cycles of 'Mania, Panic and [Asymmetric] Crash': East Asia and Latin America Compared". *Cambridge Journal of Economics*, vol. 22, 1998.

PANAYIOTAKIS, Costas. "Working More, Selling More, Consuming More: Capitalism's Third Contradiction". *Socialist Register*, 2007.

PANITCH, Leo; GINDIN, Sam. *The Making of Global Capitalism*: The Political Economy of American Empire. Londres: Verso, 2012.

PASHA, Hafiz A.; PALANIVEL, T. *Pro-Poor Growth and Policies*: The Asian Experience. Nova York: UNDP, 2004.

PERKINS, Patricia E. "Feminist Ecological Economics and Sustainability". *Journal of Bioeconomics*, vol. 9, 2007.

PERRONS, Diane. "Gendering the Inequality Debate". *Gender and Development*, vol. 23, nº 2, 2015.

PESZKO, Grzegorz *et al*. *Diversification and Cooperation in a Decarbonizing World*. Washington: The World Bank, 2020.

PICKETT, Kate; WILKINSON, Richard. *The Spirit Level*: Why Equality is Better for Everyone. Londres: Penguin, 2010.

PIKETTY, Thomas. *Capital in the Twenty-First Century*. Cambridge: Harvard University Press, 2014.

PREBISCH, Raúl. *The Economic Development of Latin America and Its Principal Problems*. Nova York: ECLA, 1950. Disponível em: http://archivo.cepal.org/pdfs/cdPrebisch/002.pdf. Acessado em: 15.10.2024.

RAINFOREST ACTION NETWORK *et al*. *Banking on Climate Change*: Fossil Fuel Finance Report, 2020. Disponível em: https://www.ran.org/bankingonclimatechange2020/. Acessado em: 09.08.2024.

______. *Shorting the Climate*: Fossil Fuel Report Card, 2016. Disponível em: http://priceofoil.org/2016/06/15/shorting-the-climate/. Acessado em: 09.08.2024.

RAO, J. M. *The Possibility of Pro-Poor Development*: Distribution, Growth and Policy Interactions", 2002 (manuscrito não publicado).

RAVAL, Anjli; SHEPPARD, David; KHALAF, Roula. "BP Warns of Oil Demand Peak by Early 2020s". *Financial Times*, 14 set. 2020.

Disponível em: https://www.ft.com/content/7a6d5cb2-0e7e-4ea5-8662-5ac75c4c0694. Acessado em: 10.10.2024.

RAWORTH, Kate; WYKES, Sarah; BASS, Steve. "Securing Social Justice in Green Economies: A Review and Ten Considerations for Policymakers". *IIED*, 2014. Disponível em: https://pubs.iied.org/16578IIED/. Acessado em: 10.10.2024.

REINERT, Erik. *How Rich Countries Got Rich... and Why Poor Countries Stay Poor*. Nova York: PublicAffairs, 2008.

REINERT, Erik; GHOSH, Jayati; KATTEL, Rainer (Coord.). *Handbook of Alternative Theories of Economic Development*. Cheltenham: Edward Elgar, 2018.

REZAI, Armon; STAGL, Sigrid. "Ecological macroeconomics: introduction and review". *Ecological Economics*, vol. 121, 2016.

RICARDO, David. *On the Principles of Political Economy and Taxation*. [S.l.]: Createspace Independent Publishing Platform, [1821] 2014.

RITCHIE, Hannah *et al.* "How Much Will it Cost to Mitigate Climate Change?" *Our World in Data*, 2017. Disponível em: https://ourworldindata.org/how-much-will-it-cost-to-mitigate-climate-change. Acessado em: 10.10.2024.

ROBBINS, Paul. "Is less more... or is more less? scaling the political ecologies of the future". *Political Geography*, vol. 76, 2020. Disponível em: https://doi.org/10.1016/j.polgeo.2019.04.010. Acessado em: 10.10.2024.

ROSS, Michael L. "Oil, Islam, and Women". *American Political Science Review*, vol. 102, nº 1, 2008.

______. "What Do We Know About Economic Diversification in Oil-Producing Countries". *UCLA and Oxford University*, 2017. Disponível em: https://www.sscnet.ucla.edu/polisci/faculty/ross/papers/working/What%20do%20we%20know%20about%20exdiv.pdf. Acessado em: 10.10.2024.

ROSSER, Andrew. "The Political Economy of the Resource Curse". *IDS Working Paper 268*, Brighton, Institute of Development Studies, 2006.

RYAN, Sarah E. "Rethinking gender and identity in energy studies". *Energy Research & Social Science*, vol. 1, 2014. Disponível em: https://doi.org/10.1016/j.erss.2014.02.008. Acessado em: 10.10.2024.

SAAD-FILHO, Alfredo. "Growth, Poverty and Inequality: Policies and Debates from the (Post-) Washington Consensus to Inclusive Growth". *Indian Journal of Human Development*, vol. 5, vol. 2, 2011.

______. "Monetary Policy and Neoliberalism". *In*: CAHILL, Damien; COOPER, Melinda; KONINGS, Martijn (Coord.). *SAGE Handbook of Neoliberalism*. Londres: Sage, 2018.

______. "Neoliberalism". *In*: BRENNAN, David M.; KRISTJANSON-GURAL, David; MULDER, Catherine P.; OLSEN, Erik (Coord.). *The Routledge Handbook of Marxian Economics*. Londres: Routledge, 2017.

______. "Social Policy for Neoliberalism: The Bolsa Família Programme in Brazil". *Development and Change*, vol. 46, nº 6, 2015.

______. "There is Life beyond the Washington Consensus: An Introduction to Pro-Poor Macroeconomic Policies". *Review of Political Economy*, vol. 19, nº 4, 2007.

______. *Growth and Change in Neoliberal Capitalism*: Essays in the Political Economy of Late Development. Leiden: Brill, 2021.

______. *Value and Crisis*: Essays on Labour, Money and Contemporary Capitalism. Leiden: Brill, 2019.

SAAD-FILHO, Alfredo; JOHNSTON, Deborah (Coord.). *Neoliberalism*: a Critical Reader. Londres: Pluto Press, 2005.

SAAD-FILHO, Alfredo; WEEKS, John. "Curses, Diseases, and Other Resource Confusions". *Third World Quarterly*, vol. 34, nº 1, 2013.

SACHS, Jeffrey D.; WARNER, Andrew M. "Natural Resource Abundance and Economic Growth". *NBER Working Paper 5.398*, 1995.

SAIA, Alessandro; ANDREWS, Dan; ALBRIZIO, Silvia. "Productivity Spillovers from the Global Frontier and Public Policy: Industry-Level Evidence". *OECD Economics Department Working Papers*, 2015. Disponível em: https://www.oecd-ilibrary.org/economics/spillovers-from-the-global-productivity-frontier-and-public-policy_5js03hkvxhmr-en. Acessado em: 10.10.2024.

SANDER, Klas; CRANFORD, Matthew. *Financing environmental services in developing countries*. Washington: World Bank Group, 2010. Disponível em: http://documents.worldbank.org/curated/en/100131468330884916/Financing-environmental-services-in-developing-countries. Acessado em: 10.10.2024.

SAPINSKI, J. P.; BUCK, Holly Jean; MALM, Andreas (Coord.). *Has it Come to This?* The Promises and Perils of Geoengineering on the Brink. New Brunswick: Rutgers University Press, 2020.

SCALES, Ivan R. "Paying for Nature: What Every Conservationist Should Know about Political Economy". *Oryx*, vol. 49, nº 2, 2014.

SCHWERHOFF, Gregor; EDENHOFER, Ottmar; FLEURBAEY, Marc. "Taxation of Economic Rents". *Journal of Economic Surveys*, vol. 34, nº 2, 2020.

SEGUINO, Stephanie. "Engendering Macroeconomic Theory and Policy". *Feminist Economics*, 2019. Disponível em: https://doi.org/10.1080/13545701.2019.1609691. Acessado em: 10.10.2024.

SEI; IISD; ODI; E3G; UNEP. *The Production Gap Report*: 2020 Special Report, 2020. Disponível em: http://productiongap.org/2020report. Acessado em: 10.10.2024.

SEKAR, Sri *et al. Methodology and Value Chain Analysis*: Background Paper for Building Resilience: A Green Growth Framework for Mobilizing Mining Investment. Washington: World Bank, 2019.

SEKAR, Sri; LUNDIN, Kyle; TUCKER, Christopher; FIGUEIREDO, Joe; TORDO, Silvana; AGUILAR, Javier. *Policy Approaches to Climate Change in Mineral Rich Countries, Background Paper for Building Resilience*: A Green Growth Framework for Mobilizing Mining Investment. Washington: World Bank, 2019.

SEN, Anupama; FATTOUH, Bassam; MOERENHOUT, Tom; LUCIANI, Giacomo. "Introduction". *Forum*, vol. 118, 2019.

SERFATI, Claude. "La dominación del capital financiero: ¿qué consecuencias?" *In*: CHESNAIS, François; PLIHON, Dominique (Coord.). *Las trampas de las finanzas mundiale*. Madrid: Akal, 2003.

SHAIKH, Anwar. "Foreign Trade and the Law of Value: Part I". *Science & Society*, vol. 43, nº 3, 1979.

______. "Foreign Trade and the Law of Value: Part II". *Science & Society*, vol. 44, nº 1, 1980.

SHAPIRO-GARZA, Elizabeth. "An Alternative Theorization of Payments for Ecosystem Services from Mexico". *Development and Change*, vol. 51, nº 1, 2019.

SHEPHERD, Andrew *et al.* "The Geography of Poverty, Disasters and Climate Extremes in 2030". *ODI*, 2013. Disponível em: https://odi.

org/en/publications/the-geography-of-poverty-disasters-and-climate-extremes-in-2030/. Acessado em: 15.10.2024.

SIDDIQUI, Kalim. "Trade Liberalization and Economic Development". *International Journal of Political Economy*, vol. 44, 2015.

SIEBERT, Johanna. "The Greening of Uneven and Combined Development: IR, Capitalism and The Global Ecological Crisis". *Cambridge Review of International Affairs*, 2020.

SINCLAIR-DESGAGNÉ, Bernard. "Greening Global Value Chains". *World Bank Policy Research Working Paper 6.613*, 2013. Disponível em: https://papers.ssrn.com/sol3/papers.cfm?abstract_id=2328452. Acessado em: 10.10.2024.

SINGER, Hans. "The Distribution of Gains between Investing and Borrowing Countries". *American Economic Review*, vol. 40, nº 2, 1950.

SLEMROD, Joel. "What Do Cross-Country Studies Teach about Government Involvement, Prosperity and Economic Growth?" *Brookings Papers on Economic Activity*, 1995. Disponível em: https://www.brookings.edu/wp-content/uploads/2016/07/1995b_bpea_slemrod_gale_easterly.pdf. Acessado em: 10.10.2024.

SOLATI, Fariba. *Women, Work, and Patriarchy in the Middle East and North Africa*. Londres: Palgrave, 2017.

SOLOW, Robert M. "A Contribution to the Theory of Economic Growth". *Quarterly Journal of Economics*, vol. 70, 1956.

STORM, Servaas. "Capitalism and Climate Change: Can the Invisible Hand Adjust the Natural Thermostat?" *Development and Change*, vol. 40, nº 6, 2009.

STORM, Servaas. "The Political Economy of Industrialization". *Development and Change*, 2017. Disponível em: https://onlinelibrary.wiley.com/doi/full/10.1111/dech.12281. Acessado em: 10.10.2024.

______. "WDR 2010: The World Bank's Micawberish Agenda for Development in a Climate-Constrained World". *Development and Change*, vol. 42, nº 1, 2011.

STUDART, Rogério. "The State, the markets and development financing". *Cepal Review*, vol. 85, 2005.

SZIRMAI, Adam. "Industrialisation as an engine of growth in developing countries, 1950-2005". *Structural Change and Economic Dynamics*, vol. 23, 2012.

TAYLOR, Lance; REZAI, Armon; FOLEY, Duncan K. "An Integrated Approach to Climate Change, Income Distribution, Employment, and Economic Growth". *Ecological Economics*, vol. 121, 2016.

TERRONES, Marco; CATÃO, Luis. "Fiscal Deficits and Inflation". *International Monetary Fund*, 2001. Disponível em: https://www.elibrary.imf.org/view/IMF001/02476-9781451849592/02476-9781451849592/02476-9781451849592_A001.xml?language=en&print. Acessado em: 10.10.2024.

THIRLWALL, Anthony. *Trade, the Balance of Payments and Exchange Rate Policy in Developing Countries*. Cheltenham: Edward Elgar, 2003.

THOMPSON, Andrea. "Neighborhood Wealth Dramatically Impacts Home Greenhouse Gas Emissions". *Scientific American*, nov. 2020. Disponível em: https://www.scientificamerican.com/article/neighborhood-wealth-dramatically-impacts-home-greenhouse-gas-emissions/. Acessado em: 10.10.2024.

TOMASI, John. "Market Democracy and Meaningful Work: A Reply to Critics". *Res Publica*, vol. 21, 2015.

TURNER, Adair. "Are Rich Countries Shirking Their Carbon Responsibilities?" *World Economic Forum*, 2020. Disponível em: https://www.weforum.org/agenda/2020/02/rich-world-responsibility-carbon-footprint-climate-change/. Acessado em: 10.10.2024.

TURNER, Adair. "The Costs of Tackling Climate Change Keep on Falling". *Financial Times*, 11 dez. 2020. Disponível em: https://www.ft.com/content/33bb3714-93cf-4af5-9897-e5bf3b013cb7. Acessado em: 10.10.2024.

UN WOMEN. *Progress of the World's Women*, 2015-2016. Disponível em: https://progress.unwomen.org/en/2015/. Acessado em: 10.10.2024.

UNCTAD. *Economic Development in Africa Report*: From Adjustment to Poverty Reduction: What is New? Genebra: UNCTAD, 2002.

______. *State of Commodity Dependence*. Genebra: UNCTAD, 2019.

______. *Trade and Development Report*. Genebra: UNCTAD, 2012.

UNDESA. *World Economic and Social Survey*. Nova York: UNDESA, 2013.

UNDP. *Humanity Divided*: Confronting Inequality in Developing Countries. Nova York: United Nations Development Programme, Bureau for Development Policy, 2013. Disponível em: https://www.

undp.org/content/undp/en/home/librarypage/poverty-reduction/humanity-divided--confronting-inequality-in-developing-countries.html. Acessado em: 10.10.2024.

______. *The Role of Economic Policies in Poverty Reduction*. Nova York: UNDP, 2002.

______. *The Wealth of the Poor*: Managing Ecosystems to Fight Poverty. Nova York: UNDP, 2005.

UNFCCC. *Entry Points for Integrating Gender Considerations into UNFCCC Workstreams*, 2018. Disponível em: https://unfccc.int/sites/default/files/resource/TP%20overview_Gender%20Dialogue.pdf. Acessado em: 10.10.2024.

______. *Just Transition of the Workforce, and the Creation of Decent Work and Quality Jobs*, 2016. Disponível em: https://unfccc.int/sites/default/files/resource/Just%20transition.pdf. Acessado em: 10.10.2024.

______. *Review of the Experience of International Funds, Multilateral Financial Institutions and Other Sources of Funding Relevant to the Current and Future Investment and Financial Needs of Developing Countries*, 2007. Disponível em: https://digitallibrary.un.org/record/614170?ln=ar. Acessado em: 10.10.2024.

______. *The Concept of Economic Diversification in the Context of Response Measures*, 2005. Disponível em: https://unfccc.int/sites/default/files/resource/Technical%20paper_Economic%20diversification.pdf. Acessado em: 10.10.2024.

______. *The Concept of Economic Diversification in the Context of Response Measures*, [s.d.]. Disponível em: https://unfccc.int/files/cooperation_support/response_measures/application/pdf/technical_paper_economic_diversification.pdf. Acessado em: 10.10.2024.

______. *UN Climate Change Annual Report*, 2018. Disponível em: https://unfccc.int/sites/default/files/resource/UN-Climate-Change-Annual-Report-2018.pdf. Acessado em: 10.10.2024.

UNIDO. *Promoting Industrial Diversification in Resource Intensive Economies*, [s.d.]. Disponível em: https://downloads.unido.org/ot/48/11/4811549/STATISTICS_Promoting%20Industrial%20Diversification%20Report.pdf. Acessado em: 10.10.2024.

UNIDO; GGGI. *Global Green Growth Report*: Cean Energy Industrial Investments and Expanding Job Opportunities. vol. 1. Viena/Seul:

UNIDO/GGGI, 2015. Disponível em: https://gggi.org/report/global-green-growth-clean-energy-industrial-investments-and-expanding-job-opportunities/. Acessado em: 10.10.2024.

UNION OF CONCERNED SCIENTISTS. *Coal and Air Pollution*, 2008. Disponível em: https://www.ucsusa.org/resources/coal-and-air-pollution#.V74QyqI2Ymg. Acessado em: 15.10.2024.

UNRISD. *Mapping Just Transition(s) to a Low-Carbon World*. Genebra: UNRISD, 2018. Disponível em: http://www.unrisd.org/80256B3C005BCCF9/(httpPublications)/ 9B3F4F10301092C7C12583530035 C2A5?OpenDocument. Acessado em: 10.10.2024.

______. *Social Dimensions of the Green Economy*, 2012. Disponível em: https://sustainabledevelopment.un.org/index.php?page=view&type=400&nr=479&menu=1515. Acessado em: 10.10.2024.

______. *Transformative Policies for Sustainable Development*: What does It Take? Genebra: UNRISD, 2017. Disponível em: http://www.unrisd.org/80256B3C005BCCF9/(httpAuxPages)/6456C5E375AEE153C-1258176003FBF05/$file/RPB23-Transformative-Policies-Flagship2016.pdf. Acessado em: 10.10.2024.

USAID. *Handbook of Democracy and Governance Program Indicators*. Washington: USAID, 1998.

UTTING, Peter (Coord.). *Revisiting Sustainable Development*. Genebra: UNRISD, 2015.

VANDEMOORTELE, J. *Can the MDGs Foster a New Partnership for Pro-Poor Policies?*, 2004 (manuscrito não publicado).

VERCELLI, Alessandro. *Crisis and Sustainability*: The Delusion of Free Markets. Londres: Palgrave, 2017.

VERSTEEG, Road J. "Capital Controls and Economic Growth: How Controls on Inflows and Outflows are Different". *SSRN Electronic Journal*, 2018. Disponível em: https://www.researchgate.net/publication/228177387_Capital_Controls_and_Economic_Growth_How_Controls_on_Inflows_and_Outflows_are_Different. Acessado em: 10.10.2024.

VIEIRA, Carlos. "Are Fiscal Deficits Inflationary? Evidence for the EU". *Economic Research Paper 00/7*, 2000. Disponível em: https://www.researchgate.net/publication/2638323_Are_Fiscal_deficits_inflationary_Evidence_for_the_EU. Acessado em: 10.10.2024.

WACHTEL, Howard M. "Tobin and Other Global Taxes". *Review of International Political Economy*, vol. 7, nº 2, 2000.

WAEYENBERGE, Elisa van. "From Washington to Post-Washington Consensus: Illusions of Development". *In*: JOMO, K. S.; FINE, Ben (Coord.). *The New Development Economics after the Washington Consensus*. Londres: Zed Books, 2006.

WARNER, Andrew M. "Public Investment as an Engine of Growth". *IMF Working Paper 14/148*, 2014.

WEINGAST, Barry R. "Capitalism, Democracy, and Countermajoritarian Institutions". *SSRN*, 2015. Disponível em: https://papers.ssrn.com/sol3/papers.cfm?abstract_id=2639793. Acessado em: 10.10.2024.

WELLER, Christian E.; HERSH, Adam. "The Long and Short of It: Global Liberalization and The Incomes of The Poor". *Journal of Post Keynesian Economics*, vol. 26, 2004.

WIEDMAN, Thomas; LENZEN, Manfred; KEYSSER, Lorenz; STEINBERGER, Julia K. "Scientists' Warning on Affluence". *Nature Communications*, vol. 11, 2020. Disponível em: https://www.nature.com/articles/s41467-020-16941-y. Acessado em: 10.10.2024.

WIIG, Arne; KOLSTAD, Ivar. "Diversification and Democracy". *International Political Science Review*, vol. 39, vol. 4, 2018.

______. "If Diversification is Good, Why Don't Countries Diversify More? The Political Economy of Diversification in Resource-Rich Countries". *Energy Policy*, vol. 40, 2012.

WINTERS, L. Alan. "Trade Policies for Poverty Alleviation". *In*: HOEKMAN, Bernard; MATTOO, Aaditya; ENGLISH, Philip (Coord.). *Development, Trade, and the WTO*. Washington: World Bank, 2002.

WOERTZ, Eckart. "Mining Strategies in The Middle East and North Africa". *Third World Quarterly*, vol. 35, nº 6, 2014.

WORLD BANK. *The Growing Role of Minerals and Metals for a Low Carbon Future*. Washington: World Bank, 2017.

World Development Report: Development and Climate Change. Washington: World Bank, 2010.

YÜLEK, Murat A. "Industrial Policy and Sustainable Development". *In*: ______. *Industrial Policy and Sustainable Growth*. Singapura: Springer, 2018.

ZEN, Fauziah. "Economic Diversification: The Case of Indonesia". *Revenue Watch Institute*, 2011. Disponível em: https://catalog.ihsn.org/index.php/citations/54303. Acessado em: 10.10.2024.

ZLATEV, Vladimir. "International Trade Policies and Development". *In*: RAJAGOPAL; ZLATEV, Vladimir. *Business Dynamics in North America*. Londres: Palgrave Macmillan, 2018.

ZYSMAN, John. *Governments, Markets and Growth*. Londres: Cornell University Press, 1983.

NOTAS

A Editora Contracorrente se preocupa com todos os detalhes de suas obras! Aos curiosos, informamos que este livro foi impresso no mês de abril de 2025, em papel Pólen Natural 80 g/m².